U0017018

現代名著譯叢

西田幾多郎哲學選輯

西田幾多郎（Nishida Kitarô）著

黃文宏譯注

國科會經典譯注計畫

現代名著譯叢
西田幾多郎哲學選輯

2013年3月初版　　　　　　　　　　　　　　定價：新臺幣390元
2019年5月初版第二刷
有著作權・翻印必究
Printed in Taiwan.

著　　　者	西田	幾	多	郎
譯 注 者	黃	文		宏
叢 書 編 輯	梅	心		怡
校　　　對	呂	佳		真
封 面 設 計	陳	文		德

國科會經典譯注計畫

出　版　者	聯經出版事業股份有限公司	總 編 輯	胡 金 倫
地　　　址	新北市汐止區大同路一段369號1樓	總 經 理	陳 芝 宇
編 輯 部 地 址	新北市汐止區大同路一段369號1樓	社　　長	羅 國 俊
台北聯經書房	台北市新生南路三段94號	發 行 人	林 載 爵
電話	(0 2) 2 3 6 2 0 3 0 8		
台 中 分 公 司	台中市北區崇德路一段198號		
暨門市電話	(0 4) 2 2 3 1 2 0 2 3		
郵 政 劃 撥 帳 戶 第 0 1 0 0 5 5 9 - 3 號			
郵 撥 電 話	(0 2) 2 3 6 2 0 3 0 8		
印　刷　者	世和印製企業有限公司		
總 經 銷	聯合發行股份有限公司		
發　行　所	新北市新店區寶橋路235巷6弄6號2F		
電話	(0 2) 2 9 1 7 8 0 2 2		

行政院新聞局出版事業登記證局版臺業字第0130號

本書如有缺頁，破損，倒裝請寄回台北聯經書房更換。　　ISBN　978-957-08-4154-1 (平裝)
聯經網址 http://www.linkingbooks.com.tw
電子信箱 e-mail:linking@udngroup.com

國家圖書館出版品預行編目資料

西田幾多郎哲學選輯 / 西田幾多郎著 .
黃文宏譯注 . 初版 . 臺北市 . 聯經 . 2013.03
352面；14.8×21公分 . (現代名著譯叢)
ISBN　978-957-08-4154-1（平裝）
［2019年5月初版第二刷］

1.西田幾多郎　2.學術思想　3.日本哲學

131.94　　　　　　　　　　　　102004599

contents 目 次

凡 例

一、 本譯注底本為新版《西田幾多郎全集》（東京都：岩波書店，2003 年以下）（以下簡寫為 NKZ）。

二、 頁旁所標示數字為《全集》新版與舊版頁碼。其中 10,10 表示「新版」第 10 卷第 10 頁；（X, 10）表示「舊版」第 10 卷第 10 頁。其他譯者導讀、題解與注解則只標新版頁碼。

三、 西田文字中明治、大正、昭和年號仍保留，並於其後加上西元紀年。譯者導讀、題解與注解則不再保留年號，只以西元紀年表示。

四、 譯文中雙引號""，是筆者添加用來閱讀標示或強調之用，並非《全集》使用的符號。

五、 方括號[ ]是譯者所添加，為了語義上的補充或解釋。或是西田直接使用外文而沒有日譯的時候，譯者保留西田的外文，將中譯置於方括號內。

六、 圓括號（ ）是西田《全集》中出現的符號。

七、 中譯文中以圓括號標示《全集》中出現的日文，如果只有日文漢字出現，則加上 jp.以區分。如有平假名或片假名，則不標示 jp.。

八、譯文中出現的德文、英文、法文、拉丁文、希臘文都是西田
　　自己使用的文字。西田自己如有日譯,則以西田的翻譯為
　　主。

譯注者導讀

一、生平與著作

　　西田幾多郎是日本近現代哲學中最具影響力的哲學家，以他為首建立了所謂「京都學派哲學」。西田以後的日本哲學不是深受西田的影響，就是以西田哲學為出發點。就這一點來看，西田哲學的射程與範圍（Tragweite）是很廣泛的，它不只局限於哲學界，更深入了日本人的生活世界，將隱藏於東方思想中的一個深層結構，以邏輯的方式表達出來。勞思光教授曾經說過，哲學家改變世界不是以「力」，而是以「理」，在這裏，西田就是一個實例。站在東亞哲學的立場，我們可以說西田哲學是東方的傳統思想現代化的一個代表，透過這樣的方式，西田將日本哲學推上世界哲學的舞台。從近十多年來，西方哲學界對京都學派哲學的重視與討論的深度，我們可以說日本哲學自明治開國以來的努力，已經取得了初步的成果。對同為東亞哲學之一員的我們來說，大器能不能晚成，還有待我們的努力。本選輯在這裏只是提供一個了解西田思想的初步，看看西田如何從邏輯的角度來詮釋東方的體驗與意識。

　　西田幾多郎生於 1870 年 5 月 19 日，出生地在石川縣河北郡宇氣村（現稱為石川縣河北市宇氣町，屬北陸地區），父親名西田得登、母親名寅三。西田有四個兄弟姊妹：兩個姊姊（西田正與西田尚），一個妹妹（西田隅），一個弟弟（西田憑次郎）。西田在家中是長子，父親擔任類似現今村長的職位，母親信仰淨土真宗，西田一生對親鸞的重視，或許是受到母親的影響。西田父親後來經商失敗，家勢漸漸沒落。直至西田進大學的時候，家族已經出現財政困難。西田一生未曾出國，與家族經濟拮据應有某種程度的關聯。西田十二歲（1882 年）自小學畢業，前往金澤市與當時就讀於金澤女子師範學校的二姊西田尚住在一起，兩人的情感甚為融洽，金澤是當時僅次於東京、大阪、京都、名古屋的日本第五大都會，昔日前田家族的首邑，素有「小京都」之稱，金澤的美景想必也深深地打動了這個十二歲的小男孩。西田十三歲進私塾跟隨井口濟（號：孟篤）閱讀中國經典《詩經》、《左氏春秋》與《爾雅》，井口孟篤是安井息軒的弟子，在理學的分系上，安井息軒屬朱子學學統，這可以回溯到江戶時期林羅山。西田則教井口的孫子讀《孟子》，可以看到西田在十三歲時就已具有相當的漢字閱讀能力。同年 1883 年 7 月西田進入位於金澤的石川縣師範學校，當時西田的年紀還未達入學資格，父親得登修改西田出生年月日，將西田的生日改為 1868 年 8 月 10 日，以達到入學年齡，這也讓西田於京都大學提前兩年退休（實際年齡五十八歲退休）。但是，西田入學後不久，旋與姊姊西田尚雙雙感染傷寒，無法上學，母親遷居金澤市。西田的病於數個月迅速恢復，但是，與西田感情很好的姊姊，則於同年末病逝。十三歲時就經歷了親人的生離死別。

我第一次親身經驗親人的死亡，應該是在我十三、四歲姊姊病死的時候。從那個時候開始，我才第一次知道人的死亡是多麼地悲傷的事，我到無人的地方獨自垂淚，在我幼小的心靈當中，我真心地希望可以代替姊姊而死去。[1]

由於生病以及一些接踵而來的家庭問題，西田在幾個月（1884年）之後就從石川縣師範學校休學，父母開始分居。青少年的西田對數學有著極大的興趣，休學後的西田，準備進入石川縣專門學校就讀。其間於 1886 年 3 月認識了北條時敬，西田的數學天分受到北條的欣賞，也獲得北條的允許參加北條的數學研討會，這個研討會一個月舉辦一次，是專為數學老師所開設的。北條是影響西田一生最重要的老師，在西田的生涯當中，北條先是西田的數學老師，爾後是西田的守護者。在北條的指導下，西田開始閱讀數學書籍，並打開了邏輯的視野。西田於 1886 年（十六歲）9 月，獲北條推薦進入石川縣專門學校預備部就讀，這是石川縣內專為進入東京大學的預備學校。它是七年制的，前四年專注於預備課程，後三年則專精某一特殊領域（人文學、自然科學或法律）。在自由的學風下，西田於 1887 年 7 月於預備部畢業。但好景不長，1887 年 9 月，石川縣專門學校改制為「第四高等中學校」（俗稱「四高」）。這是由森有禮所推動的新教育系統的一個部分。1887 年

1　〈憶吾弟西田憑次郎〉（NKZ 11:225）。西田的弟弟西田憑次郎於 1904 年 8 月日俄戰爭的旅順攻擊戰役中陣亡。西田憑次郎是職業軍人，其所屬的第九師團的軍人大都出自北陸地區，日俄戰爭時歸屬於乃木希典所統率的第三軍。

森有禮接任日本文部大臣，為讓日本邁向立憲國家，森有禮在全日本設立五所「高等中學校」（1894 年改稱「高等學校」），並將教育系統交由國家直接管理。這些「高等中學校」都被視為是進入帝國大學的預備機構，教育控制是日本現代化的一部分。四高因曾有反藩閥、反政府的歷史與情感（石川縣的島田一郎就參與了暗殺大久保利通的事件），對明治政府而言，石川縣自然會受到特別的關切。四高內類似軍事管理的生活，反應了這麼一個歷史事實。這樣的氣氛西田自然是感受到了。「由專門學校變成第四高等中學，校風為之一變。從一個地方的家族學校變成國家（jp. 天下）的學校。[……]從擁有師生間的親密溫暖關係的學校，變成了由規則所造就出來的武斷的學校。」[2]專門學校像家庭一樣的氣氛，在改制之後一夕之間蕩然無存。氣氛的改變強烈地影響了西田學習的興趣與品質。

無論如何，西田於四高期間認識了一生的摯友山本（金田）良吉[3]、藤岡作太郎（東圃）[4]與鈴木貞太郎（大拙）[5]。山本、藤岡與

2　〈憶山本晃水君〉（NKZ 10:414-415）。山本晃水就是西田的摯友山本良吉（號「晃水」）。山本良吉於 1942 年 7 月去世。山本的生平，請參閱下一個注解。

3　山本良吉（1871-1942）：舊姓金田，號晃水。昭和前期的倫理學者、教育家。東京帝國大學畢業，三高教授、學習院教授，武藏高等學校教授、校長。著有《倫理學史》。山本與西田是很好的朋友，現存至少有二百二十封以上的書信往來。在現行的石川縣「西田幾多郎記念哲學館」中收有於 1940 年西田與山本「論創造」（「創造について」）的對談錄音（NHK 錄音）。

4　藤岡作太郎（1870-1910）：號東圃，東京帝國大學畢業，三高教授，東京帝國大學助教授。日本國文學者。

5　鈴木貞太郎（1870-1966）：佛教哲學學者，鎌倉圓覺寺參禪，受「大拙」封號。以向

鈴木都是昔日武士階級的小孩，西田則屬於平民。在四高的第一年，西田在學業上相當努力，以德文為第二外語，總成績是班上第六名。1886 年 11 月北條結婚，北條邀請西田居住在他的家中，在當時教授家中住有學生是極為尋常之事，其背後的思想是老師不只有「言教」還有「身教」的責任，「如何生活」也是教育的一個重要環節。1887 年秋天，西田住進北條家中。在北條夫婦的照顧下，西田第一年書讀得相當不錯。1888 年 9 月，北條轉任位於東京的第一高等中學，同時西田也晉級到主要部門第一年，同時也必須決定主修。北條曾經建議西田選擇數學，原因是「哲學不僅需要邏輯的能力，還需要詩意的想像」。北條不確定西田是不是有這樣的能力，但西田顯然是被哲學所吸引，「不想將自己的一生託付給枯燥無味的數學」（NKZ 7:347），最後還是跟隨了內心的渴望，選擇了哲學。

　　石川縣專門學校改制為第四高等學校之後，校風的改變讓學生與學校當局的教育方針漸漸對立。西田非常不喜歡軍事化的體操，並且與其他的學生一起抵制，這種對抗學校當局的作法，結果於 1889 年 7 月收到留級的通知，原因是「擅自缺席」（jp. 無斷欠席）以及「操行成績」（jp. 行狀點）不及格。西田想轉到北條的第一高等學校，但被北條拒絕，要他繼續留在四高，然後進入帝國大學。1889 年西田重新入學，被置於理科重修第一年的學業，與

西方世界介紹禪學而聞名。1897 年渡美國，1908 年回日本。東京學習院、京都大谷大學教授。著有《佛教思想史》、《禪與日本文化》、《日本的靈性》等書。

小他一屆的人同班，這嚴重地打擊到西田的自尊心，此外也因為西田對化學實驗與實地測量實在不感興趣，終於在 1890 年 3 月自行退學。西田與同學於 1889 年 5 月為相互切磋思想所成立的「我尊會」也於 1890 年 7 月解散，9 月改組為「不成文會」。同年秋天受到挫折的西田，決定自立讀書，大量閱讀的結果卻傷害了眼睛（水晶體混濁），被醫生禁止一年內不能看書。「不成文會」也於 1891 年 5 月解散。

　　眼疾恢復後的西田，參加了帝國大學的入學考試，於 1891 年 9 月（二十一歲），進東京帝國大學文科大學為「選科生」。選科生考試是當時東京帝國大學首任校長加藤弘之所建立的另一種入學通道，目的是接納不同背景的學生。高等中學的畢業生自動進入帝國大學，而應徵的選科生則必須通過考試，並且只能選擇學科目的一部分來學習，在當時是被視為學業上的落伍者，與正科生的待遇與地位截然不同。西田考試的時候，並沒有意識到選科生與正科生的差別待遇，考完試後，西田寫信給北條時敬，受到北條的斥責。但西田還是於 1891 年 9 月進入東京帝國大學當一名選科生，並且隨即感受到選科生與一般生的差別待遇，大學歧視的對待對西田的自尊心打擊甚大。此外，西田在念大學一年級的時候，父親得登因事業事敗，全家陷入經濟危機，西田家祖傳的土地與房產全數出賣或抵押。1892 年的時候，西田家族已形同破產。

　　於東京帝國大學期間，西田參加了井上哲次郎的課，並且受到前後任兩位德國來的訪問教授很大的影響，布澀[6]與柯伯[7]。布澀是洛徹[8]的學生，鑽研斯賓諾莎哲學，而接任布澀教授的柯伯教授則是倭鏗[9]的學生，也在海德堡大學上過費雪[10]的課。西田對柯伯很感興趣，現行西田的「日記」開始於 1897 年 1 月 3 日（星期天），剛開始可能是為了練習德文而寫，簡單地條列記載事件、感想，大概持續了一年。隨後以日文為主，德文、英文偶爾出現，用德文書寫的習慣大約在 1900 年以後幾乎就放棄了。但是，當德文或英文反過來成為我們思惟的一部分，它們又不得不在思想的時候穿插進來，西田的日記於是就包含了多國文字。1897 年西田開始寫日記的時候，日記卷頭的拉丁諺語 Non Multa sed Multum（〔學〕不在多而在深）（NKZ 17:3），就是從柯伯教授學來的。在東京帝大期間，西田的第一篇哲學報告是〈康德倫理學〉（NKZ 11:401-417），第一篇文字則是悼念舊友川越宗孝（號淡齋）切腹自殺的〈小傳〉（NKZ 11:213-214），這兩篇文章完成的時間都是在西田東京帝國大學一年級的時候。1892 年西田參加了鎌倉圓覺寺的禪

6　布澀（Ludwig Busse, 1862-1907）：布澀於 1887 年至 1892 年任教於日本東京帝國大學。

7　柯伯（Raphael von Koeber, 1848-1923）：出生於俄羅斯的德國人，於 1893 年到 1914 年任教於日本東京帝國大學。教過的學生有西田幾多郎、夏目漱石、和辻哲郎等。

8　洛徹（Rudolf Hermann Lotze, 1817-1881）：請參閱注 75。

9　倭鏗（Rudolf Christoph Eucken, 1846-1926）：德國觀念論的哲學家，1908 年諾貝爾文學獎得主。

10　費雪（Ernst Kuno Berthold Fischer, 1824-1907）：德國哲學家，哲學史家。以西洋哲學史的研究聞名。

定。與西田同年出生的摯友，鈴木貞太郎就是在圓覺寺悟道的，並且從其老師釋宗演處取得「大拙」的稱號。

西田於 1894 年自東京帝大哲學科（系）選科畢業，同年 7 月回到金澤。選科生畢業，即使在當時，在職場上還是會受到挫折。原本期待的石川縣尋常中學校英文教師的職位，9 月獲知由另一位候選人取得，西田處於失業的狀態。當時西田在金澤已無住處，不得不借住於母親與叔父得田耕家中，對於二十四歲的西田來說，內心的焦躁是可以理解的。1895 年，西田受雇於新成立的石川縣能登尋常中學校七尾分校主任兼教師，於 4 月 1 日就任。七尾分校位於金澤東北方六十公里處，是能登半島東岸景色秀麗的一個港町，由於是新成立的學校，挨家挨戶地招攬學生來就讀也是西田的任務之一。同年 4 月 29 日，七尾鎮大火，學校也付之一炬。移往寺廟上課，同年（1895）5 月，西田出版了〈格林倫理學大意〉（NKZ 11:3-22），分三期刊登於《教育時論》（第 362、363、364號）。同年（1895）與得田耕的長女得田壽美結婚，再隔一年（1896）長女西田彌生出生。但是，由於妻子壽美與西田父親得登不和，壽美於 1897 年被西田父親驅離，帶著彌生離開，終於離婚。西田服務的七尾分校大火後，由於沒有再建的意思，遂於 1895 年 11 月廢校。西田好不容易取得的職位持續不到一年就結束了，其後透過高校時代的舊友的斡旋與上田整次的推薦，西田於 1896 年 4 月取得母校四高的一個教授德語的職位。西田的性格屬於沉默寡言，也比較隨性，四高的時候，同學間形容西田為一頭「反應遲鈍的牛」（jp. 鈍牛）。任四高教師的時候，西田的頭髮

很短，雙手常擺於背心與褲管之間，看起來總是若有所思，在教學上對學生的要求又相當嚴厲，因而學生們為西田取了兩個綽號，一個是「デンケン老師」（デンケン是德文 Denken 的音譯，意指「思想」）；另一個是「シュレッケン老師」（シュレッケン是德文 Schrecken 的音譯，意指「令人害怕的」、「駭人的」）。西田在教學上大概可以用嚴厲來形容，但嚴厲自然不代表冷漠無情。事實上學生常拜訪西田。再者，西田與貓咪之間的感情特別好是出了名的，西田為貓咪寫過和歌與短文，家中的貓咪也常陪伴西田在暖爐旁度過寒夜。

因四高內部的問題，西田於 1897 年 5 月底被解聘，西田直到自己被解聘的前一天，還不知道自己將被解聘的事實。在兩個星期內（壽美於 5 月 9 日離家出走，西田被迫於 5 月 24 日與壽美離婚），西田不僅妻兒分離，還失去他賴以維生的工作。

1897 年西田再次失業，開始西田的禪修。西田 6 月往京都妙心寺，居住於退藏院，7 月 1 日到 7 日參與第一次「接心」，8 月 6 日到 8 月 12 日參與第二次「接心」，隨後西田於山口與京都多次參與接心。於京都兩次接心期間，西田受到北條時敬的招募（北條當時為山口高等學校校長），於 1897 年接受山口高等學校的校務工作，隨後擔任英語與德語教師，北條告知這個工作是暫時性的，只有一年。無論如何，失業的西田還是接受了這份工作。1897 年的禪修結束後，西田返回金澤，此時父親的怒氣已消，西田得與妻兒短暫相會，隔年（1898）6 月長男西田謙出生，西田父親得登則於 10 月病逝，西田正式成為家長，得登至死都沒有解除西田與妻子分居的命令，分居的命令是在母親與岳父的努力下取消的。
1898 年 2 月北條轉任四高校長，1899 年 3 月西田任山口高校教授，同年 7 月西田應北條的招聘重回金澤轉任第四高等學校教師。西田職業上的危機受到其恩師北條與友人相當大的幫忙，其後十年間，西田由四高轉東京學習院，其後再轉任京都帝國大學，也是如此。

西田於 1891 年 11 月受鈴木貞太郎（大拙）邀請至鎌倉圓覺寺練習禪修。1897 年以後更嚴格地執行禪修，一直到 1911 年西田主要的事大概就是坐禪，這十多年間的修行可以用「猛烈」來形容。從當時西田的日記來看，往往是「朝夕打坐」、「除了與人談話之外，從上午開始打坐到半夜十二點」、「午前坐禪、午後坐禪、夜坐禪」。西田求道之心的殷切，這大概是讀西田的論文的人都可以感受得到的，而參禪正是西田探求真正的自我的方法之一。但是我們也可以發現，在西田現存的著作當中，並沒有討論禪的文字，或者可以說幾乎沒有，而且往往是在佐證自己的思想的時候，才引用禪的文字。禪或其他佛教的典籍，對西田來說，毋寧是自己的思想的注腳。對禪的沉默，自然不表示輕視禪，反而表示西田內心真正關心的東西是超越宗派的，屬於哪個教團或宗派並不重要，這是典型的哲學家性格，真理只能自證，不限於宗派。1901 年，次子西田外彥誕生，同年（1901）西田於金澤參與洗心庵的接心，並從雪門禪師處取得「寸心」居士的名號。隔年（1902），次女西田幽子出生，1903 年 8 月 3 日西田自京都大德寺廣州禪師處參透「無」字公案。參透「無」字公案，表示西田在「見性」上已有了最初的突破，但是西田在當天的日記上這麼寫著：

> 上午七點聆聽開示。晚間獨參無字[11]。受認可通過無字。但是我並不感到那麼地愉悅（されとも余甚悅はす）。（NKZ 17: 128）

　　西田究竟為什麼「不感到那麼地愉悅」，學界自有各種不同的說法。筆者個人認為，或許對西田這種「哲學家」性格的人來說，內心的深處應該很明白自己能夠接受什麼、不能夠接受什麼，實在的渴求並不會因為參透一個公案而放下，初步的見性只能是進一步修行的開始。無論如何，初步見性後的西田，反而在學問中獲得慰藉。雖然禪修仍然不中斷，但是於 1903 年 11 月 29 日寫給山本的信中可以看出，西田已漸漸地重回學術研究，也打算以大西祝為榜樣，寫一些關於倫理學的著作。1904 年 2 月日俄戰爭爆發。8 月西田的弟弟西田憑次郎於旅順總攻擊中戰死。1905 年西田開始撰寫心理學與倫理學的講義稿，同年（1905）以《西田氏實在論與倫理學》為名，印刷給學生作為上課講義。這就是後來《善的研究》的草稿。

　　西田自 1899 年重回四高之後，以後的十年間，主要教授德

11　「無字」：指「無字公案」，趙州曾留下一個「狗子無佛性」的公案。這是入禪宗門的最初的關卡之一，也稱「無門關」。參閱《禪宗頌古聯珠通集》卷 19：「趙州因僧問。狗子還有佛性也無。師曰無。」（CBETA, X65, no. 1295, p. 592, b4//Z 2:20, p. 118, c2//R115, p. 236, a2。）

語、邏輯、心理學、倫理學等，這十年的時間，西田自稱是「人生最美好的時代」。由於北條的教育改革受到文部省的肯定，於1902年受指派為廣島高等師範學校校長，由吉村寅太郎接四高校長，西田在教育方針上與吉村不和，此時西田又罹患肋膜炎，常常無法上課，與吉村的關係漸漸緊張。其後透過四高的同事上田整次的幫忙，於 1909 年轉任東京學習院德語主任教授，隔年（1910），透過松本文三郎[12]的斡旋，轉任京都帝國大學文科大學助理教授（負責倫理學）。

西田於 1910 年受命為京都帝國大學文科大學助理教授。同年8月遷居京都市吉田町，遷居京都後，西田個人的生涯比較平穩無事，在學問上也是一帆風順。隔年（1911）《善的研究》出版，於1913年升任教授，1913 年到 1928 年退休的這十五年間，為京都帝國大學哲學科主任教授（系主任），奠立了京都學派哲學基礎。西田剛到京大哲學系的時候，系主任是桑木嚴翼[13]，同事有松本文三

12　松本文三郎（1869-1944）：日本印度哲學與佛教的學者。1906 年任京都帝國大學文科大學設置委員〔當時帝國大學不設「學院」而是設「分科大學」（如文科大學、理科大學），後來改稱「學部」。「文科大學」或「文學部」皆相當於我們現在的「文學院」〕，京都帝國大學名譽教授，日本《大藏經》的編纂者之一。著有《支那哲學史》等。提出「地理環境決定論」來解釋中國哲學流派的形成。

13　桑木嚴翼（1874-1946）：新康德主義哲學家。京都帝國大學教授，東京帝國大學教授，日本帝國學士院會員。著有《康德與現代哲學》、《西洋哲學史概論》等。其中《康德與現代哲學》，有中譯本，余又蓀譯（台北：台灣商務印書館，1966 年）。

郎、松本亦太郎[14]、朝永三十郎[15]、藤井健治郎[16]、深田康算[17]、狩
野直喜[18]，西田接手系主任的位置後，培養了天野貞祐[19]、植田壽

14　松本亦太郎（1865-1943）：心理學家。東京帝國大學文學部哲學科畢業，1913 年東
　　京帝國大學教授，講授心理學與倫理學。日本心理學會的創設者，首任會長。日本實
　　驗心理學的奠基者。

15　朝永三十郎（1871-1951）：京都大學名譽教授（西洋哲學史），京都學派哲學的代表
　　之一。著有《從康德和平主義到思想問題　》與《近世「我」之自覺史》。其中《近世
　　「我」之自覺史》有蔣方震的譯述（上海：商務印書館，1924 年）。其子朝永振一郎
　　為日本著名物理學家，1965 年諾貝爾物理學獎得主。

16　藤井健治郎（1872-1931）：倫理學者。早稻田大學教授，京都大學教授。研究實證倫
　　理學與社會倫理學。主要著作有《主觀道德學要旨》、《國民道德論》等。

17　深田康算（1878-1928）：第一代京都學派美學的代表。京都帝國大學教授。台灣大學
　　圖書館內有「深田文庫」，這是深田康算去世之後，捐贈給台北帝國大學哲學科的書
　　籍，主要是關於哲學、美學與文學的書籍，以德文書為主。

18　狩野直喜（1868-1947）：日本漢學家，東京帝國大學文科大學漢學科畢業，京都帝國
　　大學名譽教授。京都中國學（jp. 京都支那学）研究的開創者。強調實證主義的中國學
　　研究，清朝王國維稱他為「儒宗」。1944 年受頒日本文化勳章。

19　天野貞祐（1884-1980）：東京學習院教授，京都帝國大學文學部教授，京都帝國大學
　　名譽教授。二戰後第一高等學校校長，文部大臣，獨協大學第一任校長。康德《純粹
　　理性批判》最早的日譯者。

藏[20]、久松真一[21]、山內得立[22]，並招募了波多野精一[23]、田邊元[24]、
和辻哲郎[25]、九鬼周造[26]等人才。除了人才的培育之外，西田於
1915 年出版《思索與體驗》，1917 年出版《自覺中的直觀與反

20　植田壽藏（1886-1973）：美學家、藝術史家。京都學派美學理論的代表之一。九州帝
國大學教授，繼深田康算之後擔任京都帝國大學美學講座教授，京都帝國大學名譽教
授。日本昭和前期美學的重要代表人物。其美學以「表象性」為核心觀念。

21　久松真一（1889-1890）：佛教哲學家。京都帝國大學哲學科就學期間，從師於西田幾
多郎。後為臨濟宗大學教授（現為花園大學），龍谷大學教授，京都大學教授。1941
年創立京都大學「心茶會」。久松的宗教哲學實踐表現在「F‧A‧S 協會」（禪修組
織）與「心茶會」。「F‧A‧S 協會」著重於禪的現代性與社會創造力，而「心茶
會」即是久松禪在藝術與文化上的具體表現，著有《東洋的無》、《禪與藝術》等。

22　山內得立（1890-1982）：現象學家與實存主義者。京都帝國大學文科大學哲學科畢
業，期間師事西田幾多郎，後至德國弗萊堡大學留學，從學於胡塞爾。留學中透過左
右田喜一郎的推薦，就任東京商科大學助教授，後轉任京都大學，龍谷大學，京都大
學名譽教授，京都學藝大學校長。著有《現象學序說》、《隨眠的哲學》等。

23　波多野精一（1877-1950）：哲學史家、宗教哲學家。東京帝國大學大學院畢業，東京
帝國大學講師，京都帝國大學教授。日本學士院會員。

24　田邊元（1885-1962）：第一高等學校理科畢業，東京帝國大學文科大學哲學科畢業，
受西田幾多郎的邀請，任京都帝國大學助教授，1922 至 1924 年赴德國柏林、弗萊堡
大學留學，從學於胡塞爾、海德格。1927 年就任京都大學文學部教授。1957 年德國
弗萊堡大學名譽博士。京都學派哲學的代表之一。著有《作為懺悔道的哲學》、《種
的邏輯的辯證法》等。

25　和辻哲郎（1889-1960）：日本倫理學者、文化史家與思想史家，其倫理學體系亦被稱
為「和辻倫理學」。東京帝國大學文科大學哲學科畢業。東洋大學講師，法政大學教
授，京都帝國大學助教授，1927 至 1928 年留學德國。後為京都帝國大學教授，日本
學士院會員，1955 年受頒日本文化勳章。著有《風土》、《倫理學》等。其中《風
土》有中譯本，陳力衛譯（北京：商務印書館，2006 年）。

26　九鬼周造（1888-1941）：日本美學家、現象學家。東京帝國大學文科大學哲學科畢
業。後遊學歐洲各國八年，從學於李克特、柏格森、胡塞爾、海德格。歸日本後任京
都帝國大學文學部哲學科教授。著有《粹的構造》、《偶然性問題》等。其中《粹的
構造》有中譯本。黃錦容、黃文宏、內田康譯注，《粹的構造》（台北：聯經出版公
司，2009 年）。

省》，這是從 1913 年到 1917 年間發表的一連串論文的集結，是西田的第二部主要著作。西洋哲學與思想在西田哲學的形成當中，扮演了一個相當重要的角色。但是，西田並不是將西洋的思想與哲學視為權威來接受，而是透過與之對決來尋求一個更根本的共同基礎，從這個基礎來重新定位東西方的思想，試圖建立一個對東西方都具說服力的哲學。這是將「日本哲學」提升到「世界哲學」這個層次上來討論，這對於同處於東亞世界中的我們來說，是相當具有參考價值的。《自覺中的直觀與反省》中的「自覺」思想，在後來的《意識的問題》（1920）與《藝術與道德》（1923）中再度深化。於 1927 年，西田退休的前一年，西田哲學的第三部主要著作《從作動者到觀看者》出版，在這本書的「後篇」當中，西田提出了所謂「場所」的思想。「場所」思想的出現標示了西田哲學的誕生。

「場所」標示了西田獨特的思想，這一點是學界的共同看法。其後西田的思想也被稱為「西田哲學」，而「自覺」則成為西田哲學的中心概念，真正的自覺必須是場所自身的自覺，這就是所謂「絕對無的自覺」。西田在京都帝國大學任職期間，多半專注於「自覺」思想的形成與發展，其後數年才漸漸形成「場所」邏輯，而場所哲學的完成，則是西田退休以後的事了。這些被稱為西田前期的思想，基本上是內向的，不停地往內在探尋真正的自我。雖然這並不代表是西田心理主義、意識哲學或主體主義，但往往會引起這樣的誤解。哲學家不一定需要去面對這些誤解，但思考誤解的產生卻是自然而然且必需的。西田哲學後期的轉向，可以視為是對這些誤解的自我釐清。

　　西田於 1928 年 8 月退休（五十八歲）。退休後，西田埋首於場所邏輯的完成。於 1930 年出版《全般者的自覺體系》，1932 年出版《無的自覺限定》。這兩本書是姊妹作，標示西田系統化場所哲學的一個階段。這兩本書具有濃厚的宗教與形上學的色彩。然而，當西田學問漸漸平穩地步上軌道的時候，家庭內部開始有很多事情發生。1918 年 9 月，西田母親寅三去世，享年七十七歲。1919 年 9 月妻子壽美腦溢血長期臥病約五年，於 1925 年 1 月去世。1920 年 4 月長男西田謙因腹膜炎住院，兩個月後（6 月）去世，得年二十二歲。1921 年 5 月三女靜子因肺結核入院，同月出院。1922 年 5 月四女友子、六女梅子因傷寒相繼入院，梅子的情況比較好，於 9 月痊癒，但友子情況不好，長期往返於醫院。在這之前，1907 年西田的次女幽子與五女愛子亦分別去世。

　　1931 年 12 月，西田透過岩波茂雄[27]的媒介，與當時任教於津田英學塾的山田琴結婚。自 1925 年 1 月西田妻子壽美去世，到1931 年 12 月與山田琴再婚的這六年間。西田被家事所環繞。西田共有二男六女。到 1932 年為止，長男謙與次女幽子，以及五女愛子早逝。剩下的五個小孩，長女彌生於 1919 年結婚，次男外彥於1924 年 4 月結婚，分別獨立成家。妻子壽美去世後，西田身旁只剩下靜子、友子與梅子三個女兒。西田除了家族的事之外，還必須

27　岩波茂雄（1881-1946）：東京帝國大學哲學科選科生，1913 年創立岩波書局，原本是舊書店。岩波茂雄堅持不打折按定價出售書籍，在當時屬創舉。日本貴族院議員。

一手包辦三個女兒的婚姻大事。其中四女友子透過鈴木大拙的介紹，於 1930 年 10 月與橫濱出身的畫家小林全鼎結婚，但這個婚姻持續不到一年，於 1931 年 8 月離婚。六女梅子於 1928 年入東京女子大學，透過出隆[28]的介紹，1932 年 10 月與金子武藏[29]結婚。三女靜子於 1929 年 1 月經診斷為肺結核後，身體一直很虛弱。梅子結婚後，西田家裏只剩西田與靜子兩個人。

再婚之後的西田，家事有人幫忙照料，可以全心投入於寫作。《無的自覺限定》的後半部所收的論文次第發表，並於 1932 年出版《無的自覺限定》，1933 年出版《哲學的根本問題——行為的世界》，1934 年出版《哲學的根本問題續編——辯證法的世界》，1935 年出版《哲學論文集第一》。約在這個時期前後，馬克思主義在日本急速流行，西田的弟子如三木清[30]與戶坂潤[31]都與馬克思主義有直接的接觸，這對西田的思想必然造成一定的影響，以後西田開始研究政治與社會思想，著作中也常常出現「辯證法」

28　出隆（1892-1980）：以亞里斯多德的翻譯與研究著名。1948 年加入日本共產黨，1964 年被日本共產黨除名。

29　金子武藏（1905-1987）：東京大學名譽教授。日本學士院會員。以黑格爾與德國觀念論的研究著名。黑格爾《精神現象學》的日譯者。

30　三木清（1897-1945）：京都帝國大學就讀期間，曾師事西田幾多郎與田邊元，1922 年至 1925 年留學德國法國，1927 年任法政大學文學部哲學科主任教授，1930 年以違反治安維持法被捕，失去教職。1945 年再遭逮捕，同年 9 月病死獄中。著有《巴斯卡對人的研究》、《歷史哲學》、《構想力的邏輯》等。

31　戶坂潤（1900-1945）：日本馬克思主義哲學家。京都帝國大學文學部哲學科畢業，大谷大學教授，法政大學教授。1932 年「唯物論研究會」的創始者之一。1938 年唯物論研究會解散，戶坂潤被捕，日本二次大戰戰敗前，1945 年 8 月 9 日死於獄中。著有《日本意識型態論》、《認識論》等。

這個措詞。相對於以前的著作帶有強烈的形上學與宗教的色彩，這個時候西田的著作開始帶有辯證法與歷史現實的性格。

可是當西田的家庭開始平穩之時，日本與世界的情勢則日漸緊迫。[32]就日本的內部來說，政治情勢的改變與 1936 年的二二六事件[33]有關；隨後 1937 年盧溝橋事件爆發，中日戰爭全面開始；1938 年日本頒布實施「國家總動員法」；1939 年第二次世界大戰爆發；1940 年日德義三國同盟成立。作為日本文化之指導者的西田自然不能自外於動亂的世界。為防止日本的軍國主義化，西田於 1940 年撰寫《日本文化的問題》，同年受頒第二屆日本文化勳章，這是日本文部省針對文化發展有卓越貢獻者所頒發的勳章。1941 年西田撰寫〈國家理由的問題〉，1943 年則應「國策研究會」之要求撰寫〈世界新秩序的原理〉。這一部分牽涉到西田與二戰的問題，外在環境的變遷與壓力雖然不能改變哲學家的思想本身，但是哲學家無法自外於現實環境的變遷。這是因為哲學家的思想本身就是實在的反映，並不全然是主觀內在的東西。但也正因為是實在的反映，哲學家的思想也必然包含了歷史與社會的現實，在我們思考西田的思想之時，不能完全無視於外緣環境的影響。西田

---

32 關於西田的政治思想與態度，有興趣的讀者可以參閱 Christopher S. Goto-Jones, *Political Philosophy in Japan. Nishida, The Kyoto School, and Co-Prosperity* (New York: Routledge, 2005)。

33 「二二六事件」：指 1936 年 2 月 26 日在日本發生的 1483 名陸軍青年官兵反叛的事件，這是一次由皇道派軍人發動的未遂武裝軍事政變。這次政變最大的得利者是當時的憲兵隊隊長東條英機。東條英機後來升任陸軍大臣，1941 年 10 月近衛內閣總辭，由東條英機出任日本內閣首相。

乃至於京都學派的哲學家，對於「日本皇室」與「大東亞秩序」的看法，與海軍、陸軍的關係，是否有「戰爭協力」的問題，這些都還有待更進一步的研究，不能單從表面發生過的事情就魯莽地下一個判斷。但可以肯定的是，西田不是自閉於象牙塔的哲學家，即使在晚年困頓之時，他仍努力於構思戰後日本的未來。

在這期間，1941 年 4 月四女友子去世。友子於 1930 年 10 月結婚，隔年（1931）年 8 月即離婚，因傷寒產生精神疾病的後遺症，入京大附屬醫院，臥病七年後去世。1941 年 10 月，西田得風濕症，臥病約十個月，其間不能執筆。西田的風濕症於隔年 1942 年逐漸康復，再次執筆，1943 年發表〈論知識的客觀性〉、〈論自覺〉，1944 年發表〈邏輯與數理〉、〈論笛卡兒哲學〉、〈邁向以預定和諧為線索的宗教哲學〉、〈生命〉等論文，1945 年完成〈數學的哲學奠基〉與〈場所邏輯與宗教的世界觀〉。其間 1945 年 2 月長女彌生因膽囊炎去世。西田共有八位子女（兩男六女），其中有五位（一男四女）早西田一步往生，身體比較健康的次男西田外彥於太平洋戰爭開始之前，於 1941 年 7 月再次被徵召入伍，參與菲律賓群島戰役，一直到 1943 年 5 月底才退伍。戰爭的不確定性，女兒一個接一個地染病，又是白髮送黑髮，再加上西田自己身體欠佳，死亡的悲哀可說是一直環繞於西田周遭。作為二十世紀最偉大的哲學家之一的西田，曾在其〈論生存哲學〉中這麼寫著：「自古以來，能夠被稱為哲學的，在某種意義上都是基於深刻的生命的要求。如果沒有人生問題的話，又何來哲學的存在呢？」這確實可以說是西田深刻體驗的表達。

　　1945 年 6 月 1 日，西田在早上仍然奮力撰寫〈論我的邏輯〉，午餐後痙攣，陷入昏睡狀態，經診斷為尿毒症。6 月 6 日再陷入昏睡狀態，6 月 7 日早上四點去世，享年七十五歲。死後遺骨分葬三地：河北郡宇氣村（現稱為「河北市」）長樂寺、京都妙心寺靈雲院、北鎌倉東慶寺。宇氣村、京都與鎌倉分別是西田出生、壯年、晚年長居之地。西田去世之時，書桌上還遺留幾頁以〈論我的邏輯〉為題的手稿。將自身的思想邏輯化可以說是西田一生努力的目標，即使在生命的最後一刻仍然念念不忘。

　　哲學起於「深刻的生命的要求」，或者說，哲學的動機來自於「深刻的人生的悲哀」。這大概是每個研究西田哲學的人都知道的事，對這件事的解釋自然也是各各不同。西田從自身的悲哀的體驗，發現到人生本身的悲哀，進而認識到悲哀是基於現實本身的矛盾性。這樣來看的話，作為哲學動機的悲哀在於自覺到自我存在與現實本身的矛盾，自身的悲哀的體驗，反而是偶然的。當自我遭遇到自我存在的矛盾性，認識到現實本身就是如此的時候，自我就進入了宗教的世界。透過西田哲學，我們可以知道在宗教世界中，以悲哀為本質的矛盾性本身，其實是一種自我更新、生生不息的創造力。在這個意義下，我們可以說悲哀的源頭在自我矛盾的生成力，而「自我矛盾」應該就是新儒家所說的「生生不息」。[34]但無論如何，這是作為哲學家的西田所提醒我們的事實，而「場所邏輯」作

34　參閱黃文宏，〈西田幾多郎宗教世界的邏輯——兼與新儒家宗教觀之比較〉，《跨文化視野下的東亞宗教傳統：當代新儒學與京都學派》（台北：中央研究院中國文哲研究所，2011 年），頁 133-163。

為「絕對矛盾的自我同一」，則是西田對這麼一個事實的邏輯性表示。[35]

二、選文解說

本譯注所選五篇論文分別為：

1. 「作者序」（NKZ 1:3-7）（NKZ 1:163-167）（NKZ 2:3-11）（NKZ 2:275-276）（NKZ 3:3-4）（NKZ 3:252-255）（NKZ 4:3-4）（NKZ 5:3-9）（NKZ 6:3）（NKZ 6:159-165）（NKZ 7:3-4）（NKZ 7:213）（NKZ 8:3-5）（NKZ 8:255-258）（NKZ 9:97-99）（NKZ 9:359）（NKZ 10:3）
2. 〈絕對自由意志〉收於《自覺中的直觀與反省》第 40-41 節（NKZ 2:215-231）
3. 〈種種世界〉收於《自覺中的直觀與反省》「跋」（NKZ 2:261-271）
4. 〈場所〉（NKZ 3:415-477）
5. 〈場所邏輯與宗教的世界觀〉（NKZ 10:295-367）

35　「生平與著作」主要參考資料：《西田幾多郎全集》（東京都：岩波書局，2003 年以下）；遊佐道子，《西田哲學選集》別卷一《傳記　西田幾多郎》（京都：燈影社，1998 年）；小坂國繼，《西田幾多郎の思想》（東京都：講談社，2002 年）；Michiko Yusa, Zen & Philosophy. An Intellectual Biography of Nishida Kitarô (Honolulu: University of Hawaii Press: 2002)。

〔使用文字皆為新版《西田幾多郎全集》（簡寫為 NKZ 卷數：頁碼）（東京都：岩波書店，2003 年以下），原文共約 223 頁。〕

第一篇選文〈作者序〉收錄西田幾多郎自己撰寫的「序」言，「作者序」這個名稱是由筆者依據《西田哲學選輯》[36]所加，並不是西田的論文名稱，而是西田各個時候為自己的書所寫的「序」的集結。西田的「序」原則上是在整本書或「論文集」集結完成之後所寫的，它屬於作者的自我回顧與反省性的說明，對了解西田的思想發展有相當的助益。為了查閱上方便，筆者依年代順序重新整理過，並在各個「序」後面添加「序」完成的年代，這是原文所沒有的。要注意的是，「序」完成的年代並不一定等同於書出版的年代。各個序的後面，筆者添加了「題解」，說明各本書成書的始末。至於西田文字的注解，日本方面已有相當的資料可以參考。新版的《西田幾多郎全集》已有日本學者的注釋。其他另兩個重要版本是，大橋良介等編的《西田哲學選輯》與上田閑照編的《西田幾多郎哲學論集》[37]。其中亦有一些題解，介紹論文出處與重要性。本文「作者序」的題解即大部分參考《西田哲學選輯》的說明，並

36　大橋良介等編，《西田哲學選輯》七卷與兩冊《別卷》（京都：燈影社，1998-1999年）。

37　上田閑照編，《西田幾多郎哲學論集》三冊、《西田幾多郎隨筆集》（東京都：岩波書局，1987 年以下）。

加以刪減增添。此外，小坂國繼教授三冊的《閱讀西田哲學》，[38]
針對西田三篇重要論文：〈場所邏輯與宗教的世界觀〉、〈睿智的
世界〉與〈絕對矛盾的自我同一〉進行注釋，以及小坂教授另一本
《善的研究》的注釋書，[39]對本譯注完成皆有莫大的幫助。但不論
是資料的陳述，還是基本概念的說明，譯者仍然依據自己的理解進
行了取捨，並沒有照章全收。

　　選擇「作者序」的主要考慮是「西田思想的分期問題」，也是
給予初次接觸西田哲學的人一個概觀。西田哲學雖然統稱為「場所
哲學」，但是西田思想仍然重點的轉移與深入，這關係到西田哲學
的分期。表面上來看，日本學界對西田思想階段的分期是相當分歧
的，從一期說到六期說的主張都有。[40]但是，筆者個人認為哲學思
想本身很難有嚴格意義下的「轉折」或「分期」發生，思想的分期
其實只有幫助理解的好處，因而任何的分期總是帶著研究者的興趣
與目的，不能執著於分期。真正的問題只在於，哪一個分期可以幫
助我們了解西田的思想發展及各個重要的詮釋者的觀點。就這一點
來看，學者的解釋雖然各各不同，但西田如何理解、劃分自己的哲

38　小坂國繼，《西田哲学を読む1》、《西田哲学を読む2》、《西田哲学を読む3》
　　（東京都：大東出版社，2008 年以下）。

39　小坂國繼，《善の研究〈全注釈〉》（東京都：講談社，2006 年）。

40　關於西田思想的分期，感興趣的讀者可以參考小坂國繼教授與松丸壽雄教授的整理。
　　小坂教授在《西田哲学と宗教》（東京都：大東出版社，2000 年），頁 78 以下共列
　　出了五種不同的分期方式，原則上從二期說到六期說都有學者主張。另外松丸壽雄教
　　授在其〈西田哲学の時期区分説──多様なる西田哲学像〉當中〔收於茅野良男、大
　　橋良介共編，《西田哲学──新資料と研究への手引き》（京都市：ミネルヴァ書
　　房，1987 年），頁 167-206〕，討論了主張一期說到五期說的學者的論點。

學，就客觀地介紹西田的思想而言，仍然是最重要的，或至少是一定會牽涉的部分。而西田的自我理解、自我解釋最明白地表現在其「作者序」當中。西田在這裏陳述出了自己思想的發展、計畫、不足與所遭遇到的困難等等。這是哲學家對自身哲學思想的分期，也是筆者最感興趣的地方，因為在這裏，我們的思考才可以介入。至於一些文獻資料的說明，則以「題解」的方式置於各個「序」的最後。

談到西田思想的分期，最常會提到的就是西田 1936 年《善的研究》的「新版序」，在這裏，西田將自身思索的發展區分為五個立場：「純粹經驗」、「自覺」、「場所」、「辯證法的全般者」與「行為的直觀」。

> 純粹經驗的立場到《自覺中的直觀與反省》，我藉由費希特的事行的立場，而推進到絕對意志立場，更進一步地，在《從作動者到觀看者》的後半部當中，透過希臘哲學一轉而到達「場所」的思想。在這裏，我找到了將我的思想予以邏輯化的端緒。「場所」的思想具體化為「辯證法的全般者」，「辯證法的全般者」的立場則直接化為「行為的直觀」的立場。（NKZ 1:3）

這五個「立場」的說法嚴格說來是五個「基本概念」。「純粹經驗」時期，主要以《善的研究》（1911）為中心，在《善的研究》當中可以看到西田哲學的基本型態。自《善的研究》以後，西

田就比較少談「純粹經驗」，而轉向體驗與邏輯、直觀與反省、價
值與存在、事實與意義的結合問題，這形成了「自覺」的時期。這
一期的著作主要以《自覺中的直觀與反省》（1913-1917）為主，
包括《思索與體驗》（1914）、《意識的問題》（1920）、《藝術
與道德》（1923）。誠如西田在《自覺中的直觀與反省》的改版序
（1941）中所說：「雖然種種不同的方向與角度皆暗示著最後的立
場，但是，這最後的立場並沒有被真正地把握，因而沒有辦法從這
裏積極地來解決問題。」（NKZ 2:3）對於這「最後的立場」西田
在思想上經歷了一個摸索的過程，終於在《從作動者到觀看者》後
半部的 1926 年的〈場所〉論文中確立為「場所」，這形成左右田
喜一郎所說的「西田哲學」。往後西田的哲學思考，即指向將「場
所」的立場予以具體化的階段。然而，「場所」概念並不是一成永
成的，它也在發展之中。西田一方面依據「場所邏輯」建立「場所
哲學」的體系，一方面也在實際的思考中探索著「場所」更深一層
的意義，這時期的論文主要包含《從作動者到觀看者》後半部、
《全般者的自覺體系》（1930）、《無的自覺限定》（1933）與
《哲學的根本問題——行為的世界》（1933）。從《全般者的自覺
體系》的原始構想是「一個哲學體系的企圖」可以看出西田系統化
自身思想的強烈意圖。標示西田另一個階段的「辯證法的全般者」
概念，則主要是從收於《哲學的根本問題續編——辯證法的世界》
中的〈辯證法的全般者的世界〉（1934）一文開始。在這裏西田思
想經歷了一個「轉向」，隨著這個轉向的發生，我們可以從西田在
1935 年的《哲學論文集第一》的副標題「邁向哲學體系的企

圖」，知道西田的思想再進入了第二次系統化。最後的第五個概念
則是從 1935 年以後一直到 1945 年一系列以「哲學論文集」為總標
題所收的論文，它包含了《哲學論文集第一──邁向哲學體系的企
圖》到《哲學論文集第七》。在這裏「行為的直觀」是重點，它標
示著西田歷史哲學的展開，也是純粹經驗徹底化的結果。「行為的
直觀的世界、製作的世界就是真正的純粹經驗的世界。」（NKZ
1:3）

　　就思想的發展來看，西田哲學開始於「純粹經驗」的提出，
「我的思想的傾向自《善的研究》以來就已然確定了。」（NKZ
2:3）但是，這個時候的西田還沒有完全擺脫心理主義，邏輯的自
覺也不十分充分。設法解決這個問題，形成了「自覺」的時期，然
而這個時候的「自覺」，即使前進到「絕對自由意志」，也還沒有
到達西田最終所指向的立場，西田的最終立場出現在 1926 年的
「場所」論文。然而「場所」的意義是在具體的思惟中發展出來
的。西田經歷兩次「系統化」的想法，分別相應於轉向前與轉向
後。相對於第一、二、三期都是從「自我來看世界」的立場，第
四、五期則是「從世界來看世界」的立場。這樣來看的話，西田哲
學的形成是在自我批判之下所形成的哲學，它並不是一直線地往一
個方向而去，而是「從自我來看世界」先徹入自我的內部，從這裏
再「從世界來看世界」。誠如西田於 1930 年《全般者的自覺體
系》的「序」中所說，「由於我的思想是一步步發展出來的，所以
前面的論文全部都應該透過後面的論文來加以補充與修正。」
（NKZ 4:3）這一點應該適用於西田哲學全部。如果我們以「心

學」的路為徹入「自我之內部」，「史學」的路為指向「歷史現實世界」的路的話，那麼在西田身上，這兩條路並不是衝突的，也不是直線的，而是圓環的，心學的發展必然走向史學，也必須透過史學來取得其最終的意義。

這樣的話，筆者個人認為「兩段三期」的說法，在理解西田思想的發展上是有幫助的。「兩段」的說法是根據西田所指出的自身「思惟方向的改變」，一反於「第一階段」的深入自我的內部，「第二階段」的西田轉向歷史的現實世界。前者類似中國哲學中「心學」的道路，後者則類似「史學」的道路。但是這種「轉向」嚴格說並不是立場的「轉變」，而是立場的「深化」。此外，我們也可以根據西田個人獨特「場所邏輯」的提出為中點，區別開「三期」，以場所邏輯提出之前，探討西田如何轉化希臘哲學、新康德學派等人的哲學（初期）；場所邏輯提出、形成與西田的第一次系統化場所邏輯的嘗試，探討其所遭遇到的困難（中期）；之後場所邏輯轉向「從世界來看世界」的歷史實在的邏輯，場所邏輯在這裏取得其最終的形式（後期），而西田在這裏也再次地肯定「行為的直觀的世界、製作的世界就是真正的純粹經驗的世界。」（NKZ 1:3）三期的想法主要是在第一階段中，再區分開場所邏輯的成立之前（初期）與場所邏輯的內部發展（中期與後期）。「兩段三期」的說法就像九流十家一樣，並不是真有五個不同的階段，也不是有兩種不同的分法，而只是根據研究目的的不同而有不同的分期。原則上來看，第三期則與第二階段是一致的。第一階段（或可稱為「前期」）包含「初期」與「中期」，第二階段（或可稱為

「後期」）則與三期分法中的「後期」大致上一致。

　　西田第一階段（前期）的思想主要是從類似心理學的想法開始，經過先驗哲學的反省，進行知識論的奠基工作。對西田來說，前期（純粹經驗、自覺、場所）的重點，表現在對康德先驗哲學的超克，特別是李克特所代表的新康德學派。相對於「李克特的康德」，回歸「康德的康德」，乃至「超越康德」，是西田思想的一個主軸。場所邏輯是在這個背景下提出來的，並逐步建立為一種「全般者的自覺體系」。就思惟的方式而言，它是一種內向的思路，也就是說，沿著意識的方向深入，問向最根源的意識，這在西田思想的初期是「絕對自由意志」，在中期則是「絕對無」，絕對無是西田中期內向之路所達到的最終境界，其思惟的考慮主要開始於知識的奠基工作，而終於形成一個形上學的體系。從〈場所〉論文來看，中期的西田場所傾向於靜態的表達，但絕對無並不是單純的觀想。西田在〈全般者的自覺體系──總說〉中也稱其為「心之本體」，是「絕對的無，也是絕對的有」（NKZ 4:358）。但是，「絕對無」與「歷史世界」的關係是什麼？與新康德學派哲學所遭遇到的問題一樣，西田也同樣遭遇到先驗哲學與歷史哲學的連結問題。西田的綜合表現在第二階段，場所邏輯在這裏擴張為一種「歷史實在的邏輯」。這開始於〈我與汝〉論文中的對「原歷史」（Urgeschichte）的討論。但據西田自述，〈我與汝〉的轉折是不充分的，在我與汝之間，還必須思考一個第三者「彼」。這形成了西田「絕對矛盾的自我同一」與「辯證法的世界」。這樣來看的話，心學的發展必然走向史學，這無關於西田個人的意志，而是實事本身的客觀要求。無論如何，西田的場所邏輯經歷兩次系統化的努力，這兩次的系統化工作，分別區隔開了中期西田與後期西田的差異。同一的邏輯之所以能造成兩次的系統化，是因為場所邏輯內部有一個轉折。中期的西田以意識為述詞，從深入自我的內部，發現存在於超越的述詞面的絕對無，場所在這裏主要的意義是「述詞」，構成所謂的「述詞邏輯」。後期的西田轉而從包攝自我與環境的全體或「辯證法的全般者」來思想，凸顯了場所的「媒介作用」，自覺的主體由述詞往「繫詞」或「媒介者」推移，形成所謂的「繫詞邏輯」，這是西田場所哲學內部的轉折。[41]

　　這樣來看的話，筆者兩段三期的說法，其實是根據不同的判準將第一階段（或也可稱為「前期」）再細分為初期與中期；第二階段（亦可稱為「後期」）大致上與後期一致。就西田的著作來看，「初期」由《善的研究》中類似心理主義的想法開始，還未完全區別開心理程序與邏輯程序的差別。隨後西田透過與古希臘哲學、新康德學派思想的對決，最終在《從作動者到觀看者》中的〈場所〉，形成場所邏輯的想法，中期的西田開始於這裏。據西田自述，他在〈場所〉這篇論文當中，找到了系統化自身思想的「端緒」（NKZ 1:3），在中期的階段「場所」概念慢慢地由述詞轉移到繫詞，由此端緒而形成場所邏輯的第一次系統化，這屬於場所邏輯內部的形成與發展。後期西田的思想則開始於《哲學的根本問題

41　對此，請參閱末木剛博，《西田幾多郎—その哲学体系Ⅱ》（東京都：春秋社，1987年），頁 402 以下。

續編》中「從世界來看世界」的立場。場所邏輯在這裏取得其最終的形式——絕對矛盾的自我同一。從哲學的角度來看，思惟方式的轉變是比較根本性改變。西田的許多哲學內容，相應地也可以區別開前期（第一階段）與後期（第二階段），例如：「前期的藝術哲學」與「後期的藝術哲學」、「前期的歷史哲學」與「後期的歷史哲學」，甚至「前期的自覺」與「後期的自覺」等等。細分出兩段三期的好處在於可以釐清其中的轉折，了解西田哲學的建立與轉折的必要性。

從「作者序」中，我們也可以知道，西田文章的樣式往往先是一篇篇獨立的論文，然後再集結成書。所以各篇文章自成一體，而歸屬於一個更大的思想體。原則上，本選輯可以視為是西田哲學的導論，也希望慢慢補足其他的論文。

選文二〈絕對自由意志〉取自《自覺中的直觀與反省》結論部分第 40 節與第 41 節。譯者以※號區隔開兩節，標題「絕對自由意志」則取自西田在該書目次中所給的名稱。《自覺中的直觀與反省》是西田遷居京都後，從 1913 到 1917 年所寫的論文的集結。〈絕對自由意志〉初刊於 1917 年的《哲學研究》第 11 號。「經過許多迂迴曲折」的西田終於「到達了某種超越知識的東西」（NKZ 2:215）。西田在這裏將它連結在新康德學派「認識之前」的「物自身」來思考，認為它是「真正的說似一物即不中」，這是在「自覺的體系背後」的「絕對自由意志」。這是因為西田認為不論是「思惟的體系」或「經驗的體系」都來自於同一體系的自我發展，絕對自由意志是各個體系的可能性根源。絕對自由意志不屬於任何對象的體系，而屬於「體驗的世界」。這樣的體驗是一種「全體」的體驗，是「有＋非有」的「先驗感覺」。這樣來看的話，自覺的根柢其實是一種全體的體驗，這個時候的西田認為這是一種超越理性的「絕對自由意志」，絕對自由意志的世界是「超越我們的言語思慮的世界」（NKZ 2:215）。不能說它是「有」，也不能說它是「無（非有）」，因為它是「有＋非有」、「動＋靜」、「理性＋非理性」的全體。西田在 1941 年的回顧指出：「從今日來看，〔本書的〕意義不過是我的思想發展的一個階段而已。」（NKZ 2:3）《自覺中的直觀與反省》從西田思想的全體來看或許只是一個過渡階段，但其中的「自覺」概念，幾經發展，由前期的「意識的自覺」、「場所的自覺」與「絕對無的自覺」乃至後期的「辯證法的世界的自覺」與「行為的自我的自覺」，卻成為西田哲學的核心概念之一。

　　選文三〈種種世界〉則是取自《自覺中的直觀與反省》的「跋」（後記）。這是西田於 1917 年 4 月於東京哲學會中以「種種世界」為題的演講稿，同年 6 月刊登於《哲學雜誌》（第 364 號）。在這裏，西田「想要簡單地以總結的方式將在本書中所陳述的思想關聯到康德哲學來看」。西田哲學本身就是一種「比較哲學」，透過與新康德學派先驗哲學的對決來凸顯自己的思想，一直是西田哲學中最重要的成分，這也是前期西田哲學的主要部分。物自身必須是「在概念的知識之前就既予的直接經驗」，西田將其理解為「絕對自由意志」，它是「活動的活動」、「先天性的先天性」。這篇論文是西田對《自覺中的直觀與反省》所達到的最終立場的簡要說明。

　　〈絕對自由意志〉與〈種種世界〉這兩篇選文的目的，在顯示西田初期思想中「主意主義」的思想。西田將康德的「物自身」理解為「絕對自由意志」。我們知道，西田因《善的研究》而成名，成名後的西田，輾轉受聘為京都帝國大學教授，思想慢慢地接受大學學術的影響，藉由對比於當時日本流行的新康德哲學，來反省自身的哲學。「自覺」就是連著新康德哲學與費希特哲學的討論而產生，可以視為是西田「純粹經驗」的進一步發展。「自覺」對應的德文譯名為「Selbstbewußtsein」、「Selbstgewahren」[42]，其對應的英文譯名為「self-consciousness」、「self-awareness」。但就如同所有重要的哲學概念一樣，西田總是在深入思考中，賦予它以更深的意義。「純粹經驗」與「自覺」同屬於初期西田哲學的兩個主要概念。西田將意識的根本理解為「意志」。但是這樣的意志，其最終的意義並不是主客對立下的意志，而是超越主客對立並且使得主客對立為可能的「絕對自由意志」。西田在《自覺中的直觀與反省》當中，將一切的價值與存在、意義與事實，皆視為自覺體系的發展。這一整個自覺的體系的原始構想，可以在〈邏輯的理解與數理的理解〉（1912）中找到。西田認為自覺體系的底部是超越任何的反省思想的「絕對自由意志」，並且借用波姆（Böhme）所說的

42　エルマー・ヴァインマイヤー（Elmar Weinmayr）在其〈西田哲学の根本諸概念──ドイツ語への受容〉一文中，討論了許多西田哲學概念的翻譯問題。作者的討論主要以德文譯名為主。該文收於茅野良男、大橋良介共編，《西田哲学──新資料と研究への手引き》（京都市：ミネルヴァ書房，1987年），頁207-238。

「無據」（Ungrund）來形容它。這是以非合理的意志為一切合理性思惟的根據。這樣的「無據」或「以無底為底」的思想，讓西田意識到自己陷入一種神秘主義。在這裏，我們可以看到，西田一方面肯定作為終極實在的絕對自由意志是一種「創造的無」，是無限的創造活動，但一方面又認為它擁有思想所無法到達的神秘性。

〈絕對自由意志〉（選文二）表達了《自覺中的直觀與反省》時期所獲得的最終立場。〈種種世界〉（選文三）則是對《自覺中的直觀與反省》所達到的思想所做的一個簡單的總結，西田試著從絕對自由意志的立場來賦予一切學問以體系性的位置。在這裏，我們可以看到西田如何對比於康德哲學，特別是「物自身」的概念，來顯示自身主意主義的哲學。這兩篇論文都屬於初期西田以自覺為「意識的自覺」的論文。但是，西田不是神秘主義者，絕對意志的不可邏輯化，頂多表示了傳統邏輯的限制，並不是作為思想方式的邏輯本身的困難。如果我們以「非合理者的合理化」為西田思想的基調的話，那麼如何擴張邏輯的範圍，找到一種適當的思惟方式，讓非合理性者得以合理化，可以說是西田思想的要求，其初步的成果就是「場所邏輯」。

在選文上，筆者選擇〈場所〉（選文四）作為場所邏輯的代表。〈場所〉完成於 1926 年 6 月。西田哲學雖然被稱為場所哲學，「場所」這個概念也反覆出現在西田以後的思想當中，但直接以「場所」為題的論文，只有 1926 年的〈場所〉論文。在這裏，我們可以看到「場所邏輯」最早的型態。「場所」的基本想法在於：「有必須內存於某處，否則有與無將無法區別。」（NKZ

3:415）沿著這個想法，西田在這裏區別開三個場所：「有的場所」、「相對無的場所」、「絕對無的場所」。而「絕對無」必須是將有無包攝在內，並且讓有無得以成立的場所。由於知識主要是以判斷的形式表達，因而將這個想法轉譯成判斷的主述詞形式，就形成了場所邏輯。在〈場所〉它以述詞邏輯的方式出現，表示對意識或能思面的深入，其目的是對非合理之物的合理化。也就是說，試圖把握（合理化）沿著傳統思惟方式（亞里斯多德邏輯與康德邏輯）所無法把握者。場所邏輯的基本想法，是要將傳統邏輯所無法理解者，置入一種新的思惟方式當中，而使其成為可理解的。西田在初期階段所遭遇到的問題，簡單地說，要如何脫離神秘主義的問題，或者說，要如何對「創造的無」建立一種認識論的問題，在「場所邏輯」中獲得了初步的突破。

場所邏輯的提出原本是一種認識論的想法，其所針對的是新康德學派的認識論，但是它隨即擴張而為一個形上學的體系。在〈場所〉論文當中，我們可以看到，雖然西田用「靜態的」或「映照的鏡子」來說明絕對無，但這只是關聯著認識的可能性基礎而提出，真正的絕對無必須是「絕對的無而有」，是具創造性的無，如何將絕對無的創造性表現出來，是西田的下一個工作。誠如西田所說，場所思惟的提出只是找到了系統化自身思想的「端緒」，述詞邏輯雖不足以表示場所邏輯的全部，但這是西田哲學系統化的開始。沿著〈場所〉論文中的思路，西田第一次將自身的思想予以系統化，它表現在《全般者的自覺體系》與《無的自覺限定》這兩冊著作上。西田說「我的思想步入極端的迂迴曲折」（NKZ 5:8），藉由深入主觀意識，在能思的思想當中，建立複雜的全般者的體系。但是，深入主體意識，乃至最終發現超越主體的絕對無，這樣的想法，仍然免不了受到主觀主義的批評（田邊元的批評是一個典型的實例），它要如何合理地說明歷史世界的運作，確實仍有待開展。要脫離這種主觀主義的批評，西田從一個更具包攝性的思惟方式著手，這構成了西田後期的場所哲學，至於場所邏輯內部的轉折相關的論文，由於文獻比較多，需要另外一本選輯來完成，暫時無法涉及。

　　西田的絕對無除了「知識成立的可能性基礎」與「絕對無的創造問題」之外，還擁有宗教的意義，這其實是西田的終極關懷。如果我們用「體驗」與「邏輯」來區分開西田著作的風格的話，那麼除了《善的研究》之外，最能表現西田的「體驗」風格的另一篇論文是〈場所邏輯與宗教的世界觀〉（選文五）。這是西田最晚年的文章。

　　〈場所邏輯與宗教的世界觀〉於 1945 年 2 月 4 日起草，同年 4 月 14 日脫稿。兩個月後的 6 月 7 日西田去世。這份論文與另一份論文〈生命〉收於《哲學論文集第七》，由岩波書局出版。本論文往往被稱為西田的「遺稿」。從論文的標題來看，論文的主題是從「場所邏輯」來說明「宗教的世界觀」，這是西田最終的宗教立場的表示。西田在這裏的「場所邏輯」指的後期的「絕對矛盾的自我同一」，並沿著「平常底」與「逆對應」這兩個方向來說明「宗教的事實」。「逆對應」與「平常底」是西田「絕對矛盾的自我同一」或「絕對辯證法」在宗教領域的應用。不論是在最早期的《善的研究〉，或是最晚期的〈場所邏輯與宗教的世界觀〉，宗教都是西田哲學的最終關懷，宗教經驗是一切經驗的根本。「場所邏輯」指的是後期西田的場所概念，這是根據「絕對矛盾的自我同一」所展開的「宗教的世界觀」，也是場所邏輯在西田身上所表現出來的最終形式。西田現在試圖用它來說明我們的宗教經驗。在這篇論文當中，西田藉由場所邏輯來解釋「改宗」與「悟道」的經驗，說明宗教領域中的人與眾生、神與人、相對與絕對、有限與無限的關係。西田認為宗教的根本經驗在於「死的自覺」，唯有體會到自我的根本是矛盾性的存在的時候，我們才能超越現行的自我，逆對應地遭遇到真正的神。神佛或絕對者是絕對的無而有。對此，西田從日本淨土真宗的思想中的「名號」，基督教的「終末論」與鈴木大拙「即非」的邏輯當中，獲得許多啟發。在這篇論文當中，我們可以在西田宗教經驗的分析當中，看到日本宗教哲學與京都學派哲學最為獨特的地方。

西田曾說過：「我認為在當今的歷史時代當中，也就是說，特別是在要相對於他者來回顧我們遠祖以來的文化的時代當中，我們需要回到最根本的對物的觀看與思考的方式中來思考與觀看。」（NKZ 8:258）「相對於他者」來回顧與建構自身的文化，大概是「東亞哲學」近代以來的共同命運。但是「相對於他者」，並不是將他者視為「權威」來接受，而是透過「他者」來探尋一個比「自」、「他」分別更為根本的立場。「場所邏輯」雖然是為西田所開啟的思惟方式，但是思想一經開啟，就不屬於任何個人，它有自身運作的邏輯性，現象學是如此，西田的哲學也必須是如此。而其實也唯有如此,京都學派哲學才不自限於日本哲學,而成為「世界哲學」。這樣來看的話,場所邏輯的最終形式是什麼,並不終結於西田幾多郎。意義從來不是既予的,而是有待完成的任務。在這裏,我們的思考可以介入,因為邏輯不外就是我們的思惟方式。本譯著的完成,也期待有一天能看到我們的邏輯的出現。

作者序

《善的研究》

1,6（I,3）序（1911）

　　本書是我多年在金澤第四高等學校任教的期間所寫的東西。[43]
起初，我特別詳細地討論了本書中關於實在的部分，有想要馬上把
它出版的想法，然而病痛以及種種事情的妨礙，[44]這個志願沒有辦
法實現。就這樣過了幾年，這當中自己的思想也有了一些改變，因
而，感覺到這個志願沒有辦法那麼容易達成，所以想要讓這本書以
原來的樣子先出版。

　　本書的第二篇與第三篇首先完成，第一篇與第四篇則是依順序
由後來所附加的。第一篇闡明作為我思想之根柢的純粹經驗的性

43　西田自述《善的研究》的執筆期間。如果從西田於 1896 年出任第四高等學校講師到
　　1909 年出任東京學習院教師來算，大約有十四年的時間。但西田於 1897 年轉任山口
　　高校，1899 年出任山口高校教師，同年 7 月轉任第四高等學校。由第二次任教第四高
　　等學校教師來算的話，《善的研究》寫作的期間約為 1899 年到 1909 年，大約十一
　　年。但是，如果我們從西田 1895 年的論文〈格林倫理學大意〉（NKZ 11: 3-22）起
　　算，這篇論文是在西田任第四高等學校教師之前，任教於石川縣能登初七尾分校的
　　時候，那麼《善的研究》的執筆期間可以再往前推算。

44　「然而病痛以及種種事情的妨礙」：西田於 1907 年罹患肋膜炎，隔年 4 月再發。同
　　年次女幽子、五女愛子相繼去世。

質，初次閱讀本書的人最好略過。第二篇陳述我的哲學思想，可以
說是本書的骨幹。第三篇打算以前篇[45]的思想為基礎來討論善，再
者我想也不妨將其視為獨立的倫理學來看。第四篇敘述我對宗教的
思考，宗教長久以來就被我視為是哲學的最後總結。這一篇是病中
所作，不完整的地方很多，但是無論如何，在這裏面我想說的東西
獲得了表達。本書之所以特別被名之為「善的研究」的理由在於：　(1,4)
儘管哲學的研究佔了本書的前半部，但是人生的問題卻是本書的中
心與最後總結。

　　想要以純粹經驗作為唯一的實在來說明一切，這是我在很早以
前就有的想法。開始的時候，我試著閱讀馬赫[46]的著作，但總覺得
不能滿意。在這期間，不是有個人才有經驗，而是有經驗才有個人　1,7
，從經驗比個人的區別更根本的想法，讓我可以脫離獨我論，[47]再
者，透過將經驗思想為能作動的（能働的），我或許也可以與費希
特以後的先驗哲學（jp. 超越哲學）調和一致，[48]因而終於寫成本書
的第二篇，本書第二篇當然會有不完整的地方。

45　「前篇」：意指「第二篇：實在」。

46　馬赫（Ernst Mach, 1838-1916）：奧地利的物理學家、哲學家。主張構成世界的要素
　　是顏色、聲音、熱等感覺的要素，心物等形上學的實體並不存在。在哲學上屬現象
　　論。

47　「獨我論」（Solipsismus）或譯為「唯我論」：主張只有自我與自我意識的內容為實
　　在，其他一切的事物以及他人皆是自我意識的內容。

48　「費希特以後的先驗哲學」：指費希特、謝林與黑格爾所代表的德國觀念論。康德稱
　　自己的哲學為「先驗哲學」（transzendentale Philosophie）。德國觀念論是銜接康德先
　　驗哲學的進一步發展。

梅菲斯特[49]或許會嘲笑那些從事思索的傢伙，認為他們就跟在
綠色的原野中啃食枯草的動物沒有兩樣，但是就像哲學家（黑格
爾[50]）也曾說過一樣，我因受懲罰而思考哲學的道理，為了曾經嘗
食禁果的人類，不得不陷入這樣的苦惱當中。

明治 44 年（1911）1 月

於京都

西田幾多郎

【初版序題解】[51]：西田於 1910 年辭東京學習院教職，至京
都帝國大學擔任助理教授。《善的研究》初版於隔年 1911 年 1 月
由弘道館刊行。現行的全集本共有三個「序」。本文分別用「初版
序」、「二版序」、「三版序」表示。初版序敘述了《善的研究》
四個篇章的構成歷史與根本動機。第一至四篇的標題分別為「純粹
經驗」、「實在」、「善」與「宗教」。最早完成的是第二篇「實
在」與第三篇「善」。文體上來看，本書的形成以四高時期的講義
草稿以及發表於學術期刊的論文為基礎所集結而成的，這也是西田
一貫的作法，西田的書往往是各篇論文的集結。《善的研究》出版

49　梅菲斯特（Mephistopheles）：歌德《浮士德》中的惡魔。取自中世紀的傳說。

50　黑格爾（Georg Wilhelm Friedrich Hegel, 1770-1831）：德意志觀念論的完成者。透過
　　絕對者（絕對理念或絕對精神）之辯證法的自我開展來展示其自身哲學體系。主要著
　　作為《精神現象學》、《邏輯學》、《法哲學》等。

51　本「題解」以大橋良介與野家啟一編，《西田哲學選輯》第一卷（京都：燈影社，
　　1999 年），頁 9 為底本，再加以增刪而成。

後，高橋里美於隔年（1912）隨即寫了一篇書評〈意識現象的事實與意義——讀西田先生的《善的研究》〉。[52]在書評當中，高橋給予此書很高的評價，稱「本書恐怕是明治以後國人最初且唯一的哲學書」，但也提出了一些批評。西田隨後也寫了〈答高橋（里美）文學士對拙著《善的研究》的批評〉。[53]就西田思想的分期來看，本書是「純粹經驗」立場的代表。在初版序中，我們可以看到西田哲學「以純粹經驗作為唯一實在來說明一切」的基本主張，西田這個想法反反覆覆地以各種形式出現在其著作當中，可以說是西田哲學的基調。除此之外，西田在這裏也表明「人生的問題卻是本書的中心與最後的總結」，並將這個問題與「宗教」連結在一起。此外，西田也將自身的立場與馬赫的「現象論」與「獨我論」區別開，並且試圖透過經驗能作動的性格來結合德國觀念論。

52　〈意識現象的事實與意義——讀西田先生的《善的研究》〉初版於《哲學雜誌》第303 號與第 304 號（1912 年 5 月、6 月）。高橋里美（1886-1964）於東京帝國大學哲學系畢業，入東大研究所進修，隨後以文部省在外研究員的身分赴德國進修兩年，是李克特與胡塞爾的學生，日本東北大學教授退休、東北大學榮譽教授。高橋寫這篇論文的時候，還是東京帝國大學哲學研究所的學生。其主要著作為《全體的立場》，現有《高橋里美全集》全七卷（東京都：福村出版株式会社，1973 年）。

53　〈答高橋（里美）文學士對拙著《善的研究》的批評〉初版於《哲學雜誌》第 308 號（1912 年 12 月），現收於《思索與體驗》（NKZ 1: 240-253）。

《善的研究》

1,5（1,5） 再版序（1921）

　　本書自出版以來，已經經過十年多的歲月了，但是本書的完成
又較本書的出版還要更早幾年。[54]自遷來京都以後，得以專心於讀
書與思索，我也多少能夠洗練與豐富自己的思想。[55]因而對本書感
到不滿意，最後甚至想要讓本書絕版。但是，後來各方要求本書出
版，我覺得要一本像這本書的形式而且又能夠表達我思想全體的
書，不知道還要再經過多少年之後，所以我就讓這本書再次出版。
本次的出版，承蒙務台[56]與世良[57]兩位文學士代為承擔字句訂正與
校正的辛勞，對兩位不勝感激。

大正 10 年（1921）1 月

西田幾多郎

　　【二版序題解】[58]：《善的研究》再版於 1921 年 3 月，由岩

54　《善的研究》約完成於 1909 年，初版於 1911 年。請參閱《善的研究》初版序題解。

55　西田於 1910 年 8 月受命為京都大學助理教授（負責倫理學），這裏應是指這一段期
　　間。

56　務台理作（1890-1974）：曾留學德國弗萊堡大學，師事胡塞爾。試圖將現象學的方法
　　與黑格爾的歷史哲學結合。1928 年到 1935 年任台北帝國大學文政學部教授，後轉任
　　東京文理科大學、慶應大學教授。二戰後，任日本哲學會會長。

57　世良壽男（1888-1973）：大谷大學倫理學教授。1928 年到 1943 年任台北帝國大學文
　　政學部教授，二戰後，任大谷大學教授。

58　本「題解」以大橋良介與野家啟一編，《西田哲學選輯》第一卷（京都：燈影社，

波書局出版。在這裏西田一方面對「本書感到不滿意，最後甚至想要讓本書絕版」，但一方面又認為它是能夠表達自身「思想全體的書」。西田想要修正《善的研究》的想法，在三版序中亦再次提及。文中所提的「務台（理作）」與「世良（壽男）」兩位文學士都是西田早期的學生，也是台北帝國大學哲學系最初設立（1928）時的教授。

《善的研究》

值版本更新之際（1936） 　　　　　　　　　　　　　1,3（I,6）

　　本書因多次重複印刷，文字也往往不夠鮮明了，所以這一次由書店更新版本。這本書多少是彙集我自身思想而出版的第一本著作，但它只是年輕時候的想法而已。我原想趁這個時候對本書的幾個地方進行修正，但是，思想在這期間時時更新，隔了幾個十年之後已經沒有辦法再加添一筆。只能讓這本書就這樣以原來的樣子保留下來。

　　從今天來看，本書的立場是意識的立場，也是心理主義式的。這樣的批評是在所難免。但是，我認為就算在我寫這本書的時代，在我的思想深處所潛藏的東西，也不僅僅只是如此。純粹經驗的立

1999 年），頁 10 為底本，再加以增刪而成。

場到《自覺中的直觀與反省》，我藉由費希特[59]的事行[60]的立場，

而推進到絕對意志的立場，更進一步地，在《從作動者到觀看者》

的後半部當中，透過希臘哲學一轉而到達「場所」的思想。在這

裏，我找到了將我的思想予以邏輯化的端緒。「場所」的思想具體

化為「辯證法的全般者」，「辯證法的全般者」的立場則直接化為

(I,7)　「行為的直觀」的立場。在本書當中，所謂的直接經驗的世界或純

粹經驗的世界，現在則被思想為歷史實在的世界。行為的直觀的世

界、製作[61]的世界就是真正的純粹經驗的世界。

　　費希納[62]某個早晨於萊比錫玫瑰谷的長椅上休憩，眺望著日麗

1,4　花香、鳥歌蝶舞的春天牧場，曾自言自語地說，對反於無色無聲的

59　費希特（Johan Gottlieb Fichte, 1762-1814）：德國觀念論者。以自我的根源為純粹的
　　能動性，藉此來統一理論與實踐、認識與道德。

60　「事行」（Thathandlung）：費希特哲學的基本概念，是由「事」（That）與「行」
　　（Handlung）兩個語詞所構成。費希特認為在自我之中，行為〔能產（Handlung）〕
　　與行為的結果〔所產（That）〕、知者與被知者是同一的，並稱其為「事行」。西田
　　將這個詞理解為「純粹活動」。參閱費希特《全知識學基礎》「〔……〕它〔譯注：自
　　我〕同時是行為者（Handelnde），也是行為之所產；是活動者也是透過活動性所產出
　　者；行為（Handlung）與事（That）是一而非二；因而**我存在**是一個事行的表現
　　〔……〕。」（"[...] Es（Anm. v. verf.: Das Ich）ist zugleich das Handelnde, und das Pro-
　　duct der Handlung; das Thätige, und das, was durch die Thätigkeit hervorgebracht wird;
　　Handlung und That sind Eins und ebendasselbe; und daher is das: *Ich bin*, Ausdruck einer
　　Thathandlung [...]"）*Versuch einer neuen Darstellung der Wissenschaftslehre, Fichtes Sämt-
　　liche Werke,* hrsg. von J. H. Fichte (Berlin: Walter de Gruyter & Co., 1971), Bd. I. S.96.

61　製作（ポイエシス）：希臘文 poiēsis 的日譯，也可以譯為「創作」或「創造」，這是
　　西田後期歷史哲學的一個主要概念。

62　費希納（Gustav Theodor Fechner, 1801-1887）：德國哲學家，主張精神與物質是同一
　　實在的兩個側面。

自然科學的黑夜觀，自己要埋頭於存在本身真相的白日觀。[63]我不知道自己受到什麼樣的影響，但是很早以來，我就有這個想法，認為實在必須就是現實的原樣本身，所謂的物質世界，不過是從現實中被思想出來的東西而已。今天，我仍然記得，在我還是高等學校的學生的時候，走在金澤街頭之際，曾如癡如夢般地沉醉於這樣的思想。我想，當時的思想或許就是這本書的基礎。當我在寫這本書的時候，沒想到它會長時間地受到那麼多人的閱讀，也沒想到自己還能活那麼久看到這本書的重新再版。對於這本書，我不禁有"有生之年，還得見小夜的中山"的感慨。[64]

昭和 11 年（1936）10 月

作者

　　【三版序題解】[65]：《善的研究》的革新版（三訂版）於 1937年由岩波書局出版，三版序則完成於 1936 年。西田在三版序中又重提一次想要修正本書的想法，表達自己不滿意於被歸類為「心理主義」或「意識哲學」。在這裏，西田也回顧自己自《善的研究》

63　黑夜觀（Nachtansicht）、白日觀（Tagesansicht）：出自 Gustav T. Fechner, *Die Tagesansicht gegenüberder Nachtansicht* (Leipzig, 1904).

64　「有生之年，還得見小夜的中山」：西田借自西行法師（1118-1190）的詩。西田寫作新版序之時，已六十六歲，借此詩表示自己在有生之年，還能再看到《善的研究》的出版的感慨之情。文中「小夜的中山」指的是舊東海道的險峻之地，現位於靜岡縣內。

65　本「題解」以大橋良介與野家啟一編，《西田哲學選輯》第一卷（京都：燈影社，1999 年），頁 12 為底本，再加以增刪而成。

以來思想的發展，並將其區分為「純粹經驗」、「絕對意志」、
「場所」、「辯證法的全般者」與「行為的直觀」等五個核心概
念，這五個概念是了解西田思想分期的一個重要依據。其中「行為
的直觀」這個概念在《善的研究》中是第一次出現，初版序、二版
序、《善的研究》正文中皆沒有出現。由於本序完成於西田思想的
後期，在這裏，我們也可以看到西田強調「純粹經驗的世界」是
「行為直觀的世界」與「製作的世界」。此外，從「黑夜觀」與
「白日觀」的對比，我們可以知道西田對日常生活世界的重視。
「實在」不是無聲無色的科學世界，而必須是「現實的原樣本
身」。這裏可以看到西田重視日常生活世界的想法並不是到後期才
有，而是西田自高中以來一貫的想法。

《思索與體驗》

1,166（I,203） **序（1914）**

本書除了最後一篇之外，都是我來京都之後所寫的東西的集
結。以「思索與體驗」為標題，只是表示這是我曾經思索過與體驗
過的東西而已。來京都之後，我的思想開始受到李克特[66]等所謂

---

66 李克特（Heinrich John Rickert, 1863-1936）：德國哲學家，新康德學派西南學派的主
要人物之一。

"純粹邏輯學派"[67]的主張，以及柏格森的"純粹持續"[68]的理論所打動。對於柏格森的理論，我表示同感，對於李克特等的主張，我可以透過它們來進行反省，兩者都讓我有很大的收穫。但是，我並不是原封不動地相信柏格森，也不認為李克特的論點是不可侵犯的，而是認為或許當今哲學的要求毋寧就在這兩種思想的綜合當中。

　　這是兩三年前所寫的東西，趁著這次出版再回過頭來閱讀的時候，不滿意的地方也還是很多。特別是在第一論文[69]當中，我批評了康德[70]與李克特等人，但是這些批評的粗糙與笨拙，讓我不得不感到羞愧。只不過這些批評所依據的立場，不論是現在或當時都沒有改變，因而，我原封不動地將其出版。我在第四論文〈自然科學與歷史學〉當中所討論的東西，並不是我自己意見的陳述。而是試著根據文德爾班[71]與李克特的思想所進行的討論。透過這篇論文，我想要做的，只是要對那些認為自然科學的方法是唯一的科學方法　(I, 204)

67　西田將當時的認識論立場區分為二：一邊是主張嚴格區別「事實」與「價值」，並以真理為規範意識的「純粹邏輯論（學派）」，西田認為文德爾班、李克特與胡塞爾都屬於純粹邏輯論者。另一邊則是以真理必須建立在「體驗」或「純粹經驗」之上的「純粹經驗論（學派）」，西田認為詹姆士、馬赫與柏格森都屬於這一邊。參閱西田：〈現代哲學〉（NKZ 1: 278 ff）。

68　柏格森（Henri Bergson, 1859-1941）：法國哲學家，猶太人，1927 年獲諾貝爾文學獎。柏格森以人的內在所體驗到的「純粹持續」（la durée pure）的流動，為先於心物區分的真正實在。

69　「第一論文」指〈論認識論中純粹邏輯學派的主張〉，現收於 NKZ 1: 169-189。

70　康德（Immanuel Kant, 1724-1804）：德國哲學家。主要著作《純粹理性批判》、《實踐理性批判》、《判斷力批判》、《單在理性界限內之宗教》等。

71　文德爾班（Wilhelm Windelband, 1848–1915）：海德堡大學教授，哲學家，德國新康德主義西南學派的主要代表之一。

的人們，提供一個反省的機會。關於這篇論文，某位歷史學家曾說
過，我所論述的東西，並不切中於探究當今歷史研究的真相，而且
這樣的討論會伴隨著導入一種弊端，認為歷史的研究只是針對各個
個別的事實而已。但是，這篇論文本來就不是要深究人們所謂的歷
史，也不是要以歸納的方式來導出結論。我所要主張的是，歷史學
與自然科學在立場上是不同的，它在認識論的層面上必須擁有這樣
的性質。[72] 即使我所論述的東西，會伴隨著導出一種弊端，認為歷
史的研究只是針對各個個別的事實，但這並不是我的本意。我想要
說的是：我所謂的"個性"並不意指各個個別的事實，反而各個個別
的事實，對歷史而言並不一定是必要的。

1,167

大正 3 年（1914）12 月

西田幾多郎

【初版序題解】[73]：《思索與體驗》第一版於《善的研究》刊
行四年之後，於大正 4 年（1915）由千章館出版，現行《西田幾多
郎全集》共收錄三個序。第一版實際出版年與序中所記載的 1914
年有些差距。本書是西田於《善的研究》刊行後出版的論文與小品
集。在初版序中，西田藉由對李克特、柏格森與文德爾班等人的反
省來簡述自身思想的立場。西田認為當今哲學的要求就在柏格森與

---

72 「這樣的性質」指上述所說「不能以歸納來導出結論」的性質。

73 本「題解」以大橋良介與野家啟一編，《西田哲學選輯》第一卷（京都：燈影社，
1999 年），頁 14 為底本，再加以增刪而成。

李克特「這兩種思想的綜合當中」，可以看到兩者對西田思想的影響與西田當時的關心所在。比對三個版本，我們可以知道，三個版本的《思索與體驗》所收錄的論文有些許變動，從中我們也可以看到西田思想的進展與變遷。今根據新版全集目錄將各篇論文表列。新版共收錄三個版本的序，十六篇文章（包括後來移除的〈《物質與記憶》序〉）。由於西田常用編號來指稱論文，表列時亦一併將論文的編號附上：「一」表示第一論文，「二」表示第二論文，依此類推。新版全集本收錄之論文分別為：〈三訂版序〉、〈增訂版序〉、〈序〉、〈一、論認識論中純粹邏輯學派的主張〉、〈二、法則〉、〈三、邏輯的理解與數學的理解〉、〈四、自然科學與歷史學〉、〈五、答高橋（里美）文學士對拙著《善的研究》的批評〉、〈六、柏格森的哲學方法論〉、〈七、柏格森的純粹持續〉、〈八、現代哲學〉、〈九、柯亨的純粹意識〉、〈十、洛徹的形上學〉、〈十一、作為認識論者的彭加勒〉、〈十二、論托爾斯泰〉、〈十三、愚禿親鸞〉、〈十四、《小泉八雲傳》序〉、〈十五、《國文學史講話》序〉、〈《物質與記憶》序〉。

《思索與體驗》

1,165 增訂版序（1922）

(I,205) 　　在這個版本當中，我移除了〈作為認識論者的彭加勒[74]〉與
〈《物質與記憶》序〉這兩篇論文，然後加上〈現代哲學〉、〈柯
亨[75]的純粹意識〉與〈洛徹[76]的形上學〉這三篇文章。我將此書視
為是提供給閱讀我的《自覺中的直觀與反省》的讀者的參考。至於
本版的修訂，懶惰的我就完全委託給了務台文學士。

大正 11 年（1922）8 月

西田幾多郎

　　【增訂版序題解】[77]：《思索與體驗》增訂版（二訂版）於
1922 年 10 月由岩波書局出版。二訂版刪去兩篇論文，並增加三篇
論文。從序文來看，論文的更動是有目的的。在二訂版序中，西田
將《思索與體驗》的增訂版視為閱讀《自覺中的直觀與反省》的輔

74　彭加勒（Henri Poincaré, 1854-1912）：法國數學家與科學哲學家，在數學的領域主張
　　直覺說。

75　柯亨（Hermann Cohen, 1842-1918）：德國哲學家，新康德學派的馬堡學派的創始者。
　　西田寫過〈柯亨的純粹意識〉一文，收於 NKZ 1: 294-298。

76　洛徹（Rudolf Hermann Lotze, 1817-1881）：德國哲學家與邏輯學家，黑格爾之後到一
　　次大戰前德國最重要的哲學家，對新康德學派的西南學派有很大的影響。西田寫過
　　〈洛徹的形上學〉，收於 NKZ 1: 299-315。

77　本「題解」以大橋良介與野家啟一編，《西田哲學選輯》第一卷（京都：燈影社，
　　1999 年），頁 15 為底本，再加以增刪而成。

助參考。《思索與體驗》的初版應該還沒有這個意圖。在這裏，我們要注意書名雖然一樣，但初版與增訂二版之間的性格有所差異。

《思索與體驗》

三訂版序（1937）

1,163（I,207）

　　本書自大正 11 年（1922）的增訂版以來，已經經過了十多年的歲月，這次又要再更新版本。趁此機會，我將在先前移除的〈作為認識論者的彭加勒〉再次地收錄於本書當中。畢竟彭加勒是我無法捨棄的哲學家。

　　幾個十年之後，[78]再回頭來讀這本書，姑且不談我對李克特與柏格森等人的思想要點的陳述，當我稍微從我的立場來陳述我的想法，並且接下來對李克特等人所說的東西，由於極為幼稚與膚淺，讓我不得不感到很不好意思。就像我將應然與意義歸因於純粹經驗的自發自展的事實這件事，或許有人會認為我不理解李克特等人的理論。也或許有人會認為，這不過是粗糙笨拙的心理主義而已。但是，所謂"純粹經驗的自發自展"是以《善的研究》中所討論的東西為基礎的，就算有人認為我當時的思想是心理主義，這我也沒有辦法，但是，我的思想並不單單只是那樣而已。即使在《善的研究》

78　「幾個十年之後」日文為「何十年の後」。修訂三版出版於 1937 年，初版於 1915 年，大約過了二十二年。

當中，所謂"純粹經驗的自發自展"這樣的思想，在其根柢當中，從
(I,208) 一開始也將黑格爾所謂的"具體性概念的發展"的想法包含在內了。
真正的自發自展的純粹經驗，必須是超越了存在與應然這種單純的
抽象的對立，並將存在與應然作為自身的內在分裂而自發自展地進
行的「動性的全般者」（jp. 動的一般者）。當然，這樣來思想經
驗，在本書的論文當中，我不能說有多少是成功的。但這至少是我
1,164 當時的意圖。

　　本書的論文是在我剛來京都的時候所寫的，它主要是我的學習
階段。我從來就不是康德式的認識論者，但是，在當時我頗為新康
德學派的學者們所打動。當時，這個學派是德國哲學界的主流，因
而它也是我們日本哲學界的主流。當我現在再回頭閱讀這本書的時
候，內心自然地浮現了深層的歷史的運動。

昭和 12 年（1937）12 月

西田幾多郎

　　【三版序題解】[79]：《思索與體驗》修訂第三版於 1938 年 6
月由岩波書局出版。同年（1938）岩波書局還出版了《續思索與體
驗》與《哲學論文集第二》這兩本書。文中提到再收入〈作為認識
論者的彭加勒〉這篇論文，這與當時的西田試圖引用數學與羣論的
想法來說明自己的邏輯有關。從「畢竟彭加勒是我無法拋棄的哲學

79　本「題解」以大橋良介與野家啟一編，《西田哲學選輯》第一卷（京都：燈影社，
　　1999 年），頁 17 為底本，再加以增刪而成。

家」這句話，可以看到數學思惟對西田的重要性。西田於《善的研究》之後，就不常使用「純粹經驗」一詞，在這裏出現的是「動性的全般者」，這個概念的出現與西田接觸康德之後的哲學有關。在這篇序當中，我們可以看到思想步入成熟期的西田，對「純粹經驗」的回顧與解說。

《自覺中的直觀與反省》

序（1917）

2,5（II,3）

本書是我自大正 2 年（1913）9 月到今年（1917）5 月，這數年間所發表的論文，其前半部曾發表於《藝文》，其後半部則曾發表於《哲學研究》。[80]起初我打算簡單地做一個總結，但是，在完全徹底地思考之後，結果在疑問上又產生疑問，在解決上又需要解決，徒然重疊了一些稿子，最後形成一冊書。這些論文稿產生的目的在於，我要根據我所謂的自覺的體系的形式來思想一切的實在，並且藉此來試著說明被視為是現今哲學的重要問題的"價值與存

---

80 《藝文》為當時京都帝國大學文學院的期刊，《哲學研究》則為當時文學院哲學系的期刊〔大正 5（1916）年 4 月創刊〕。前半部指第一節到第二十九節，分十一次於《藝文》期刊刊出。後半部指第三十節至第四十四節，共分七次於《哲學研究》刊出。西田並不是先寫完再分期刊登，而是每月或隔月完成後刊載。對於《自覺中的直觀與反省》的文體，請參閱高坂正顯，《西田幾多郎先生の生涯と思想》（東京都：創文社，1971 年）。

在"、"意義與事實"的結合。當然，我的"自覺"並不是心理學家所說的自覺，而是先驗自我（jp. 先驗的自我）的自覺。它類似費希特所謂的事行[Tathandlung]。[81]這個思惟的線索，我是從羅伊思《世界與個人》[82]第一冊的附錄所得到的。當我在寫收錄於《思索與體驗》中的〈邏輯的理解與數理的理解〉這篇論文的時候，就已經有這樣的想法了。之後，我試著完全徹底地追究這個思想，這就是本書的起源。如果這個目的能夠達成的話，那麼我認為透過賦予費希特以一個新的意義，我可以從更深的根柢來結合現今的康德學
（II,4）派與柏格森。

　　第一節到第六節敘述本論文起草時大體的方向。首先我釐清我所謂自覺的意義，並且陳述我的想法，我認為藉由意義即實在並且包含無限發展的"自覺的體系"，可以說明價值與存在的根本性關
2,6 係。但是，我愈是思考這個問題，就愈生起種種不同的問題，我打算誠實地給出我對這些問題的疑問。當時，我單純地認為實在的世界是以應然的意識為基礎而產生，並且透過這樣的理由，籠統地將意義的世界與實在的世界的區別視為是相對的。然後，在第六節當中，我試著說明全般與特殊的區別。但是，從現在來看的話，不論是這個想法或這個想法的表達都極度地不充分，對這個思想的充分的理解，必須要求之於本書的最後。

81　「事行」：費希特哲學的基本概念，請參閱注 60。

82　羅伊思（Josiah Royce, 1855-1916）：美國觀念論的哲學家。屬於新黑格爾主義者，強調個體性與意志。《世界與個人》指羅伊思 1899 至 1900 年的 *The World and the Individual*，共兩卷。

　　從第七節到第十節，我打算建立本書論述的基礎：關於同一
律[83]的判斷這種最為單純的邏輯性思惟體驗，我將顯示它是一種極
為形式性的自覺體系；[84]並且要論說在最全般性的形式當中，已然
將應然與存在、對象與認識活動、形式與內容的對立，及其相互的
關係包含在內了；我還要致力於在具體的經驗當中，以最根本的方
式來釐清這些各個不同範疇的意味及關係。在第十一節當中，則回
過頭來試著反省，是不是可以將所謂的"經驗界"與上述形式性的
"思惟體驗"解釋為同一的體系，而我不得不認為這兩者之間存在著
許多難以跨越的裂縫。在第十二節當中，為了闡明從純然形式性的
邏輯思惟體驗，往擁有內容或所謂具內容的經驗體系之內在必然性　II,5
的推移，我以先前在〈邏輯的理解與數理的理解〉當中所論說的東
西為基礎，透過從邏輯到數理的這條路徑，試著以最根本性的方式
來討論，形式獲得內容、抽象物往具體物的前進，究竟是什麼意
思，這也就是說，我試著關聯著最抽象性的思惟體驗來釐清經驗的
內部發展，也就是釐清柏格森所謂的"生之躍進"[85]究竟是什麼意
思。這也是本書的根本思想之一。雖然我在這裏看到一點點曙光，

83　「同一律」：思惟所必須遵守的基本邏輯法則，一般以「A 是 A」的邏輯形式來表
　　達。

84　西田的想法在於「A 是 A」的同一判斷是建立在「我是我」的自覺體系之上（NKZ 2:
　　59,65）。

85　「生之躍進」（élan vital）：柏格森 1907 年在《創造的進化》（L'Évolution
　　créatrice）中的思想。請參閱《柏格森著作集》（Œuvres. Textes annotés par André Ro-
　　binet; introduction par Henri Gouhier. Paris: Presses universitaires de France , 2001,
　　c1959），頁 710。

但是，要從思惟的世界推移到實在的世界並不容易。在第十三節當中，我將與思惟對立的經驗的"非合理性"與"客觀性"歸因於自覺的體系，也就是說，就如同思惟一樣，我也將經驗自身歸因於獨立的自覺的體系，但是，這是什麼樣的體系？再者，它如何與思惟的體系結合？這些都還沒有釐清。簡言之，從第十一節到第十三節，這一部分可以視為是從"思惟體系"的研究推移到所謂"經驗體系"的部分。

2,7　如上所述，所謂經驗體系也可以像思惟體系一樣地視為是一種自覺的體系，要將一切的體驗視為同一的體系、將意義與實在予以內在地結合，這個企圖首先必須闡明知覺的經驗也是在其自身而發展的自覺的體系。自第十四節開始，我的討論就面向這個問題。從第十四節到第十六節，我的思想的大部分都試著要陳述這個問題的困難之處。當時在思考上述問題的時候，我發現我深深地感興趣於

II,6　柯亨關於「知覺的預期」的創見。[86]柯亨雖然解釋了意識狀態，但是對"意識活動的起源"還欠缺更深刻的思索，而我認為這一點，作為"意義的世界"與"實在世界"的分歧點，還需要深入地來思考探究。我不能停留在認識論，我需要形上學。

從意義世界推移到實在世界的困難之處，明白地是在"意識活動的起源"。自第十七節以後，我將我的討論主要面向意識的問題。對於這個問題，就如我在第十七節當中所說的一樣，意識的活

86　「知覺的預期」（Antizipation der Wahrnehmung）指的是柯亨在其《康德的經驗理論》一書中，對康德理論哲學的詮釋所包含的洞見。參閱 *Kant's Theorie der Erfahrung* (Berlin: 1918), S. 538 ff。

動是在其自身的無限的理念的自我限定自身，我將無意識與意識的
關係，設想為類似柯亨的 dx 與 x 的關係。[87]我認為，意識到一條
直線意味著無限級數[88]的自我限定自身。但是，柏拉圖的理念要如
何墮入現實之中？要充分徹底化上述的思考並不容易。在這裏，我
覺得我們需要深入地思考心理學者所謂的"精神現象"。就像在第十
八節中，我試著去思考為心理學者視為特殊實在的"意識現象"究竟
是什麼。我對心理學分析的意義的思考，也是為了這一點。對此，
我的想法就如同我在後面所詳細討論的，我並不將精神現象與物體
現象視為各自獨立的實在，而是將其思想為具體經驗之相關聯的兩
個側面。直接的具體經驗並不是像心理學者所謂的"意識"那樣的東
西，而是建立在各個各別的先天性上的"連續"，它的統一活動面可
以思想為主觀，與之相對的被統一的對象面則可以思想為客觀，不　2,8
過，真正的客觀性實在是"連續"本身。在第十九節與二十節當中，　(II,7)
我藉由費德勒[89]的思想來論述：知覺經驗在其純粹的狀態中也是一
種形式活動，並且連續性的東西才是真正的實在。從第二十一節到
第二十三節，我試著透過連續性的直線意識，來說明內在於創造體
系中的主觀客觀的對立與相互的關係。首先，我批評了心理學者關

87　參閱 Hermann Cohen, *Das Prinzip der Infinitestimalmethode und seine Geschichte* (Frankfurt
　　a. M. 1968), S. 211ff。

88　「級數」：意指按照一定規律順序排列的數。

89　費德勒（Konrad Fiedler, 1841-1895）：十九世紀德國著名的美學家。費德勒對藝術的
　　理解，對京都學派的美學理論（例如：三木清、木村素衛、植田壽藏）有很大的影
　　響。

於意識範圍的思考；由於我們意識到一條有限的直線，就是意識到作為思惟對象的無限連續直線的一個限定，所以我們的直線意識是全般者之自我限定自身的自覺體系，而藉由釐清這個限定活動的來源，我認為可以釐清意識的性質。但是，人們認為對於全般性的思惟對象來說，它的特殊性限定只是一種外在添加的偶然性發生，在作為思惟對象的直線本身當中，我們根本無法找到任何限定的內在必然性。在這裏，我反過來讓純粹思惟的對象意識包含活動的體驗，想要透過這樣的方式來避開這個困難，並且認為真正的主觀反而是客觀的構成活動。這樣的話，如果從大的統一的立場來看，小的立場的統一活動就是所謂主觀的。為某個立場所統一者是客觀的對象，而從比這個立場更大的統一的立場來反省地觀看這個立場者，則是主觀的活動，於是我們既可以稱主客合一的動性統一為真正的主觀，也可以稱其為真正的客觀。但是，這裏的問題在於，從大的立場所反省的小的立場，這小的立場是不是已然是客觀的對象

(II,8)

呢？真正動性的主觀是不能反省的，能被反省的東西已然不是動性的主觀。對此，如我在第二十四節中所說的一樣，我到達了更深的問題。我在當時還沒有意識到絕對自由意志的立場，這個立場是我在本書最後[90]才得以釐清的，因而我沒有獲得任何結論，並且不得不陷入議論的糾紛之中。在第二十五節當中，我放棄了反省的可能性問題，轉而討論活動的性質，最後，我試著透過極限的概念來解

90　「本書的最後」：意指「絕對自由意志」的立場，「絕對自由意志」這個概念出現於第四十節以後。第三十九節的措詞是「絕對意志」，這裏是指第三十九節所達到的立場。

釋這些。而這個極限概念的思想是本書的重要思想之一。[91]　　2,9

　　自第二十六節以後，我試著透過極限概念來思考各種經驗的先驗性。極限是從某特定立場出發所無法到達的較高層次的立場，但是，這個較高層次的立場反而是這個特定的立場得以成立的基礎，也就是說，它可以視為是抽象物的具體根源。在第二十六節當中，我透過現代數學中的極限意義來闡明上述的思考，並且將種種極限的意義思想為活動的性質。在第二十七節中，我增加了一些些對思惟對象與直覺對象之分別的思考；之後在第二十八節當中，我試著藉由極限概念來思考思惟與直覺的結合。然而，就像在解析幾何學當中，數與直覺的結合，並不是如數學家所想的，只是偶然性的，我認為這是基於知識客觀性的內在要求。知識是無限的發展進行，知識的客觀性要求從一開始就是既予的具體的全體的要求。思惟與直覺的結合，本來也是在這種具體者當中的結合（在這個意義下，真正的具體者是後面所說的絕對自由意志的統一）。因而，思惟透過與直覺的結合才能獲得知識的客觀性。我想我要到第二十九節，　（II,9）才能夠釐清這個思想。

　　從第三十節到第三十二節，我試著將上述的思想，套用到作為純粹數學對象的"數"與幾何學的"空間"的關係來討論。我想要顯示

91　極限：西田借自柯亨的一個想法，極限的思考指的是從低次元躍入高次元的可能性。簡單來說，低次元無法透過極限而到達高次元，但是，高次元是低次元的可能性條件。低次元要達到高次元需要李普斯所說的「躍入」或柏格森的「躍進」。西田在措詞上，以低次元為抽象的立場，而高次元則是將低次元包含在內的具體的立場。西田的簡短說明亦可參閱 NKZ 2: 9。

的是，在從前者〔數〕往後者〔空間〕的推移當中，也有著與先前
同樣意義下的生命的飛躍。[92]我不得不認為，上述兩者〔數與空
間〕的具體性根源，是一種類似解析幾何學的對象的東西。到這
裏，我關於純粹思惟體系的討論先暫時告一段落。在我往下進一步
地思考"思惟體系"與"經驗體系"的接觸點之前，在第三十三節裏
面，我思考了作為自覺的體系的幾何學直線的意義；接下來在第三
十四節當中，我思考了直線的心理性質，並且試著透過直線的意
識，來討論精神與物體的對立與關係。但是，我當時對這些東西的
思考還是非常模糊的。

2,10 　　自第三十五節以後，我將所謂"有內容的經驗"或即"知覺經
驗"，思想為與所有的思惟體系相同的自覺的體系，我透過同一原
理來統一所有的經驗，根本性地闡明了精神現象與物體現象的意義
與關係，並建立了討論作為本書之最初目的的"價值與存在"、"意
義與事實"的結合的基礎。但是，要做到這一點，我們必須打破通
常以身體作為意識的基礎的想法，在這種通常的想法的根柢當中，
也隱藏著時間的次序與價值的次序的關係問題。在第三十六節當
中，我討論了從物體產生感覺的想法，並且認為這是不可能的；在
第三十七節當中，我試著討論我的身體與我的意識是如何結合的，
(II,10) 我認為它們是以目的論的方式而結合的。在第三十八節當中，我更
詳細地討論了這個想法，認為在自身之中帶有目的的東西才是真正
的具體實在，而生物比物體是更具體的實在，精神比生物是更具體

92　「生命的飛躍」：指柏格森的「生之躍進」（élan vital），參閱注 85。

的實在，物體現象是精神現象的投影（jp. 射影），物體世界是精神發展的手段。到了第三十九節，我終於才能清理至今的論點。分別開我們能夠知道的東西，以及不能夠知道的東西，並且主張唯有透過超越認識的意志的立場，才能夠將經驗重複。理想與現實的結合點其實就在這裏。在這一節，我達到了本書的最後立場。

　　自第四十節以下，我試著從在第三十九節中所達到的立場，回過頭來思考至今為止的問題。在第四十節當中，我首先討論了意志的優位[Primat]；第四十一節當中，我闡明了我所謂的"絕對自由意志"，認為它並不是沒有內容的形式性意志，就像單純的決斷那樣，而是具體的人格的活動；之後在第四十二節當中，我從最後所達到的立場，[93]回過頭來看思惟與經驗的關係；在第四十三節當中，我從同一的立場來討論反省的可能性，將一切的經驗統一在一個體系當中，並且討論了精神與物體等種種實在界的性質及相互的關係。這麼一來，對於長久以來所討論的問題，我的解決態度就確定下來了；然後在第四十四節當中，我首先討論了時間的順序，最後則討論到了作為本書之最初目的的價值與存在、意義與實在的結合問題。我也試著去思考，一個人如何能夠在某個時間與某個場所當中，思考全般有效性的真理。「跋」則是一份我在今年（1917）4 月在東京的哲學會中，以「種種世界」為題的演講稿，[94]由於它

2,11

93　「最後所達到的立場」：指「絕對自由意志的立場」。

94　「種種世界」：即《自覺中的直觀與反省》的「跋」。西田於 1917 年 4 月以「種種世界」為題於東京東洋大學的哲學會發表。同 6 月刊登於《哲學雜誌》第 364 號。

(II,11)　簡單地總結了本書最終所達到的思想，因而我將其附加於本書卷尾。再者，為了要幫助讀者的理解，我試著在本書卷頭置入目次，如前所說，本書本來一開始並不是依據目次的計畫所寫成的，如果拘泥於目次的話，或許反而會妨礙理解也說不定。

　　本書是我在思想上的惡戰苦鬥的記錄。經過許多的迂迴曲折之後，我最終不得不承認我並沒有獲得任何新的思想與解決。或許免不了要受到"矢盡刀折降服於神秘軍門"的指責。但無論如何，我試著對我的思想誠實地做了一次清算。這些本來就不是應該拿出來給人們瀏覽的東西，但是，如果有人和我有同樣的問題，並且和我一樣為其解決而苦惱的話，那麼，我想本書就算不能帶來任何的光明，也多少能夠獲得一些同情。

大正 6 年（1917）6 月

於洛北田中村

西田幾多郎

　　【初版序題解】[95]：西田自移居京都三年（1913）後，擔任宗教學的教授，隔年任哲學史第一講座教授。這期間最重要的著作即《自覺中的直觀與反省》。《自覺中的直觀與反省》內文共四十四節與一篇「跋」。這是西田於 1913 至 1917 年間於《藝文》與《哲學研究》發表的十八篇論文與一篇講稿所構成，於 1917 年 10 月由

95　本「題解」以大橋良介與野家啟一編，《西田哲學選輯》第一卷（京都：燈影社，1999 年），頁 26-27 為底本，再加以增刪而成。

岩波書局出版。全集本共收錄兩個版本的「序」。此外，西田也為本書添加了目次，分別為「序論」（第一至六節）、「經驗體系的性質」（第七至二十五節）、「經驗體系的連結」（第二十六至三十九節）、「結論」（第四十至四十四節、「跋」）。但西田也指出「本書本來一開始並不是依據目次的計畫所寫成的」，並希望讀者不要拘泥於目次。除了目次之外，西田於各個節次亦有標題。這本論文集是理解西田自「純粹經驗」到 1927 年「場所」思想的一本重要著作。「自覺」是這個階段的主要概念。西田「自覺」想法的起源其實可以回溯到 1912 年的〈邏輯的理解與數理的理解〉。在現行《全集》所收〈邏輯的理解與數理的理解〉一文的結尾處，有一段西田在 1937 年的文字：「本論文（譯注：〈邏輯的理解與數理的理解〉）將我的思想導引向下一部著作《自覺中的直觀與反省》。」（NKZ 1:215）但是在〈邏輯的理解與數理的理解〉完稿的當天，西田在日記上也記載著「論文寫完了，這是極端不滿意的論文」（1912 年 7 月 26 日）（NKZ 17:318）。隨後開始了西田「惡戰苦鬥的記錄」，終究「降服於神祕軍門」。本序有西田自己對《自覺中的直觀與反省》的總覽與解說。在本論文當中，我們可以看到其與先前《思索與體驗》的連續性，以及西田對費希特、羅伊思、新康德學派（文德爾班、李克特、柯亨等人）、柏格森、費德勒的看法。

《自覺中的直觀與反省》

2,3 (II,12) 改版序（1941）

　　本書是我由高校的外語教師初次站上大學講壇時候的作品。我的思想的傾向自《善的研究》以來就已然確定了。當時，我的研究延伸到李克特等新康德學派，並且想要相對於這個學派徹底地來維護自身的立場。相對於嚴格地區別開價值與存在、意義與事實，我試圖從作為直觀與反省之內在結合的自覺的立場來尋求兩者的綜合統一。當時我所採取的立場接近於費希特的事行。但是，我的立場並不一定就是費希特的立場。我的立場毋寧是"具體經驗的自發自展"。當時我正在讀柏格森，深深地與之同感，並且為其所打動。即使這麼說，〔我的立場〕當然也不是柏格森的。作為〔本書的〕最後立場的"絕對意志的立場"，雖然也可以被思想為是我今日的"絕對矛盾的自我同一"，但是它距離絕對矛盾的自我同一還很遠。透過馬堡學派的極限概念，我盡全力於思想思惟與經驗、對象與活動的內在統一，然而，我並沒有把握到真正最後的立場。因而，問題還是一樣沒有解決地遺留下來，這是無可奈何的。雖然種種不同的方向與角度皆暗示著最後的立場，但是，這最後的立場並沒有被(II,13) 真正地把握，因而沒有辦法從這裏積極地來解決問題。這就是為什麼我在〔初版〕序文的最後，不得不坦白地承認"矢盡刀折降服於神秘軍門"的原因。從今日來看，〔本書的〕意義不過是我的思想發展的一個階段而已。臨此改版之際，再次重新閱讀，已不能再添加一筆，它離今日的我已經有點遠了。然而，在回顧之時，本書有著我在三十年前，數年間惡戰苦鬥的記錄。不得不有"為君幾下蒼 2,4 龍窟"[96]的感覺。

昭和 16 年（1941）2 月

西田幾多郎

【二版序題解】[97]：《自覺中的直觀與反省》改版出版於 1941 年，與第一版相隔二十四年，已屬西田思想的後期。但是兩版間除了字句上的修正之外，內容上並無改變（NKZ 2:639）。西田在二版序裏，提到「我的思想的傾向自《善的研究》以來就已然確定了」。《善的研究》以來「純粹經驗的自發自展」在這裏西田稱為「具體經驗的自發自展」，也稱本書的立場為「絕對意志的立場」，以相對於後期西田「絕對矛盾的自我同一」的立場。西田提到兩者之間是有一點距離的。在 1939 年《哲學論文集第三》的序當中，西田將自身的思想，最終定位為「絕對矛盾的自我同一」，並從此來討論種種不同的問題。「絕對意志的立場」只是「我的思想發展的一個階段而已」應是相對於「絕對矛盾的自我同一」而說。

96　「為君幾下蒼龍窟」：出自《指月錄》卷五：「二十年來曾苦辛，為君幾下蒼龍窟。」（CBETA, X83, no. 1578, p. 454, b4-5; Z 2B:16, p. 58, c8-9; R143, p. 116, a8-9）意思是說「長久以來為了追求真理，甘冒生命的危險，幾次進入蒼龍的洞穴」。

97　本「題解」以大橋良介與野家啟一編，《西田哲學選輯》第一卷（京都：燈影社，1999 年），頁 29 為底本，再加以增刪而成。

《意識的問題》

2,276（III,3） 序（1920）

　　本書是依據我以前所寫的《自覺中的直觀與反省》的最後所達到的立場，[98]來試著主要討論意識的問題。我當時想藉由深入探究這個問題，來釐清精神科學的基礎概念，但仍然就只是徒然地提出問題而已。

　　如果有人認為，我在本書中是反對實驗心理學的話，那麼這是一種誤解。只要實驗心理學嚴格地保持在它的立場的話，我是毫不猶豫地承認這門學問的價值與貢獻的。只是我不得不懷疑，以這門學問作為精神科學的基礎，是不是能夠完全解決所有深刻的問題。不僅如此，我認為心理學比其他的科學更需要哲學的反省。

　　這本書本來只是一個習作。思想當然是還不成熟的，前後也或許有不一致的地方。我誠心地希望讀者能給予同情的理解。

大正 9 年（1920）1 月

西田幾多郎

　　【初版題解】[99]：《意識的問題》有兩個版本，初版出版於 1920 年，思想上延續西田自《善的研究》以來對意識問題的關

98　「最後所達到的立場」：指「絕對自由意志的立場」。

99　本「題解」以大橋良介與野家啟一編，《西田哲學選輯》第一卷（京都：燈影社，1999 年），頁 30-31 為底本，再加以增刪而成。

心。從依據「《自覺中的直觀與反省》的最後所達到的立場」來看，它仍然屬於「絕對自由意志的立場」的發展。相對於當時的實驗心理學的傾向，西田仍然是從哲學的角度來看「意識」的問題。不同於先前的地方在於西田首次在這裏提到試圖給予「精神科學」以基礎。但仍然沒有新的立場的提出「就只是徒然地提出問題而已」，西田自身立場的建立要在約七年後的場所邏輯的提出。本書共收錄十二篇論文，以不到兩年的時間完成，可見西田創造力之旺盛。《意識的問題》所收十二篇論文如下：〈意識的意義是什麼？〉、〈感覺〉、〈情感〉、〈象徵的真正意義〉、〈意志〉、〈經驗內容之種種連續〉、〈意志實現的場所〉、〈意志的內容〉、〈論關係〉、〈論意識的明暗〉、〈個體概念〉、〈萊布尼茲的本體論論證〉。

《意識的問題》

改版序（1923）　　　　　　　　　　　　　　　　　2,275（III,4）

　　自從康德駁斥形上學，並且嚴格地區別開事實問題與價值問題以來，就似乎出現了這麼一種傾向，人們堅信形上學是過去的學問，並且所有體驗的反省都有陷入心理主義的擔憂。但是，形上學是不是能夠那麼輕易地被送入墳墓，這是個疑問；再者，我認為所謂新康德學派的人們太偏重於邏輯，欠缺深刻體驗的內省，因而問題被特別地局限住，我認為它會有應該被釐清的問題卻沒有辦法被釐清的這種弊端。

東京大地震後再版之日

作者

【改版序題解】[100]：關東大地震發生於 1923 年 9 月 1 日早上 11 點。本序並無記載改版序的日期，西田的日記亦無記載。但從關東大地震的發生日期可以推斷寫於 1923 年。在本序當中，西田批判新康德學派之偏重「邏輯」，「欠缺深刻體驗的內省」所造成的困難，並重申《善的研究》以來對形上學與體驗的重視。

《藝術與道德》

3,3（III,239）　序（1923）

　　本書以《意識的問題》中所陳述思想為基礎，試著來討論藝術與道德世界的產生及其相互關係。我認為"認識對象的世界"的底部是"意志對象的世界"，雖然上述兩種世界[101]都是作為意志對象的世界而產生，但是其間有著類似康德在「經驗的類推」當中所說的

---

100 本「題解」以大橋良介與野家啟一編，《西田哲學選輯》第一卷（京都：燈影社，1999 年），頁 32 為底本，再加以增刪而成。

101 「兩種世界」：指「藝術世界」與「道德世界」。

"被給予物"與"被構成物"之間的區別。[102]我在"意志我"的直觀與反省的關係當中，來探求藝術的直觀與道德的意志之間的內在關係。我反對否定豐富的人性內容的道德觀，但是也不能同意彷彿將"美"直接思想為"善"的藝術至高主義。而且我認為真正的"美"不能脫離"真"與"善"，巧手而無內容的藝術（內容なき手先の芸術）[103]並不是真正的藝術。

關於美與善的問題，自然要討論到真、善、美的關係。但是，本書還沒有充分討論到"真"或"實在"的問題。再者，我所說的意志的對象界自然也意味著文化的世界。我常常將藝術的直觀解釋為這種世界的所與。但是這樣的說法還必須要再嚴格一點。就如我在〈法與道德〉這篇論文中所說的，真正的所與也不能偏頗地視為只是藝術性的構成。但是，我認為透過藝術性的直觀最能夠讓我們理解這種所與。最後，對於可稱為本書的根本概念"意志"的意義，或許還有很多的誤解也說不定。在我指責別人的誤解之前，我應該先責怪自己思想的不完備，關於我的"意志"究竟是什麼意思，我想或多或少可以從《意識的問題》這本書所討論過的地方來獲得理解。 （III,240）

大正 12 年（1923）7 月

西田幾多郎

---

102 參閱 Immanuel Kant, *Kritik der reinen Vernunft* (Hamburg: Felix Meiner, PhB. Bd.37a 1990) A178ff./B220ff。

103 「巧手而無內容的藝術」：指單單技術高超，但不帶有真與善之內容的藝術。

【題解】[104]：《藝術與道德》於 1923 年 7 月由岩波書店出版。西田在這裏，將絕對自由意志的立場擴張到「藝術的世界」與「道德的世界」，認為「藝術的直觀」與「道德的直觀」的內在關係，可以從「意志我的直觀與反省的關係中來探求」，這可以視為本書的意義與目標。在思想上，這是西田延續《自覺中的直觀與反省》的解決方式，以「意志」為「認識」的根本。換言之，本書仍然是「絕對自由意志」的立場。「我所說的意志的對象界自然也意味著文化的世界。」在本書中，西田從意志的立場出發，考察了藝術與道德，並且開始思考文化世界的問題。本書收錄的論文共十三篇：〈美的本質〉、〈從克林格（Max Klinger）的〈繪畫與素描〉出發〉、〈情感的內容與意志的內容〉、〈反省判斷的對象界〉、〈真善美的合一點〉、〈社會與個人〉、〈活動的意識〉、〈行為的主體〉、〈意志與三段論式〉、〈美與善〉、〈法與道德〉、〈真與美〉、〈真與善〉。

《從作動者到觀看者》

3,253（IV,3）序（1927）

在《善的研究》當中，我試著以純粹經驗為基礎，來解決心物

---

104 本「題解」以大橋良介與野家啟一編，《西田哲學選輯》第一卷（京都：燈影社，1999 年），頁 34 為底本，再加以增刪而成。

的對立與關係等種種問題，在我深深地對柏格森哲學感到同感的同時，也相對於李克特等康德學派的哲學來思考自己應該如何來主張自己的立場。於是，當時我在類似費希特的「自覺」當中來探求這樣的立場，《自覺中的直觀與反省》就是在這種意義下的一種嘗試的作品。我的思想在種種論點上並不與費希特原封不動地一致，但無論如何，我站在一種類似於費希特的主意主義的立場上，來思考種種的問題。在《意識的問題》當中，我從這樣的立場討論了知、情、意的區別與關係等等問題，在《藝術與道德》當中，則討論了藝術與道德的對象界及其間相互的關係等等。但是，自從我寫了《自覺中的直觀與反省》以來，我就在意志的根柢中思想直觀，有"作動即觀看"這種普羅丁[105]的思想。我曾將絕對意志視為終極的立場，就是基於此。在寫完《藝術與道德》之後，我想要來思想宗教，並且也逐漸地轉向這種問題的思索。

　　為這種要求所驅使，我所寫的第一篇文章是〈論直接所與 （IV,4）物〉。我認為所謂的"直接所與物"，並不是類似通常所謂的"感覺"或"知覺"那樣的東西，而必須是具創造性的東西；它不是單純的質料，而是必須包含著形式。但是，究竟要如何來思想這樣的東西，我在當時還沒有辦法積極地給予任何的釐清，只能根據以前的想法，說成是藝術的直觀或意志的活動而已。為了要顯示當時的想法，我補充了〈直觀與意志〉這篇小論文。而我當時想要徹底釐清 3,254

---

105 普羅丁（Plotinus, ca. 205-270）：新柏拉圖學派的哲學家。主張一切的存在，都是由超越的「一者」（to hen）所流出，並且終將還歸於一者。

的是，在作動者的根柢中存在著觀看者這樣的想法，並且也試著思考所謂物理現象是如何產生的，思考關於物理現象背後的東西。在〈在物理現象背後的東西〉這篇論文當中，我論說在時間、空間與物理的力的根柢中有著意志的自覺，並且試著以內部知覺為媒介，將種種不同意義下的作動者思想為意志自覺的形式，所謂經驗的因果也可以思想為理念的發展的特殊情況。在這裏，我們可以說，"直接所與物"在意志的內部知覺這樣的型態當中，會比以前更能釐清其意義。在這樣的思考之下，我們就必須再深入地思想所謂的"內部知覺"。在〈論內部知覺〉當中，我先試著以邁農[106]關於內部知覺的思考作為問題，來思考內部知覺。在這篇論文當中，我根據同一的根本形式來思考內部知覺與外部知覺，將外部知覺也視為是一種內部知覺。為了要釐清這樣的思想，我透過亞里斯多德的

(IV,5) hypokeimenon 或基體[107]企圖來結合並統一主詞、本體與主觀，但是，我並沒有完全達到這個目的。接下來在〈表現活動〉當中，我在表現活動的內容裡頭，尋找真正的直接所與物。在表現活動的意識當中，我們是以無主觀意識的方式來觀看，這必須是包含了主觀意識的意識。意志的內部知覺只能在表現活動的意識當中來尋找。

如上所述，藉由在作動者的根柢當中尋找觀看者，我達到了表現活動的意識，但是，我還沒有釐清這種意義下的"直觀"或"意志

---

106 邁農（Alexius Meinong, 1853–1920）：奧地利哲學家、心理學家。布蘭塔諾的學生。

107 西田將亞里斯多德的 hypokeimenon 翻譯為「基體」。亞里斯多德「基體」的意義，請參閱其《形上學》第七卷第二章 1028 b9 以下。

的內部知覺"與"概念性知識"的關係，一如既往，我以活動的意識
或體驗這樣的東西為基礎來思想前者[108]。為了要將上述的思想賦予
邏輯性的基礎，就如我在〈論內部知覺〉這篇論文當中所嘗試做過
的一樣，我必須探求所謂的"作動者"或"認知者"與亞里斯多德的
"基體"之間的關係。在〈作動者〉當中，我透過讓述詞者成為主詞 3,255
來思想作動者；在〈場所〉當中，透過將超越的述詞思想為意識
面，這種邏輯奠基的端緒才或許多少得以被開啟。我想我或許可以
把握長久以來橫亙在我的思想之根柢的東西，因而，從費希特式的
主意主義轉向一種直觀主義。但是，我認為我的直觀與迄今的直觀
主義所想的東西，它們的意思是不一樣的。我並不是以所謂主客合
一的直觀為基礎，而是要將一切存在物與作動者（有るもの働くも
の），視為自身是無並且在自身之中自我映照者的影子，也就是要
在一切事物的根柢當中，來思考無觀看者的觀看者。〈答左右田博 (IV,6)
士〉則是回答左右田博士的疑問的論文，這篇論文收錄著在相對於
李克特學派的認識論之下，我對自己立場的釐清。在〈認知者〉當
中，我討論了所謂的活動與意義如何能夠結合，並且試著從包攝性
關係來思考"認知"（知る）。透過將具體的全般者思想為三段論式
的全般者，我才得以釐清種種的問題。

　　無可諱言地，在以形相為存有、以形成為善的泰西文化[109]之絢

108　「前者」：指前文「直觀或意志的內部知覺與概念性知識的關係」。
109　「泰西文化」：泛指西洋文化。

爛發展當中，還有許多值得我們尊重與學習的地方，但是，幾千年
來孕育我等祖先的東洋文化，在其根柢中所潛藏著的對無形之形的
觀看、無聲之聲的聽聞，難道不也是如此嗎？這是我們的內心所不
得不追求的東西，而我試著要對這樣的要求給予一個哲學性的根
據。

昭和 2 年（1927）7 月

西田幾多郎

　　【題解】[110]：《從作動者到觀看者》於 1927 年 10 月同樣由岩
波書店出版，約在《藝術與道德》出刊四年之後。西田於 1928 年
8 月由京都帝國大學退休，本書是西田在京大任職中的最後著作。
在這篇「序」中包含西田自己對《善的研究》以來思路的回顧。本
書的標題「從作動者到觀看者」標示著西田思想的轉換，「從費希
特式的主意主義轉向一種直觀主義」。作為西田思想之代表的論文
〈場所〉，發表於《哲學研究》第 123 號（1926 年 6 月 1 日）。
西田在這裏說，在〈場所〉論文當中，「我認為我應該把握到了長
久以來橫亙在我的思想之根柢的東西」，這是西田中期場所哲學的
開始，也是西田哲學最獨特的地方。但是，思惟的探索歷程是連續
的，「在寫完《藝術與道德》之後，我[……]逐漸地轉向宗教問題
的思索」，宗教問題可以說是潛藏的動機。西田在這裏也相對於西

---

110 本「題解」以大橋良介與野家啟一編，《西田哲學選輯》第一卷（京都：燈影社，
　　1999 年），頁 38 為底本，再加以增刪而成。

洋「有」的文化，指出東方文化的特質是對「無形之形的觀看、無聲之聲的聽聞」。本書分前後兩篇，共收錄九篇論文。前篇（收錄五篇）：依序分別為〈論直接所與物〉、〈直觀與意志〉、〈在物理現象背後的東西〉、〈論內部知覺〉、〈表現活動〉。後篇（收錄四篇）則為：〈作動者〉、〈場所〉、〈答左右田博士〉、〈認識者〉。

《全般者的自覺體系》

序（1929）　　　　　　　　　　　　　　　　　　　　　4,3（V,3）

　　本書依據我在《從作動者到觀看者》的後篇中所陳述的思想為基礎，來討論種種不同的問題，並且是將其思想予以淬煉所發展出來的。從第一論文到第三論文，我從判斷性全般者的自我限定出發，透過主詞性存在對其底部的超越，來思想限定種種知識的全般者。我們的知識是透過判斷的形式而產生的，由於我們要思考任何東西都必須透過這種形式[111]來思考，所以我從判斷性的全般者出發。但是，由於一開始我並沒有討論在判斷性的全般者背後的東西，所以我的思想的全貌還不清楚。在第四論文當中，我陳述了我的思想的大要。之後，在第五論文當中，我討論了存在於第一論文

---

111 「這種形式」：指判斷的形式，西田認為判斷是任何思考的基本形式。

背後的東西，在第六論文當中，則討論了在第二論文背後所包含的
東西。在第七論文當中，我討論了通用於全體全般者的自我限定的
意義及其所建立於其上的基礎。在〈總說〉裏面，我回過頭來以總
括的方式陳述了我的思想的全貌。我希望我在本書當中所思索到的
結果，讀者可以依據〈總說〉而獲得理解。

　　我在暗夜中看到了微弱的光影，不顧一切地邁進荊棘的原野。
(V,4) 我或許步入了歧途，也或許因迷途而徬徨。但我只是敘述我所走過
的路，並就教於同行而已。由於我的思想是一步步發展出來的，所
以前面的論文全部都應該透過後面的論文來加以補充與修正。寫完
本書，讓我不得不再次自覺到，我的思想還有很多地方，是需要再
4,4 加以釐清與修正的。

昭和 4 年（1929）11 月

作者

　　【題解】[112]：《全般者的自覺體系》刊行於 1930 年 1 月。
「本書依據我在《從作動者到觀看者》的後篇中所陳述的思想為基
礎」，表示這本書承襲了「場所」的思想所開啟的道路，是場所思
想的「淬煉」與「發展」。西田最初打算以「一個哲學體系的企
圖」為題出版一本論文集。但是，在出版之際，西田將名稱更改為
《全般者的自覺體系》。「一個哲學體系的企圖」因而可以說是本

---

112 本「題解」以大橋良介與野家啟一編，《西田哲學選輯》第一卷（京都：燈影社，
　　1999 年），頁 40 為底本，再加以增刪而成。

書原本的標題，在這裏可以看到西田開始想要根據「場所」的思想來建立「一個哲學體系的企圖」。實際上，就如本序中所說：「在暗夜中看到了微弱的光影，不顧一切地邁進荊棘的原野」一樣。這並不是場所思想的結局，而是荊棘之路的開始，最終形成了一個全般者的體系。《全般者的自覺體系》共收錄八篇論文，依篇號如下：〈一、所謂認識對象界的邏輯結構〉、〈二、述詞的邏輯主義〉、〈三、內在於自我觀看者的場所與意識的場所〉、〈四、睿智的世界〉、〈五、直覺的認識〉、〈六、自覺的全般者的內存在物及其與存在於其背後者的關係〉、〈七、全般者的自我限定〉，以及〈總說〉（無編號）。

《無的自覺限定》

序（1932）　　　　　　　　　　　　　　　　　　　　5,3（Ⅵ,3）

　　「實在」在其根柢當中必須存在著徹底非合理性的東西。純然合理性的東西並不是實在。但是，即使是非合理性的東西，只要它可以被思想為非合理性的話，那麼它究竟如何可以被思想的就必須加以釐清。要主張非合理性的東西是可以被思想的，那麼在我們的邏輯的思惟的構造本身當中，就必須存在著讓這個事情得以可能的東西。如果主張非合理的東西是沒有辦法被思想的，那麼我們也必須弄清楚為什麼它是如此。主張不可思想意味著我們已然在思想，這個事情本身必須是矛盾的。即使要主張個物性的存在是可思想的，只要它是可以被思想的，那麼它就必須在某種意義下被思想為全般者的自我限定。包含個物的全般者就必須存在。我們的自覺的限定既不能完全以對象的方式來觀看自身，但是又在自身之中將自我對象化，而藉由將自覺的限定思想為全般者，我認為可以解決這樣的矛盾。我並不是主張從邏輯來看自覺，而是試圖從自覺來看邏(VI,4)　輯。透過將全般者的自我限定的根柢思想為自覺的，我打算完全地改變邏輯的限定的意義。從這樣的立場出發，我在《全般者的自覺體系》一書當中，以我們的自覺的體驗為指導原理，透過對主詞性存在的超越來思考種種全般者的自我限定。從判斷的全般者到自覺的全般者，從自覺的全般者到廣義的行為的全般者或者表現的全般5,4　者。如果以判斷的全般者為表層的話，那麼我們就可以說是由表層來觀看其內層。在本書所收錄的論文當中，透過對我們的自覺的根柢的探究，我所努力要做的是要由內層來觀看表層。

　　在本書的第一論文〈表現的自我的自我限定〉當中，我所討論的是：我所說的判斷的全般者的自我限定，由於它擁有某種自我限定的意義，所以才能夠自我超越自身，將一切包含在內，並且以概念的方式來限定一切。真正的自覺並不是對象層面上的限定者，而是自我限定自身的，也就是說，它是無而觀看自身的自覺，如果我們以這樣的自覺為真正的自覺的話，那麼行為的自覺或表現的自覺就必須是擁有這種意義的自覺。我在《全般者的自覺體系》當中，將廣義的行為的全般者與廣義的表現的全般者，思想為包含一切的全般者。在絕對無的自覺的限定的能思的方向上，有著狹義的行為的自我；在其所思的方向上，則有表現的自我。因而，這兩端作為絕對無的自我限定，在我們於自身之中觀看自身這種意義之下，它們是完全沒有任何連結的兩端。就判斷的知識擁有表現的內容這樣的意義來說，也就是說，就它擁有邏各斯（ロゴス）的內容這樣的意義來說，判斷的全般者的自我限定就必須擁有表現的自我的自我限定的意義。真理可以說是表現的自我的自覺性內容。然而，表現的自我的自我限定，作為絕對無的所思的限定，在其底部當中，必須有著我們的行為的自我所無法達到的東西，〔因為〕我們的行為的自我還沒有脫離被觀看的自我的意義。如果行為的自我的自我限定的內容具有理型的性質的話，那麼絕對無的所思的自覺的內容，作為自我限定自身的事實本身，就必須擁有連理型也加以否定的意義。我們的知識是表現的自我的自我限定的內容，對於作為擁有絕對無的所思的自覺的意義來說，一切事實都必須擁有限定事實自身的意義。以這樣的自覺的限定為中心，在其自我否定的方向上，可以觀看到事物的存在，並且也可以思想到單純的意義世界。同時在其能思的方向上，作為內在事實即外在事實、外在事實即內在事實，它可以與行為的自我的自我限定連結在一起。在內在事實即外在事實，外在事實即內在事實的地方，有著對我們的行為的自我所無法達到的絕對無的所思即能思的意義，在這裏，我們可以接觸到絕對無的自覺。從這樣的立場來看，我們可以將行為與表現視為一個東西，並且可以思想事實與理型間的關係。我認為純然意義的世界與自由意志間的能思—所思關係，也可以從這樣的立場來思考。內在事實即外在事實，外在事實即內在事實，意味著內在成為外

（VI,5）

5,5

（VI,6）

在、外在成為內在，在自身之中觀看絕對的他者，並且反過來在絕對的他者當中來觀看自己，這唯有在我們人格的自我的立場中，才能夠這樣來主張。事實限定事實，我認為這可以思想為"永遠的今"（永遠の今）的自我限定。但是，在這篇論文當中，我還沒有思想到這樣的地步，並沒有把握絕對無的自覺的意義。因而，在其根柢中，還免不了有些不明白的地方。〔本篇論文〕作為前一本書[113]的延續，可以說是與前一本書一樣，都是從表層出發的觀察方式。

　　〈作為場所的自我限定的意識活動〉以及下一篇論文，我主要在考慮田邊元先生在《哲學研究》第 170 號所刊載的批評，[114]我試著澄清我所謂的"場所"與"無的限定"，在知識的構成上究竟扮演著什麼樣的角色。在前述的論文[115]當中，我所要闡釋的是，我們一定在某種意義下認知到我們的意識活動。然而，對這種東西的認知，不僅不能是透過所謂對象邏輯而來的認識，也不能是如通常所認為的是透過反省而來的認知。認知唯有作為包含活動的場所的限定，也就是說，唯有作為場所自身的自我限定，才是可能的。所謂的 "意識"，不論是在什麼意義下，都不能被思想為單純的歷程，它必須擁有將活動完全地包含的意義。我在當時，就已然在思考作為這種限定意義的"直觀"與"愛"。但是，包含辯證法歷程的愛與直觀，則是要透過後來的論文才可以釐清。在〈我的絕對無的自覺的限

5,6

(VI,7)

---

113 「前一本書」：指《全般者的自覺體系》。

114 「田邊元先生在《哲學研究》第 170 號所刊載的批評」：指田邊元於 1930 年 5 月所發表的論文〈請西田老師指教〉。

115 「前述的論文」：指〈作為場所的自我限定的意識活動〉。

定〉當中，我進一步地討論了我所謂"無的限定"在客觀的知識的構成上擁有什麼樣的意義。所謂客觀的知識，在其根柢當中，必須是某種意義下的"事實限定事實自身"，也就是說，它必須擁有絕對無的自覺的所思性限定的意義。在這篇論文當中，我首次思想了作為這種限定形式的"永遠的今"。我所思想的絕對無的自覺，在能思性限定上，或許擁有宗教性體驗的意義也說不定，但是，在其所思性限定上，則必須擁有賦予客觀世界以基礎的意義。所有的存在物皆存在於時間中，實在必須是時間性的。而真正的時間只能思想為永遠的今的自我限定。在〈永遠的今的自我限定〉當中，我將一切的存在物視為是在這種立場當中所限定的東西，並且釐清其限定形式，透過這樣的方式，我致力於討論主觀與客觀這兩個世界、理想與實在這兩個世界間的對立與關係。在這篇論文當中，我將這種自覺的能思性限定思想為"愛"。在下一篇論文〈時間的存在物與非時間的存在物〉當中所討論的東西，是前一篇論文思想的連續，我試著從同一個立場來觀看時間的存在物與非時間的存在物之間的對立與關係。絕對無的所思性限定作為永遠的今的自我限定，從所思面內存於能思面的想法來看，它擁有能思性限定的意義，透過這樣的方式，絕對無的所思性限定具有社會的性質，一切的存在物，可以說都具有個人性與社會性、時間性與表現性。然而，愛與社會性限定的真正意義，在這篇論文以及前一篇論文當中，都還沒有被充分地思考。　(VI,8)

　　從論文〈自愛、他愛與辯證法〉開始，我的思想主要在面對絕對無的自覺的能思性方向。不同於通常認為自愛是欲求的滿足，我　5,7

區別開欲求與愛。愛必須是人格性的。所謂"人格性統一"必須意味
著在我之中來看汝，在汝之中來看我。〔這樣的話，〕作為非連續
的連續的人格性統一才能夠產生。時間性作為永遠的今的自我限
定，必須在能思的層面上以愛為基礎。真正的個物性存在必須透過
死而生。在〈自由意志〉當中，我試著思考自由意志，它對我長久
以來就是一個問題。真正的自由意志並不意味著單純地超越環境，
也不是單純地否定因果律，它毋寧必須在環境限定個物、個物限定
環境的意義下來思考，真正的存在物必須是辯證法性的，自由要在
因果的極限中來思考。但是，要怎麼樣來思考這些事情呢？就如我
在先前的論文中所已然說過的，這些可以思想為"非連續的連續"或
"無的限定"。命運並不是以必然性的自然的身分而限定我們，而是
必須作為一種應該解決的課題而給予我們。在〈我與汝〉當中，相
對於通常認為我們各自擁有獨立的內在世界，並且透過外在世界而
（VI,9） 相互交會，我主張一切的存在物皆內存於時間中，時間則是永遠的
今的自我限定，從這樣的立場來思考外在世界在什麼意義下是永遠
的今的自我限定，相對於此，我們各自的意識世界要怎麼樣來思
考，並且外在世界與意識世界是如何地相互關聯的。在環境限定個
物、個物限定環境的意義下，永遠的今的自我限定才可以說是具社
會性與歷史性的世界，我與汝作為場所的限定，必須擁有內存於其
中的意義。我與汝並不是單純地通過外在世界而相互交會，作為人
格的自我，在我與汝之間，必須有一種直接的結合。透過將汝視為
汝，我才能是我，透過將我視為我，汝才能是汝。在表現的底層也
5,8 必須擁有這樣的意義。即使主張我與汝是直接地結合的，這當然不

意味著兩者單純地合一，兩者毋寧是辯證法地結合，是透過絕對否定而相互結合。這樣的結合作為無媒介者的媒介，反而才是真正具內在性的東西。藉由在自身之中觀看絕對的他者，在絕對的他者之中觀看到自身，我們人格的自我的自覺才能產生。這樣的限定應被稱為真正的愛。在最後一篇論文〈論生存哲學〉當中，我所陳述的東西雖然沒有超出先前論文的思考，但是我闡明了我們人格的自我的自我統一是擁有社會意義的，並且在這樣的統一形式之下，從個物來思想全般。在〈我與汝〉以及這篇論文[116]當中，不同於通常將人格的限定，脫離社會與歷史的限定來思考，我認為離開這種限定，（VI, 10）是沒有辦法思想人格性的。但是，這並不意味著我所謂的社會的與歷史的限定以及人格的限定，與一般的想法是一樣的。

　　從《從作動者到觀看者》的後篇開始，通過《全般者的自覺體系》，我的思想步入極端的迂迴曲折，在本書中，我的思想雖然粗糙笨拙，但或許也暫時地達到它的終點。我將作為所思限定的永遠的今、作為能思限定的絕對的愛、個物與全般的邏輯關係、社會與歷史的發展關係，以及作為具體實在的人格的自我的自我限定等，全部都從我的立場來更新其意義，我將闡明這一切作為非連續的連續，在其根柢上，都擁有我所謂"無的限定"的意義。我的思想應該要再洗練與統一，這不需要再說，但是我希望不要將我的思想，一概而論地只是根據以往慣用的語詞的意義來加以判定。我所謂的"無的限定"，並不是意味著單純地沒有任何東西，也不是說"無"這

116　「這篇論文」：指〈論生存哲學〉。

種東西在進行限定，而是相對於特定的全般者的限定，它〔無的限
定〕意味著無限定者的限定，意味著實存的形式（実存の形式）。
真正的辯證法的運動，作為非連續的連續必須就是這種東西〔無限
定者的限定〕。而雖然我還沒有闡明這些問題，但是行動、知識及
其間的關係，都必須從這樣的立場來加以釐清。在《全般者的自覺
體系》當中，我所謂廣義的行為的全般者的限定，作為包含一切的
全般者，是以絕對無的自覺的限定為基礎，而絕對無的自覺的限定
在所思的方向上是永遠的今的限定，在能思的方向上則是絕對的愛
的限定，這必須是社會性的與歷史性的。人格的自我作為內存於這
種世界中的自我，它是在他者中觀看自身，在自身中觀看他者的辯
證法的限定，它一方面可以視為判斷的全般者，另一方面則可以視
為自覺的全般者。我所謂的全般者的自我限定，在其根柢當中，必
須有著社會性與歷史性的限定的意義。本書的第一篇論文，也必須
從這樣的立場來改寫。

昭和 7 年（1932）10 月

作者

【題解】[117]：《無的自覺限定》刊行於 1932 年 12 月，收錄西
田於 1930 年 7 月至 1932 年 10 月，發表於《哲學研究》與《思
想》期刊的論文。本書與《全般者的自覺體系》的緊密性很高。兩

---

117 本「題解」以大橋良介與野家啟一編，《西田哲學選輯》第一卷（京都：燈影社，
　　1999 年），頁 48 為底本，再加以增刪而成。

者是同一個思惟方式的兩個不同方向，《全般者的自覺體系》是「由表層來看內層」，而《無的自覺限定》則是「由內層來看表層」的思考方式。本序是西田有名的三篇長序之一。其他兩篇長序分別為《自覺中的直觀與反省》的「初版序」以及《哲學的根本問題續編──辯證法的世界》的「序」。就西田的自我理解來說，本論文是《從作動者到觀看者》的後篇，通過《全般者的自覺體系》這條極端迂迴曲折的道路，「所暫時到達的終點」。本書所談的「自覺」是「（絕對）無的自覺」，它包含著「能思的自我限定」與「所思的自我限定」這兩個方向。而本書的基本立場，可以從西田的一段話看出：「我將作為所思限定的永遠的今、作為能思限定的絕對的愛、個物與全般的邏輯關係、社會與歷史的發展關係，以及作為具體實在的人格的自我的自我限定等，全部都從我的立場來更新其意義，我將闡明這一切作為非連續的連續，在其根柢上，都擁有我所謂"無的限定"的意義。」在這裏的「我的立場」指的就是「無的自覺的限定的立場」。就內容上來看，本序不單只是回顧，也談到未來思想的課題。本卷所收的論文共九篇：〈一、表現的自我的自我限定〉、〈二、作為場所的自我限定的意識作用〉、〈三、我所謂的絕對無的自覺限定〉、〈四、永遠的今的自我限定〉、〈五、時間性與非時間性〉、〈六、自愛、他愛及辯證法〉、〈七、自由意志〉、〈八、我與汝〉、〈九、論生存哲學〉。

《哲學的根本問題──行為的世界》

6,3（VII,3）　序（1933）

　　本書的論文〈形上學序論〉、〈我與世界〉與〈總說〉是依照目錄的次序所寫。〈形上學序論〉發表於岩波哲學講座，其後兩篇論文則是最近新寫的東西。我本來打算要將〈總說〉作為序文置於本書的最前面，但是，由於它有點長，所以將其置於最後。在〈總說〉當中，我主要在澄清我的立場，並且致力於排除對我的思想的誤解。讀者或許從〈總說〉開始閱讀會比較好。但是，由於〈總說〉預設了前兩篇論文，所以我希望讀者將〈總說〉與前兩篇論文合起來對照著熟讀。

　　在本書中，我對先前的《無的自覺限定》，特別是對其中〈我與汝〉這篇論文所陳述的思想，給予邏輯的基礎，補充其不完備之處，我認為我已經稍微可以將其系統化了。

　　　　　　　　　　　　　　　　　昭和 8 年（1933）8 月

　　　　　　　　　　　　　　　　　　　　　　　　作者

　　【題解】[118]：《哲學的根本問題》刊行於 1933 年 12 月，由岩波書店出版。本書與下一本書《哲學的根本問題續編──辯證法的

---

118 本「題解」以大橋良介與野家啟一編，《西田哲學選輯》第一卷（京都：燈影社，1999 年），頁 49 為底本，再加以增刪而成。

世界》（1934），同為了解西田思想由中期的「場所」往後期「辯
證法的世界」過渡的重要著作。本書刊行時的副標題為「行為的世
界」，這是本書的焦點。本序的結尾處談到本書的動機，在為〈我
與汝〉這篇論文「補充其不完備」並「給予邏輯的基礎」。西田的
這個動機要與隨後的〈作為辯證法的全般者的世界〉一起來思考。

《哲學的根本問題續編——辯證法的世界》

序（1934）　　　　　　　　　　　　　　　　　　　6,159（VII,203）

　　我在本書的第二篇〈作為辯證法的全般者的世界〉當中，更明
白地釐清了我的思想的根本形式，透過這樣的方式，我努力於將我
對種種問題的思考綜合統一起來。個物與個物的媒介者 M 是場所
或辯證法的全般者，其自我限定可以思想為"世界限定世界自身"。
我在前一本書[119]的論文〈我與世界〉當中，仍然主要是"從自我來
看世界"的立場。因而，並沒有充分地顯示所謂客觀的限定。我們
個人的自我，只能根據自我限定自身的世界的個物的限定來思考。

　　雖然我常常稱實在界是個物的世界，但是這不是單純地意味
著，先有無數的個物存在，而世界則被思想為這些個物的相互限
定；世界並不單單只是從個物的相互限定而產生的。當然，從某個

---

119 「前一本書」：指《哲學的根本問題——行為的世界》。

方面來看，我們的實在界必須完全就是這樣的世界。現實的世界完全是"個物的也是全般的"、是"全般的也是個物的"。在全般的限定方向上必須完全地是全般性的存在，並且在個物的限定方向上必須完全是個物性的存在。但是，對於"完全的個物性存在"或"個人"，它也必須是"完全的全般性存在"或"絕對的全般性存在"。而這就是超越了一切對象的全般者的東西或無的全般者。

（VII,204）

所謂個物的限定，人們首先將其思想為單一的個物的自我限定自身。但是，單一的個物並不是個物。其次，人們認為個物的限定是直線的限定與時間的限定。所謂直線的限定與時間的限定，意指各個獨立的存在必須是連結在一起的，時間的各個瞬間必須一方面是獨立的，一方面又結合而形成一個時間的統一。但是，這種結合必須從絕對相互獨立之物的結合來思考。不然的話，它就只是單純的全般的限定而已。要說明絕對相互獨立之物的結合，必須有"並列的關係"、〔也就是〕必須有"空間的關係"。這是為什麼我要說，直線的存在在其根柢處必須是圓環的、時間必須被思想為永遠的今的自我限定之原因。反之，真正的全般性存在必須擁有完全個別化自身的意義、必須擁有限定個物性存在的意義。個物的限定被我們思想為主觀的或內在的，全般的限定則被我們思想為客觀的或外在的。

6,160

內存於現實世界中的存有者，一方面是完全主觀性的，一方面也是完全客觀性的；它是全般的、也是個物的；是個物的、也是全般的；在其自身之中包含著矛盾，並且完全是以辯證法的方式而運動著。在這個意義之下，現實世界中的存在物，可以說全部都是自

（VII,205）

我限定自身的特殊者。它們完全以個物的方式自我限定自身，並且也完全地為全般性的存在所限定。通常人們說到"特殊"的時候，所想到的唯有它是為全般所限定的東西而已，但是，我稱現實中的存在物為特殊者，我所意指的並非如此。自我限定自身的特殊者擁有完全與他者對立的意義。因而，一方面我們可以說，它擁有否定單純的全般性存在的意義。現實的世界就是這種特殊者與特殊者的對立世界。

　　這樣的話，人們或許會問，為什麼我不說"特殊者的世界"，而 6,161 要說"個物的世界"呢？但是，像這種自我限定自身的特殊者，在迄今為止的邏輯學中都沒有思考到。如果基於全般來思考的話，那麼特殊就不過只是全般的種屬而已；如果基於個物來思考的話，全般就只能被思想為特殊的屬性。即使是黑格爾的邏輯，也沒有真正地思想到自我限定自身的特殊者。自我限定自身的特殊者只能作為"個物的限定即全般的限定"、"全般的限定即個物的限定"的辯證法的全般者當中的內存在物來思想，並且被思想為是辯證法的全般者的外延。而這種全般者既不是外在地觀看個物的東西，也不是否定個物的東西，在其根柢中，它必須擁有使個物為〔其〕外延的意 （VII,206）義，也就是說，必須擁有限定個物作為〔其〕外延的限定的意義。扼要地說，個物的世界所意指的不外就是辯證法全般者的自我限定的世界。

　　我們通常會將以時間與空間的方式來觀看物的世界思想為實在界。世界反過來〔被認為〕是物與物以時間與空間的方式而相互作動的世界。就算是這樣的世界，也必須是一種作為"既是個物又是

全般、既是全般又是個物”的辯證法全般者的世界。而如果我們將
個物的限定的方向思想為主觀的，將全般的限定的方向思想為客觀
的，並且將直線的限定的根柢思想為圓環的話，那麼，我們也可以
將這個世界思想為主觀限定客觀、客觀限定主觀的“主觀與客觀之
辯證法性的合一的世界”。這個世界作為相反之物的自我同一，在
現在限定現在自身這個意義下，也可以說是自我限定自身的。但
是，即使這個世界一方面也被稱為是個物性的或時間性的，但仍然
是以全般性存在為基礎並且徹底地否定個物性存在的世界。反之，
如果以個物性存在為基礎來否定全般性存在的話，我們會想到類似
單子的世界。所有觀念論的哲學，都是以我所謂的“個物的限定”為
基礎來思考世界的。由於直線的限定在根柢上是圓環的，因而從這
樣的立場來看，我們可以將這個世界思想為唯一的主體的發展（唯
一主観の発展）。但是，對於真正的“主觀且客觀的現實世界”或
“行為直觀的世界”，我們既不能在其全般的限定方向上思想到“全
般的統一”，在其個物的限定方向上也沒有“個物的統一”。在其底
部也不能思想到任何意義下的“統一”或“連續”。這樣的世界只能是
絕對的否定即肯定、絕對的肯定即否定的辯證法的統一。因而，我
稱這樣的世界是“非連續的連續的世界”或“絕對無的限定的世界”。
認為世界的底部是某種意義下的潛在的存在，這種看法已然站立在
主觀的立場。我們連明日的命運也不知道。歷史的現實世界必須
就是這樣的世界。

　　這種辯證法的全般者的世界是以哪裏為中心？要從哪裏來思想
它呢？如果沿著這種世界的全般的限定方向，我們沒有辦法思想到

6,162

（Ⅶ,207）

一個能將一切包含在內的全般性存在的話，那麼沿著這種世界的個物性限定的方向，我們也思想不到一個能統一一切的個物性存在。唯有從"現在在現在之中包含自我矛盾"以及"現在限定現在自身"出發，我們才能思想到這種世界。因而，這種世界作為"無限定者的限定"（限定するものなき限定）可以視為是創造的世界。當我們站立於"行為的自我"的立場的時候，這種世界就是主觀限定客觀、客觀限定主觀的"行為直觀的世界"。內存於這種世界中的存在物，作為自我限定自身的特殊者，都是自我限定自身並且為他者所媒介的；這種特殊者的自我限定可以視為是"行為"。在這種世界當中，沿著其客觀性限定的方向，可以思想到無限的客觀限定歷程；沿著其主觀的限定的方向，可以思想到無限的主觀限定過程；再者，在（VII,208）我看來，世界作為主觀的與客觀的、客觀的與主觀的辯證法的歷程，也可以視為是世界限定世界自身的無限的世界的歷程。但是，現實的世界並不能從這種歷程來思想，反而是這種歷程可以從現實世界的自我限定來思想。行為的現實世界可以說一直都必須擁有空 6,163 間的統一的意義，而行為則必須擁有立足點。世界並不單單只是連續地推移的存在而已。當然，就算是空間的統一，也不意味著它是靜止的。它是肯定面即否定面、否定面即肯定面的矛盾的統一。我稱這樣的東西是真正的自我同一的存在。因而，它是自我肯定自身、也是自我否定自身的，並且世世代代地推移。世界是一個既沒有中心點，也沒有周邊[120]的圓的自我限定；世界的進展則可以想成

120　「周邊」：亦可以理解為「圓周」。

是在圓中畫圓。因而自我限定自身的行為的現實世界，總是擁有無限的周邊。在其中非同時的存在是同時的。然而作為既沒有中心點、也沒有周邊的圓的自我限定，並且辯證法地自我限定自身的現實世界的無限周邊，總是擁有否定現實世界的意義，擁有逆反於時間的進行方向的意義。在這裏，我們可以思想超越時間的世界、可以思想否定時間的世界。反之，行為的直觀的世界或現實的世界，它是世代與世代以來以辯證的方式而自我限定自身的歷程，這樣的歷程可以思想為形成活動。在這種世界當中，從行為的自我的立場

（VII,209） 出發，在全般的限定的方向上可以觀看到無限地以表現的方式而自我限定自身的東西；在個物性的限定方向上，則可以看到無數的以個物的方式自我限定自身的東西、觀看到行為的存在。以形成活動的方式而自我限定自身的世界，一方面可以思想為表現的存在；一方面也可以思想為作動者。內存於這種世界中的存在物以辯證法的方式自我限定自身，這種世界可以視為是辯證法的物的世界。對表現的世界來說，存在物擁有超越存在物的意義。這並不單單只意味著，物擁有其自身的目的，[121]也不單單是說，物在其自身之中包含著潛在性。在表現的世界當中，超越是內在的，內在則是超越的。

6,164 以形成活動的方式而自我限定自身的世界，作為絕對相反之物的自我同一，必須被思想為是無限地自我表現自身的世界。

---

121 「物擁有其自身的目的」：日文的表達為「物が物自身の目的を有つ」。這裏的「物自身」並不是指康德的「物自身」，西田用來表達康德「物自身」的日文語詞為「物自体」。

　　我的"非連續的連續"似乎不能為大多數人所接受，因為很多人認為生命是連續的。但是生命既不能被思想為一種"內在的統一"，也不能被思想為一種"外在的統一"。生命必須有死亡。很多人將生命視為一種潛在的力。但是對合於目的性的生命發展來說，它始終必須要有物質的環境。而物質的環境是必須擁有否定生命的意義的東西。因而，"生命的連續"作為 M 的自我限定，必須被思想為"非連續的連續"。從"現在限定現在自身"出發，我們可以思想生命的連續。從"超越是內在的"與"內在是超越的"出發，我們可以思想生命。生物的生命就是以全般性存在為基礎來思想這樣的限定（參閱《無的自覺限定》）。

　　〈我與世界〉這篇論文，主要是從行為的自我立場出發來討論　(VII,210) 的，因而它包含了某種程度的全般的限定的意義；收錄於《無的自覺限定》中的〈我與汝〉，其中所討論的東西是以"個物的限定"、"能思的限定"的立場為主，因而仍然還未脫離從個人的自我立場來看世界這樣的立場。從具個物性的個人（個物のなる個人）的立場來看，個物與個物的媒介者 M，作為非連續的連續，可以先透過我與汝的關係來思考。歷史的世界一方面也必須擁有我與汝相逢的意義。在這裏，有著自然的世界與歷史的世界的區別。但是，單單從這樣的立場來思想歷史的世界，難免是片面性的。在歷史的底部必然存在著連個人也否定的東西。不僅於此，就算從我與汝的關係來思考，單單只有我與汝的關係，也並不真的能夠思想到非連續的連續。要能夠真正思想到非連續的連續，必須將「彼」牽引進來。相對於這種個物的限定的世界、人格的世界，在全般的限定方向

6,165 上，可以思想到"非人稱性的命題世界"、"純然表現的世界"。它們
是歷史的周邊存在。在世界肯定世界自身的方向上，根據其個物的
限定方向，我們可以思想具個人性的"我"、"汝"與"彼"；而在其否
定的方向上，則可以思想單純的表現的世界。但是，如上所述，當
以形成作用的方式而自我限定自身的世界，被思想為無限地以表現
的方式而自我限定自身的時候，它也可以被思想為是一個"汝"。基
（VII,211） 督教徒以"汝"來呼喚神，必須就是在這種意義之下。但是，在這種
意義下的"汝"必須要與呼喚鄰人的"汝"區別開。前者毋寧應該用
"父"或"主"來稱呼之。因而"愛鄰人如愛己"必須通過神。在這裏，
存在著單純的"鄰人之愛"與"神之愛"（アガペ）的區別。由於我認
為這個世界是無限地以自我表現的方式而自我限定自身的世界，我
在這裏用這樣的方式來思想所謂的神，我所謂的神並不是通常意義
下唯一且偉大的人格。我們的人格與神的人格，就如斯賓諾莎[122]所
說，必須是如犬與天狼星般不同的東西。[123]真正的辯證法的世界的
神必須是絕對的否定的肯定。

　　最後一篇論文[124]是從我的歷史實在的思想出發來思考種種文化

---

122 斯賓諾莎（Baruch de Spinoza, 1632-1677），與笛卡兒、萊布尼茲同屬西方近代理性主
　　義者，一元論與泛神論者。主要著作為《依幾何次序所展示的倫理學》（*Ethica*
　　Ordine Geometrico Demonstrata）（簡稱《倫理學》）。

123 參閱斯賓諾莎的《倫理學》第十七個命題，第二注解。「因為構成神之本質的理智與
　　意志，與我們的理智與意志是完全不同的，它們就只是名稱一樣而已。就如同天上的
　　天狼星座與地上吠叫的動物之間的差別。」意思是說天上的「天狼星」與地上的
　　「犬」雖然都叫 Sirius，但兩者是天壤之別。參閱 *The Collected Works of Spinoza,* ed. &
　　trans. by Edwin Curley (New Jersey: Princeton, 1985), p. 427。

124 「最後一篇論文」：指〈從形上學的立場所看到的東西古代的文化型態〉。

的特徵，並試著將其體系化的東西。對於缺乏歷史知識與洞察的我來說，唯有期待有識之士的指正。

昭和 9 年（1934）9 月

作者

【題解】[125]：《哲學的根本問題續編》於 1934 年 10 月出版，與《哲學的根本問題》的出版相距僅約十一個月。其中〈作為辯證法的全般者的世界〉一文，標示了西田思想的轉向，原文原分三次出版於《哲學研究》月刊，1934 年 6 月、7 月、8 月號，此篇序言的標示的日期為 1934 年 9 月。西田認為從「辯證法全般者」的立場來看，收於《無的自覺限定》中的論文〈我與世界〉，「仍然脫離不了從個人自我的立場來看世界的立場」。相對於先前「從自我來看世界」的立場，現在是「世界限定世界自身」的立場，從這裏開始了西田後期哲學。脫離個人自我的立場，轉向從世界來看世界，這麼一個轉向，要到〈作為辯證法的全般者的世界〉才產生。西田說，在這篇論文當中，我「更明白地釐清了我的思想的根本形式」。論文集《哲學的根本問題續編》的副標題「辯證法的世界」就是來自於這樣的背景，從這裏，開始了西田的後期思想。以下七卷的《哲學論文集》，西田即試圖根據這樣的思想來系統化自身的哲學思想。本卷所收的論文共有三篇：〈一、現實世界的邏輯構

---

125 本「題解」以大橋良介與野家啟一編，《西田哲學選輯》第一卷（京都：燈影社，1999 年），頁 57-58 為底本，再加以增刪而成。

造〉、〈二、作為辯證法的全般者的世界〉、〈三、從形上學的立場所看到的東西古代的文化型態〉。

《哲學論文集第一——邁向哲學體系的企圖》

7,3（VIII,3） 序（1935）

　　本書是對《哲學的根本問題》，特別是在其續編中所收錄的論文〈作為辯證法的全般者的世界〉所陳述思想的追究，並且試著更細部地來闡明歷史實在世界的構造。我並不是主張歷史實在的世界必須要這樣來思考，或者應該要這樣來思考。我要說的是，大家所謂的歷史實在的世界，如果要邏輯地來分析的話，那麼它就是這樣的世界。現實的世界必須就是歷史實在的世界。不論是經驗或是科學都是建立在這裏。社會也必須是在歷史實在的世界中生成的社會。

　　辯證法是從邏輯發展出來。但是，我所謂的辯證法意味著：我們透過行為來觀看物，物則反過來限定我們，我們是從物的世界中誕生。辯證法的邏輯必須是行為的實在的世界邏輯。即使是科學家也是透過行為來觀看物。在這個意義下，科學活動（科學する）也是辯證法。但是，科學家始終是透過對象邏輯來行為。透過限定某個立場，科學才能產生。實在本來就是辯證法的，在科學發展的極

（VIII,4） 限當中，也一定會遭遇到辯證法的實在。但是，這完全是從對象邏

輯的立場所看到的辯證法的世界。科學必須從辯證法的立場來接受批判。我們不能夠透過科學的例證來闡明哲學。科學並不直接就是哲學。但是，我並不因此而輕視科學。辯證法必須將對象邏輯作為 7,4 其否定的契機而包含進來。若非如此，它就不是真正具體的辯證法。

再者，現象學如果要說"具體"的話，那麼真正具體的現象學必須是歷史實在的現象學。歷史實在的現象學必須是辯證法的。現今的現象學即使主張依據實事，[126]但仍然免不了是在意識的立場當中所觀看到的東西。但是我認為，即使這種現象學的產生，也已然是內在於主客對反的自我同一的辯證法的立場之中。

當然，我也不認為，我已經達到了自己所指向的目標了，甚至也不認為我恰當地表達了我現在的想法。這不過只是一個還不成熟的計畫而已。但是，我認為要建立實踐的理論，我們就必須要先徹底地釐清真正"具體的行為"或者"實在"究竟是什麼。在〈圖式的說明〉當中，我試著將作為前兩篇論文之背景的思想，以整體的方式加以彙整。我使用了符號與圖式以幫助理解，但讀者不應完全拘泥於這些圖式。

　　　　　　　　　　昭和 10 年（1935）11 月　（VIII,5）

　　　　　　　　　　　　　　作者

126　「依據實事」：指現象學的「回歸『實事』本身」（auf die, Sachen selbst' zurückzugehen）。這是現象學的開創者胡塞爾於其《邏輯研究》中所提出的主張。請參閱 Edmund Husserl, *Logische Untersuchungen,* Husserliana XIX/1 (The Hague: Martinus Nijhoff Publishers, 1984), S. 10。

【題解】[127]：至今西田的書，往往都是期刊上發表的論文的集結，出版的時候再用一個名稱來統合之，在某種意義下，都可以視為是「論文集」的形式。自本書之後，西田一概用「哲學論文集」為總標題。「哲學論文集」共有七冊，只有第一冊有副標題。雖說是論文集，但不代表西田的思想是散亂的，《哲學論文集第一》刊行於 1935 年 12 月，副標題為「邁向哲學體系的企圖」，仍然可以看出西田體系性的企圖。西田在 1930 年出版的《全般者的自覺體系》中也有類似的副標題。由於這是轉向後的思考，可以視為場所邏輯提出後的第二次系統化，屬於後期西田場所哲學。這樣來看的話，西田哲學體系的建立並不是直線式的，而是有一個「回轉」。這個回轉發生在〈作為辯證法的全般者的世界〉，從先前從個人的自我來看世界的立場，轉向從世界來看世界的立場。在這裏，西田再次強調「現實的世界必須就是歷史實在的世界」，可以看出「歷史實在的世界」是轉向後主題。它的第一步工作就出現在《哲學論文集第一》當中。西田在這裏批評了意識現象學，認為真正的現象學必須關於歷史實在的現象學，它必須是「辯證法」的。《哲學論文集第一》共收兩篇於 1935 年發表的論文〈一、世界的自我同一與連續〉與〈二、行為的直觀的立場〉。此外還有一份〈圖式的說明〉（共有五個圖表），以圖式並附加文字來說明自己的思想。西田使用「圖式」來說明自己的哲學的習慣，自《哲學論文集第一》

---

127 本「題解」以大橋良介與野家啟一編，《西田哲學選輯》第一卷（京都：燈影社，1999 年），頁 60-61 為底本，再加以增刪而成。

開始，一直到《哲學論文集第三》，自《哲學論文集第四》以下，
就不再使用了。

《續思索與體驗》

序（1937）　　　　　　　　　　　　　　　　　　　　　7,213（IX,3）

　　本書所收錄的論文，我原不想再將其公諸於世。姑且不談個人
的東西，如第一篇到第四篇的專論，很多已經是屬於我過去的思
想，付之一炬[128]亦未嘗不可。但是，這些曾經公之於世的東西，可
以作為我的思想歷程的表示，所以就聽從岩波編輯部的請求，將其
全部置入本書當中。

　　　　　　　　　　　　　　　　　　　　昭和 12 年（1937）4 月

　　　　　　　　　　　　　　　　　　　　　　　西田幾多郎

---

128 「付之一炬」：日文為「丙丁童子に付与しこ」，直譯為「交付丙丁童子」。「丙丁
　　童子」出自「丙丁童子來求火」。丙丁分別表示十個天干的第三「火兄」（丙）與第
　　四「火弟」（丁），簡言之，就是「火」的意思。道元以「丙丁童子來求火」表示
　　「自我在自我之中追求自我」，這是修行者的工夫。參閱道元的《辨道話》。「丙丁
　　童子來求火」一事出自《景德傳燈錄》卷十七：「玄則問。如何是佛。師曰。丙丁童
　　子來求火。」（CBETA, T51, no. 2076, p. 341, c16-17）

【題解】[129]：《續思索與體驗》於 1937 年 5 月由岩波書店出版，所收錄的是 1926 年到 1936 年間的小論文與隨筆共二十二篇，這段時間也正好是西田場所思想確立與發展的時期，對了解西田場所思想的發展有其重要性。西田在收錄的時候，對每篇小論文皆附上簡短的評語。基於目次分量上的關係，在此省略。

《哲學論文集第二》

8,3（VIII,269）　序（1937）

我們不是透過思想而認知到我們的生存，而是我們生存所以思想。生命並不能單純地用非合理性的、直接而無媒介的方式來訴說它，在我們的生活當中，必須包含著合理性的媒介（也就是說，包含著思想）。只要是人的生命都必須包含著某種意義下的合理性媒介。生存就意味著作動。作動必須是在歷史的現實世界當中來製造（作る）物。只要是人的行為都是在某種意義下帶有製作的性質（jp.制作的）。我們作為歷史世界的要素，在歷史的現實當中以作動的方式而生存著。歷史的世界是"從受造作者到能造作者"（作られたものから作るものへ）而移動的世界，理性就存在於作為這種矛盾的自我同一而自我構成自身的地方。我們的思惟活動必須建

---

129 本「題解」以大橋良介與野家啟一編，《西田哲學選輯》第一卷（京都：燈影社，1999 年），頁 18 為底本，再加以增刪而成。

立在其上。具體的真理必須從具體的生命的立場來思考。哲學就存在於這裏。

　　我們並不是從世界之外來思考世界，思想的自我也內存於世界之中。思惟與生命並不是相互對立，也不是以否定的方式而相互媒介，為思惟所否定的東西必須是作為被造作者的所與物。這並不是生命。真正的理性必須是真正歷史的生命。從站在生命之外的思惟的立場，不能夠否定生命。思惟不過只是從受造作者到能造作者的歷史的生命的自我否定的一個側面而已。一說到生命的立場，我們馬上會想到詮釋學，但是，我們作為歷史世界的構成要素，我們的行為的自我構成就是歷史世界的自我構成，真理的核心就在這裏。客觀的知識必須是歷史的行為的自證。生存並不在於情感或神秘的直觀，而在客觀的製作。這是我們的生命之所以被視為是具身體性的理由。認識論者在談到生命的時候，就將其思想為了解的對象。如果是他人的生命或是過去的歷史生命，或許也可以這樣來思想。但是，對於我們自己的生存，我們並不是以詮釋學的方式來了解。

　　具體的思惟必須是從歷史生命的立場來進行的思惟。這是真正的辯證法的思惟。就算我們認為思惟是抽象的，它也必須從被構成且能構成的（形作られて形作る）歷史現實的立場出發。它必須完全被包含在歷史生命的自我媒介當中。在這裏存在著思惟的思惟（思惟の思惟）的理由。柏格森說，哲學最欠缺的是適當與確切性，各種不同的哲學體系都不是根據我們生存的現實而設立。[130]為

（VIII,270）

8,4

---

130 參閱柏格森 1934 年的《思想與運動》（*La pensée et le mouvant*），收於《柏格森著作

（VIII,271）　了符合於我們思惟的計畫，而對現實施以外科手術，這是不恰當
的。

　　在本書當中身體扮演了一個重要角色，對於身體的思考，我也
必須說一些東西。我們的自我因為是身體的，它才能是歷史的，歷
史實在的辯證法性可以從分析對我們而言最直接的身體來把握。但
是，這並不是說，我們要以所謂身體的方式來思考歷史的世界。反
而恰恰相反。身體必須以歷史辯證法的方式來思考。歷史的世界是
身體性的，並且它也總是反過來超越了身體。例如，社會就不單單
8,5　是身體性的，而是超越身體的存在。身體在這裏反而是被否定的。
而社會就存在於身體超越身體的地方。若非如此，就不是具體的社
會。具身體性的存在，在歷史的世界當中是被給予的並且是包含著
自我否定的存在，它是應被否定的被給予物。但是，它並不單純只
是應被否定的東西。在歷史的世界當中，被否定者決定著能否定
者，能否定者建立在被否定者之上。歷史的實在總是在自我否定自
身的當中擁有自身的實在性。具身體性的用具與超越之[131]的機械之
間的關係，或許也可以說是同樣的事情。

（VIII,272）　　如果要將真正的歷史世界以辯證法的方式來思考，那麼自然與
歷史就必須一貫地來思想。自然是歷史的與社會的，歷史的社會則

集》（*Œuvres*, textes annotés par André Robinet; introduction par Henri Gouhier, Paris:
Presses universitaires de France, 2001, c1959），頁 1253。

131　「之」（jp. 之）：文法上來看，應是指「用具」。這是說「用具」（具身體性）與
　　「機械」（不具身體性）都是在自我否定中擁有自身的實在性。

必須是自然的。從環境到主體，世界完全是自然的。主體內存於環境，世界則完全是歷史的與社會的。脫離了歷史的辯證法的歷程就沒有社會。但是，在本書當中，我還沒有特別地將社會作為論題。在本書中，身體的否定的立場也可能還不夠，但是，我認為透過更深入於個性的自我的構成立場，也就是說，透過更深入於作為絕對斷絕的連續的從受造作者到能造作者的立場，是可以釐清這一點[132]的。

昭和 12 年（1937）10 月

作者

【題解】[133]：《哲學論文集第二》刊行於 1937 年 11 月。根據西田自己的評論，本序的前半部是關於「歷史的生命」。後半部則是關於「身體」的問題。所以，本書可以用「生命論」與「身體論」來看它，身體的問題隨著「行為」與「歷史」的出現，在後期的西田哲學中扮演一個重要的角色，西田在這裏用歷史性、表現性與行為性來說明之。第三論文「種的生成發展問題」，一般認為是在面對田邊元「種的邏輯」的批判當中，西田從自身的立場來談論「種」的問題。本書所收錄的論文有四篇，外加一個「圖式的說明」：〈一、邏輯與生命〉、〈二、實踐與對象認識──歷史世界

---

132 「這一點」：意指「身體的否定的立場」。

133 本「題解」以大橋良介與野家啟一編，《西田哲學選輯》第一卷（京都：燈影社，1999 年），頁 65 為底本，再加以增刪而成。

當中的認識的立場〉、〈三、種的生成發展問題〉、〈四、行為的
直觀〉、〈五、圖式的說明〉。

《哲學論文集第三》

8,255（IX,3） 序（1939）

　　人們可以說，我總是反覆地討論著同樣的問題，但是，自《善
的研究》以來，我的目的就在於完全從直接的與最根本的立場來觀
看物、來思想物。這是把握"一切的所從出與所歸向"（すべてがそ
こからそこへ）[134]的立場。純粹經驗雖然擁有心理的色彩，但即使
如此，作為超越主客的立場，我也是想要從這裏來思想所謂的客觀
世界。但是直到我接觸西南學派，這個立場[135]必須徹底地接受批
判。我勢必採取類似費希特的自覺的立場（參閱《自覺中的直觀與
反省》）。但是，最初推動我的東西，並不是費希特的自覺。我的
立場雖然可以說是超越了費希特的「自我」，但它也是更接近自我
的立場。[136]即使在當時，我所謂的直觀，就像從費希特到謝林一
樣，也不是在對象的方向上所思想到的直觀。它並不是超越活動的

---

134 「そこ」：指最根本的立場。

135 「這個立場」：指西南學派的立場。

136 「更接近自我的立場」（もっと手前の立場）：就日文字面上的來看，是指「更靠近
　　（自我）這邊的立場」。西田的意義是指他的立場比費希特更接近於「本源的自
　　我」。因而「更接近自我的立場」也可以理解為「更本源的立場」。

直觀，而是活動所由之而產生的直觀。

　　要組織一個哲學體系，必須要有邏輯。我曾苦惱於這個問題。對此，我在〈場所〉論文當中獲得了頭緒。在這篇論文當中，我以　(IX,4) 亞里斯多德對基底思考為線索。亞里斯多德的邏輯完全是主詞的邏輯。但是透過這樣的邏輯無法思想所謂的自我。自我是不能被對象化的存在。但是我們可以思想我們的自我。在這裏，就必須存在著某種不同的思惟形式。對反於亞里斯多德的邏輯，我稱這種思惟形　8,256 式為述詞邏輯。我們的自我作為意識的統一，不能被思想為主詞性的，作為意識場域的自我限定，它毋寧是場所性的。如果我們認為判斷是作為全般者的自我限定而產生的話，那麼在強調述詞性層面的時候，也可以說判斷是述詞性的。當然這並不是主張沒有主詞的邏輯。而是將主詞性的存在思想為全般者的自我限定。在這裏，只要主詞性的存在被限定住了，我們就可以思想對象性的存在。我稱其為判斷的全般者。但是，如果我們以場所的方式來思想全般者的時候，那麼我們就可以思想到作為這種全般者的自我限定，並且又超越這種全般者的限定的東西。透過這樣的方式，我們也可以思想所謂的意識現象。我認為，"能思想"也意味著某種主詞性的東西必須存在。比如說，我們觀看某個東西或聆聽某個東西，這是沒有問題的。但是，我們能不能將這些東西完全思想為客觀的對象？或者將其思想為我們的意識現象呢？在這裏，全般者必須是不同的。當時〔寫那篇論文的時候〕，我稱後者[137]為"自覺的全般者"。不過被

137　「後者」：指我們的意識現象。

(IX,5) 思想為"一切的所從出與所歸向"的最根本的與最包括性的全般者，則必須是「表現的全般者」。不論是客觀的對象界的知識，或是意識現象的知識，都是作為這種〔表現的全般者〕的自我限定而產生。都被思想為是表現的全般者的特殊的自我限定。而由於這種全般者的自我限定超越了主詞性的存在（jp. 主語的有），我稱其為"無的邏輯"，再者由於它包含了個物性的存在，我稱其為場所性的。然而，就如我回答當時已故的左右田博士[138]所說過的一樣，我並不是單純地透過對判斷的全般者的超越，來思想種種的全般者。在這裏存在著"自覺"的積極性歷程。因而，判斷的歷程也可以從更具體的自覺的歷程來思考。我認為表現的全般者的自我限定，從我今日〔的思想〕來看，可以說是行為的直觀的自我與製作的自我（ポイエシスの自己）的自覺的歷程。從這裏，既可以思想我們意8,257 識的自我，也可以思想客觀的世界。科學判斷的歷程不外是製作的自我的自覺的歷程而已。

如上所說，透過對反於亞里斯多德的主詞邏輯與康德的對象邏輯，我可以思想到最根本的與最具體的全般者，並且藉由這樣的全般者，我也可以思想我們自的活動。但是完全的個物性存在所內存於其中的全般者，必須是作為多與一的矛盾的自我同一的辯證法的全般者。它是"全般的限定即個物的限定"，"個物的限定即全般的限定"等等（參閱《哲學的根本問題》）。我所說的"場所"必須(IX,6) 是"辯證法的全般者"，是"矛盾的自我同一的世界"。"無"就是"絕

---

138 「左右田博士」：指左右田喜一郎。請參閱注 275。

對矛盾的自我同一"。從這樣的立場來看，一切的存在物既是有也
是無（有であると共に無である）。絕對無既是超越一切，一切同
時也是透過絕對無而產生。而作為這種全般者的自我限定而自我形
成自身的世界，必須就是我們的自我之所從出與所歸向的歷史的與
社會的形成世界。所謂的自然世界也是包含在歷史世界當中的世
界。

　邏輯並不是脫離歷史世界的東西，它必須是歷史的生命之表現
的自我形成的形式。亞里斯多德的邏輯也不單單只是形式性的，而
是以柏拉圖哲學為背景的古希臘的歷史的與社會的邏輯。它與古希
臘的形上學有著不可分離的關係。我認為康德的邏輯也可以說是一
樣的。這麼說的時候，我並不是主張邏輯只是其所屬時代的時代產
物，也不是說邏輯不具有客觀的全般性。種種不同的時代作為具體
的歷史的生命的種種不同發展，它擁有種種不同的對物的觀察方式
與思考方式。我們也可以稱這些[139]是具體的邏輯的特殊形式。具體
的邏輯形式必須在歷史的生命的形成當中來探求。我在《哲學論文
集第二》的論文〈邏輯與生命〉當中，就試著回到這種根本性的問
題來思考（本論文集就是〈邏輯與生命〉的完結篇）。也如我上述 8,258
所說，從一開始我就不單純只是透過對判斷的全般者的超越來思想
具體的全般者，而是在這裏有一個所謂自覺的積極的歷程。而這必
須是歷史生命的自覺。最根本的全般者的自我限定，必須是歷史生 (IX,7)
命的自覺的歷程。我曾說過，自《善的研究》以來，我的目的就在

---

139 「這些」：指這些種種不同的觀察方式與思考方式。

於對物的最根本的觀看方式與思考方式。在今天來看，這必須就是
歷史生命的自覺，也就是說，是製作的自我的自覺邏輯。而這就是
歷史運作（jp. 操作）的邏輯。如先前所說，具場所性的種種全般
者，在運作上也必須被規定為具歷史性的與具空間性的全般者。

　　我雖然接觸到並且討論了各種問題，但是核心的問題可以說只
有一個。我想要從我的立場來討論各式各樣具體的特殊性問題。但
是，對於到了詩人所謂"人生古來稀"[140]這種年紀的我來說，這個問
題無非已是我畢生的問題了。我並不是說大家都應該以我的問題為
問題。但是，更新問題的對象並不就意味著更新思想。再者，問題
是具體的也不就意味著思想是具體的。我認為在當今的歷史時代當
中，也就是說，特別是在要相對於他者來回顧我們遠祖以來的文化
的時代當中，我們需要回到最根本的對物的觀看與思考的方式中來
思考與觀看。

昭和 14 年（1939）9 月

作者

　　【題解】[141]：本書刊行於 1939 年 11 月。西田在此，回顧了自
身思索的道路，是了解西田最終立場的重要著作。「自《善的研

---

140 「人生古來稀」：語出杜甫〈曲江〉詩二首之二，「酒債尋常行處有，人生七十古來
　　稀」。

141 本「題解」以大橋良介與野家啟一編，《西田哲學選輯》第一卷（京都：燈影社，
　　1999 年），頁 70 為底本，再加以增刪而成。

究》以來，我的目的就在於完全從直接的與最根本的立場來觀看物、來思想物。」這個直接與最根本的立場，就是把握一切的「所從出與所歸向」的立場，這是西田「畢生的問題」。西田認為《哲學論文集第三》是〈邏輯與生命〉（收錄於《哲學論文集第二》）的完結篇。這個完結篇以論文的形式，表現在本論文集所收的〈絕對矛盾的自我同一〉。西田認為在這裏，達到他思想的最終形式。在這裏，我們可以看到西田是在實際的寫作中，獲得其思想的最終形式的。至此西田說自己已達古稀之年了，但仍然試著從這個最終的立場出發，來思考各種特殊的具體問題。本論文集共收錄四篇論文以及一篇「圖式的說明」：〈一、人的存在〉、〈二、歷史世界中個物的立場〉、〈三、絕對矛盾的自我同一〉、〈四、經驗科學〉、〈五、圖式的說明〉。

《哲學論文集第四》

序（1941）

9,97（X,3）

　　在本書中，我以在先前的論文集[142]所達到的根本思想為基礎，主要討論了實踐哲學的問題。在〈絕對矛盾的自我同一〉當中，我大致釐清了我的根本思想。要弄清楚這個思想，我就必須關聯著這

142　「先前的論文集」：指《哲學論文集第三》。以下〈絕對矛盾的自我同一〉與〈經驗科學〉皆收於《哲學論文集第三》。

個思想來討論種種特殊的問題。從前一本書的論文〈經驗科學〉以下，一直到本書的最後一篇論文，都是在這個意圖之下所寫成的東西。在〈經驗科學〉當中，我並不是越過操作而思考真理自體的世界，而是將科學的知識完全連結到我們的操作中來思考，也就是從歷史操作的立場來思考。即使科學的知識，作為歷史世界的自我形成的表現，也必須這樣來思考。在這裏，它不能夠脫離技術的概念。但是，我並不是主張技術就是科學，也不是主張科學就是技術。特別是具個人性藝術的技術智[143]與具全般概念性的科學知識，反而必須是相反方向的東西。即使如此，藝術與科學作為造作者與被造作者的矛盾的自我同一，本來是在現實世界之自我形成的兩個

(X,4) 極限中所產生的東西。共同作為矛盾的自我同一的兩個極點，藝術與科學都是以行為的直觀的方式而產生的。只要其一失去了相對反的極點，兩者都不再是真實的。在本書的〈作為歷史的形成活動的藝術創作〉當中，對反於迄今將藝術視為只是主觀性的想法，我將藝術思想為歷史的形成活動。藝術的創作並不是透過主觀的想像活動而產生的，我們的想像作為歷史世界的自我形成毋寧是藝術性

9,98 的。藝術也不脫離歷史的現實。但是，如我常常所說，我並不是將歷史的形成活動思想為藝術性的，而是從歷史世界的自我形成來思想藝術。雖然藝術也不能脫離歷史的現實，但是歷史的現實不能說是藝術性的。藝術的世界存在矛盾的自我同一的現實世界的內在端點中，它超越了這個端點，並且以抽象的方式產生。在這篇論文當

---

143 西田這裏的「技術智」是指希臘文 techné 的意思，用現代的語詞來看，它包含「技術」與「藝術」這兩類活動。

中，我也試著釐清這一點。

　　我們的自我作為世界的個物，是以"全體的一"與"個物的多"這種絕對矛盾的自我同一之方式而自我形成自身的，它出生、作動並且死去。可以說是創造的世界的創造要素。因而，在我們的自我的根柢中是自我矛盾的存在。深入探究我們的自我的底部，就不得不這樣來思考。齊克果[144]說我們的自我不僅擁有一種自我關聯自身的關係，而且還擁有一種為絕對的他者所置定的關係。[145]實踐哲學就必須以這樣的立場為基礎。然而，迄今的倫理學都是從抽象的意識性自我的立場出發。從這樣的立場出發，即使說是理性的，也不能完全擺脫主觀主義。即使是主張"行"的立場，"行"也必須是歷史的實踐，必須是在歷史的世界當中，以歷史的身體的方式（身心一如(X,5)的方式）來造作物。若非如此，它就根本不可能走出意識內的事實，就不免只是一種抽象的道德而已。由於我們的道德的實踐是建立在絕對矛盾的自我同一的世界的自我形成之上，所以國家是道德行為的開始與終結。國家不外是歷史世界的個性的自覺。我們的自我作為歷史世界中唯一的個物而作動，這並不是說我們是以抽象的意識的自我的身分而作動，而是必須在歷史世界的唯一的場所與時間中，也就是必須在歷史世界的唯一情勢（唯一の局面）中作動。而這反過來意味著，世界必須以個性的方式自我形成自身，也就是說，它必須是具國家性的（從歷史性與社會性的層面來說，「現實

---

144 齊克果（Søren Aabye Kierkegaard, 1813-1855）：丹麥哲學家、神學家及作家，一般被視為存在主義之父。

145 參閱齊克果的《死病》（*Die Krankheit zum Tode,* hrsg. v. L. Richter. Frankfurt a. M. 1984）。

9,99 即絕對」就是所謂「具國家性的」）。民族就是這種國家的形成力，它是具惡魔性的歷史的形成活動。民族作為歷史的形成活動，在自身之中居住著絕對意志，藉由此，它以國家的身分而成為具道德性的存在；我們的自我作為這種民族的一個成員（也就是說，作為「國民」），在歷史世界的唯一情勢當中，遭遇到絕對的應然。道德的應然並不建立在抽象理性的內在應然之上，而是必須擁有絕對意志的命令的性質。因而，所謂"國家道德"並不是一種道德的範疇，國家必須是實踐的自我的自覺的場所。我們的道德行為，雖然是以抽象理性的道德形式為媒介，但它並不是以抽象理性的方式所

(X,6) 產生的東西，而必須是歷史的場所的限定。從純然抽象理性的立場來行為，反而是非道德的。我們的自我並不單單只是以意識活動的方式而自覺，作為在這個世界中既能造又受造的存在（作り作られるもの），我們的自我是以歷史的場所的方式而自覺的存在。我們自我的自覺必須完全是具個性的。我們的自我作為徹底唯一的歷史的個物，以絕對矛盾的自我同一之方式相對，並且與絕對者面對面。自我愈是個物的，就愈是如此。

我從我的立場來思考種種特殊的問題，透過這樣的方式，我漸漸深深地確信了我自己的根本思想。我已步入殘年，無法深入研究各個特殊的問題。陳述我的思想最方便的方式是用既成的說法來取代。

昭和 16 年 （1941） 8 月

西田幾多郎

【題解】[146]：《哲學論文集第四》刊行於 1941 年 11 月。西田提到第四論文〈經驗科學〉是從第三論文〈絕對矛盾的自我同一〉的根本思想出發，來討論種種特殊的問題所跨出的第一步。本論文集主要依據西田的根本思想「絕對矛盾的自我同一」來討論「實踐哲學的問題」。所收的論文：〈一、實踐哲學序論〉、〈二、創作與實踐（實踐哲學序論補說）〉、〈三、作為歷史的形成活動的藝術創作〉、〈四、國家理由的問題〉。第三論文的藝術論與西田初期在《藝術與道德》中所討論的藝術論有不同的看法，相對於前期的藝術作為自我發展，後期的藝術論則將「藝術思想為歷史的形成活動」，這也是西田後期思想的特色。再者，第四論文的國家論，針對當時已被稱為京都學派的弟子們，在討論國家與時局的時候，提示了一些基本的觀點。

《哲學論文集第五》

序（1943）

9,359（X,341）

　　我在《哲學論文集第三》當中才能夠把握我的根本思想。在《哲學論文集第四》裏面，則主要試著從我的根本思想來討論實踐哲學的問題。在本論文集當中，我反過來討論知識的問題。在這本

---

146 本「題解」以大橋良介與野家啟一編，《西田哲學選輯》第一卷（京都：燈影社，1999 年），頁 74 為底本，再加以增刪而成。

論文集裏面，我想我大致上可以從我的根本思想來討論種種問題了。

昭和 18 年（1943）9 月

西田幾多郎

【題解】[147]：《哲學論文集第五》於 1944 年 9 月由岩波書店出版。「序」完成於 1943 年。序文中「我的根本思想」指的是「絕對矛盾的自我同一」的想法。從西田的各篇「序」的思想看來，各篇「序」都是論文完成之後再寫的，唯有本序先於論文集而完成，這是因為西田在撰寫《哲學論文集第五》之前，罹患了痔瘡，之後又罹患了風濕症。但是，在罹患風濕症的期間，西田閱讀了量子力學。這是書寫第一論文〈論知識的客觀性——新知識論的基礎〉的動機。從西田於 1942 年 4 月 16 日給堀維孝的信來看，這篇論文是西田在「臥病」中用「僵硬的手指」所寫下的。再者，《哲學論文集第四》產生於太平洋戰爭爆發之前，《哲學論文集第五》則是太平洋戰爭爆發之後的著作。「反過來討論知識的問題」顯示在這樣的時局中，西田的根本關心所在。本序敘述了本書的背景，明確地表達了自《哲學論文集第三》以來的意圖。所收的論文有二：〈一、論知識的客觀性——新知識論的基礎〉、〈二、論自覺——前一篇論文的奠基〉。

---

147 本「題解」以大橋良介與野家啟一編，《西田哲學選輯》第一卷（京都：燈影社，1999 年），頁 75 為底本，再加以增刪而成。

《哲學論文集第六》

序（1944）

10,3（XI,3）

　　在本論文集中，我主要以我在《哲學論文集第五》中所初步討論過的東西為基礎，試著來討論數學與物理學的根本問題。我認為，當今專門的學者都不太重視這些問題的考察。就像物理學，現在難道不正是最應該要來考察它的基礎概念的時候嗎？數學是不是要在無矛盾性之下才是可能的？要用什麼來證明〔數學的〕無矛盾性？在〈邁向以預定和諧為線索的宗教哲學〉當中，我碰觸到了宗教哲學的問題，這個問題懸掛在我心中已經多年了。在〈論笛卡兒哲學〉當中，我將我的立場相對於種種不同的哲學來加以釐清。雖然對於我的哲學還有種種的批評，但我認為這些都是從不同立場而來的批評，並不是真正的批評。

昭和 19 年（1944）10 月

西田幾多郎

　　【題解】[148]：《哲學論文集第六》以遺著的方式，於 1945 年 12 月出版。西田在本書的「跋」當中這麼記載著：「本書，一直到〈空間〉論文為止，曾有一次付印，但是，因為空襲而被燒燬」

---

148 本「題解」以大橋良介與野家啟一編，《西田哲學選輯》第一卷（京都：燈影社，1999 年），頁 76-77 為底本，再加以增刪而成。

（NKZ 10:227）。這是太平洋戰爭最為激烈的時候。據西田日記記載，空襲東京約開始於本序執筆的一個月後，即 1944 年 11 月。籠罩於戰敗的時局當中，據弟子下村寅太郎的轉述，西田在他的內心中，仍然「深藏著再造日本思想文化之基礎」的悲願。西田「因此寫稿很急，寫成之後，即刻送印，渴望此書，即使少數人也好，能流傳於世」。在空襲中燒燬的《哲學論文集第六》雖然重新印刷了，但是，西田自己並沒有看到這個裝訂本，因為他於 1945 年 6 月 7 日病逝。兩個月後的 8 月 15 日，日本投降，二戰終結。西田從年輕的時代開始就關心數學與物理學的問題。晚年的第六論文集，則從「絕對矛盾的自我同一」的立場來討論之，這屬於今日所謂的「科學哲學」。此外西田去世的前一年，又再度重新思考宗教問題，「這個問題懸掛在我心中已經多年了」，宗教畢竟是西田終極的關切所在。本論文集所收論文為：〈一、物理的世界〉、〈二、邏輯與數理〉、〈三、邁向以預定調和為線索的宗教哲學〉、〈四、論笛卡兒哲學〉、〈五、傳統〉、〈六、空間〉、〈七、數學的哲學奠基〉、〈跋〉。

《哲學論文集第七》

　　【題解】[149]：在西田全集中，還包括一冊《哲學論文集第

---

149 本「題解」以大橋良介與野家啟一編，《西田哲學選輯》第一卷（京都：燈影社，1999 年），頁 77 為底本，再加以增刪而成。

七》，於 1946 年由岩波書店出版，並無任何序文。其中所收錄的
論文，是西田生前沒有發表的論文，因而也沒有「序」。其中，西
田最後的文章〈關於我的邏輯〉，是 1945 年 5 月 30 日起稿，只寫
了幾頁就停止了，一般視為西田的「絕筆」，西田在這裏仍然感嘆
於場所邏輯的很難為世人所理解。西田於 1945 年 6 月 7 日因尿毒
症猝逝，享年 75 歲。《哲學論文集第七》則於 1946 年 2 月出版。
收錄兩篇論文：〈生命〉以及〈場所邏輯與宗教的世界觀〉。這兩
篇論文都是西田哲學的代表作。

絕對自由意志

—— 《自覺中的直觀與反省》第 40-41 節

　　經過許多迂迴曲折之後，我終於在前一節的最後，[150]到達了某 2,215（II,278）
種超越知識的東西。在這裏，我與康德的門徒一樣，都不得不承認
"知識的界限"。即使如柏格森的"純粹持續"，在將其稱為"持續"的
時候，也已然落入了相對的世界當中，〔因為〕不可回復性，已然
包含了可以回復的可能性。真正具創造性的絕對實在，必須是如偽
戴奧尼索斯[151]或者如奧利根[152]所想的一樣，它必須既是一切，也不
是一切。雖然柏格森也認為緊張的背面有鬆弛，但是真正的持續必
須如奧利根所說，是動靜的合一，也就是靜止的運動、運動的靜止
（Ipse est motus et status, motus stabilis et status mobilis）。[153]即使稱

---

150 「前一節」：指《自覺中的直觀與反省》的第 39 節。西田在第 39 節的措詞是「絕對
　　意志」，而非「絕對自由意志」，但兩者的意思是一樣的。

151 偽戴奧尼索斯（Pseudo-Dionysius the Areopagite）：約活躍於紀元五世紀末到六世紀
　　初，基督教神學家，新柏拉圖主義者，運用新柏拉圖主義的神秘思想來闡釋基督教神
　　學，現有《偽戴奧尼索斯著作集》（Corpus Areopagiticum）。

152 奧利根（Johannes Scotus Eriugena, ca. 810-877）：紀元九世紀的新柏拉圖主義哲學
　　家，偽戴奧尼索斯著作的詮釋者與翻譯者。

153 出自奧利根，《自然區分論》（De divisione naturae），452C。西田也參考過 Ludiw
　　Noack 的德文譯本：Johannes Scotus Eriugena über die Einteilung der Natur (Leipzip:
　　Dürr), 1870 與 1874。本句拉丁文的直譯為「自身是動且靜，是靜的動與動的靜」。

其為"絕對意志"，也已然失去其妥當性，它是真正所謂的"說似一物即不中"。[154]

　　在現代哲學當中，也有可以被稱為"認識之前"（das Vorbegriffliche）[155]的實在，對於這樣的東西，有人將其思想為類似柏格森的純粹持續那樣是不斷的進行，有人將其思想為類似尚未被形成的質料（未だ形成せられない質料），[156]也有人將其思想為類似柏拉圖的理念世界那樣的東西。但是，這些想法全都已然落入了相對的世界，全都已然屬於知識對象的世界，不能說是真正直接的「認識之前」的絕對。就這一點來說，我認為這些都遠不如古代的偽戴奧尼索斯與奧利根等中世紀神秘哲學的想法來得徹底。將神視為"有"是不恰當的、視為"無"也是不恰當的；用"動"來稱呼祂不恰當，用"靜"來稱呼祂也不恰當，祂是真正所謂的言得三十棒，言不得三十棒。[157]奧利根「創造而不受造的神」（Natura creans et non creata），與「既不創造亦不受造的神」（Natura nec creata nec creans）是同一的，[158]我不得不認同在這樣的思想當中的深刻意

（II,279）

2,216

---

154 《景德傳燈錄》卷五：「說似一物即不中」（CBETA, T51, no. 2076, p. 240, c12-13）。南嶽懷讓禪師的名言。

155 「認識之前」：新康德學派的概念，用以指稱先於認識而觸動認識機能者，可視為對康德「物自身」的一個解釋。

156 這是指「尚未被賦予任何形式」的「原質」（prote hyle）。

157 《鎮州臨濟慧照禪師語錄》卷一：「道得也三十棒。道不得也三十棒」（CBETA, T47, no. 1985, p. 503, c19-20）。

158 參閱奧利根，《自然區分論》（De divisione naturae）。英譯本請參閱 Eriugena. Periphyseon（The Division of Nature）, trans. by I.-P. Sheldon-Williams and J. J. O'Meara, (Montreal/Paris: Bellarmin, 1987)。

義。如果物自身是像這樣不可思議的東西的話，那麼有人或許就會不要這個全然無用的假定。但是，讓命題「A 是 A」得以成立的東西，既不在主詞的「A」當中，也不在賓詞的「A」當中，即使如此，它也不與這兩者〔主詞與賓詞〕分離，而且這個全體還必須是我們在思想「A 是 A」這個命題之前就既予的東西。"連續"並不能夠單純地給予無限地分割，而是必須試著從既予的全體出發來思想。但是，真正具體的連續並不是單純的全體，在其中還必須包含著分離。對於這樣的全體，我們或許不能將其限定為認識的對象，但是我們必須承認它是認識的根柢。雖然或許在分析的層面上，我們無法發現任何的統一，但是，種種不同的成素之間的關係，則是透過它而成立的。新實在論者認為，進入關係中的東西[159]與關係本身是不同的，但是，在任何意義下都不處於關係之中的東西，作為不具有任何與他者關係的物，是沒有辦法保持自身的存在的，關係與關係的構成要素是無法相互分離的。說這些的全體是"一"並不恰當，說它是"多"也是不恰當的；說它"變動"並不恰當，說它"不變動"也不恰當，雖然就像眼睛不能看到眼睛，照相機不能夠攝影照相機自身一樣，要在所謂的認識的照相機鏡頭當中來捕捉這個全體，這是不可能的，可是我們可以在"意志自由"這個形式當中，直接地接觸到這個全體。康德所謂的「汝應當如此行為！」這樣的"道德意識"是比"認識意識"更深的直接事實，更恰當地說，這不只是更深或直接而已，我認為前者〔道德意識〕還反過來包容了後者

（II,280）

159　「進入關係中的東西」：指「關係項」。

〔認識意識〕。我們的知性世界是廣闊的，更恰當地說，我們能夠認知（知るべき）的世界是廣闊的，但是比它更廣闊的，是我們的
2,217　意欲世界，即使如夢般的空想，也屬於我們意志對象的世界領域。在知識的世界中被認為是虛幻的東西，在意志的世界中則是實在。即使「汝應當為，故汝能為」這樣的話，在這裏也絲毫不足為怪。雖然，對大多數的主知主義者來說，意志自由或許是一種單純的錯覺，但是我反而認為"認知"是"意志"的一部分，就如同今日的目的論的批判論者所說的一樣，在認識的根柢中存在著意志。與知識的世界相比較，意志的世界是無限廣闊並且是知識世界的根源，知識的世界與必然的世界是透過意志而產生。奧利根等主張："在神之中，既無任何必然、亦無任何命定，命定（Praedestinatio）不過只
(II,281)　是神的意志的決定而已"，[160]這些話包含著深刻的意義。主知論者將自由意志視為空想，是因為他們將意志對象化地來看的緣故，也就是將意志投射到自然的世界當中來觀看的緣故。但無論如何，在將自由意志投射入自然因果的世界的時候，它就已然不是意志了，即便是在意志之背後承認任何意義下的因果，這也是對意志的否定。不只外在的必然性，連內在的必然性，也就是斯賓諾莎所謂"必然的自由"，也無法與意志結合。

　　不論是主張意志來自創造的無並且回歸創造的無而去，或者主張世界是依據神的意志而產生，這對我們的因果律的思考而言，都

160　參閱奧利根，《論神的預定》（*De divina praedestinatione*）。英譯本請參閱 *John Scottus Eriugena.Treatise on Divine Predestination*, trans. by Mary Brennan, with an Intro, by Avital Wohlman (Notre Dame: University of Notre Dame Press, 1998）。

會感覺到深深的矛盾。但是，對我們來說，沒有比"由無生有"（無より有を生ずる）更為直接且不可懷疑的事實了，在我們的這個現實當中，存在著綿延不絕的"由無生有"。[161]就算主張這是潛在物的顯現，也只是透過空的名相來滿足我們的邏輯要求而已，其實什麼東西也沒有說明。這種"由無生有"的創造活動的點，它絕對地且直接地拒絕任何的思慮，在這裏有著絕對自由的意志，我們在這裏可以接觸到無限的實在，也就是說，可以接續神的意志。先前我們說"現在"是無限世界的接觸點，現在即意志，無限的世界可以思想為是透過意志而結合的。空虛的意志無法產生任何東西，這是因為我 2,218 們將「意志」這種抽象概念予以實體化地來思想的緣故。從這種沒有內容的抽象概念當然產生不出任何東西。中世紀的共相論者 (II,282)（Universalist）[162]，在將"有"思想為世界之根柢的時候，倘若也將"有"思想為抽象的全般概念的話，那麼從這種抽象的概念是產生不出任何東西的。然而反之，就如同康德在「先驗演繹」中所說，如果我們試著去思想先驗自我的統一的話，那麼我們至少不得不認為，世界是依據這種形式而產生的。因而，當我們將這種思想再推進一層，並且試著去思想超越的意義即價值的時候，那麼我們可以說世界是依據"意義"以及"價值"而產生的。笛卡兒的神的本體論論證，也就是說，"既然對我們來說，存在著「完滿」的思想，完滿

---

161 這是說，由無生有隨時隨地發生在我們的現實世界當中。

162 日文直譯為「全般概念論者」，西田的「全般」概念是一種存在的概念，不只是邏輯的概念。它相對應的英文為"Universal"。

性的東西就必須存在”，[163]如果我們將笛卡兒的“存在”的語詞，解釋為自然科學意義下的“存在”的話，那麼，〔笛卡兒〕這樣的說法，可以說是混同了概念與實在的幼稚說法。但是，在“意義”之前並無“存在”，“存在”必須以“應然”為基礎，從我們思想“完滿”這件事，就必須承認絕對的規範意識的存在，這種說法是不足為怪的。物理學者所謂的性質、力與能量也不過是抽象的概念而已，我們通常或許會將這些概念實體化，並據此來思考現象變化的發生等等，但這反而是本末倒置的謬誤。在直接經驗的層面上，是由無生有的，其變化並非是朝向相互分離之物的移動，而是連續的推移，是所謂具體的全般者的自我實現。在這種情況下，我們也只能稱之為由無生有而已，說它是潛在物的顯現，其實也並沒有給出任何的說明，直接地來說，唯有內在必然的推移而已。我們透過統一片斷的感覺來思想「紅色的東西」或「藍色的東西」，也就是思想一個連續，然後將這個連續思想為“客觀的實在”，藉由這樣的方式，來滿足我們思惟的要求，我們認為這樣可以到達客觀的實在，但是，它反而是回到自我的直接當下（jp. 直下）[164]，也就是回到直接而更具體的思惟的創造。如果思惟創造自然的實在的話，那麼進一步地創造思惟本身的東西就是意志，意志是最直接與最具體的絕對的創造。費希特也主張「非我」是由「我」而產生的，[165]如果我們將這

（II,283）

2,219

---

163 參閱笛卡兒，《第一哲學的沉思》（*Meditationes de prima philosophia*, Artur Buchenau ed. Leipzig: Meiner, 1913, S.26-39）。

164 日文為「直下」意指「當下真實」或「腳下」。

165 參閱《費希特全集》第一卷（Johann Gottlieb Fichte, *Gesammelte Werke* 1, Berlin: Walter

個「我」思想為"相對的我"的話，那麼我們就只能認為他〔費希特〕混同了"邏輯的必然"與"因果的必然"，但是費希特所謂的"絕對我"或"絕對意志"，如上所述，它必須是對我們而言最直接的創造活動，必須是 ὄν＋μὴ ὄν〔有＋非有〕。意志的先天性不僅包含著知識的先天性，它是比知識的先天性更深且更廣，雖然前者〔意志的先天性〕之於後者〔知識的先天性〕或許被認為是非合理性的，但即使是在我們通常認為的合理性的東西當中，數理對邏輯來說是非邏輯性的，幾何對數理來說則是人為的，而且就像在具體的立場當中，在這些先天性的深處必須承認一種內在的必然一樣，意志就是結合一切先天性的內在的必然。

　　古時候的偽戴奧尼索斯或奧利根就曾經說過："神是一切，同時也不是一切"、"神超越了一切範疇"，[166]那麼這種類似"應無所住而生其心"，[167]忽然湧現而來的直接經驗，究竟是什麼樣的經驗　(II,284)呢？當然，它的全貌或許是斷絕思慮分別的東西，但是我認為將其視為絕對自由意志是最接近其真實的，也就是說，我認為真正具體的直接經驗是宛如"絕對自由意志"的東西。真正的實在是無限的發展（egressus），同時也是無限的復歸（regressus），一方面來

---

de Gruyter & Co, 1971, S. 104）。

166　參閱奧利根，《自然區分論》（*De divisione naturae*）。英譯本請參閱 *Eriugena. Periphyseon*（*The Division of Nature*），trans. by, I.-P.Sheldon-Williams and J. J. O'Meara (Montreal/Paris: Bellarmin), 1987。

167　《金剛般若波羅密經》卷一：「應無所住而生其心」（CBETA, T08, no. 235, p. 749, c22-23）。

看，它是以"應然即事實"的方式而無限地進行；另一方面來看，它
是能夠自由地返回其根源的「永遠的今」（「永久の今」）。一方
面來看，它是一種"量"，另一方面來看，它也是"質"，就如我們先
前所說過的，前者〔量〕是數的基礎，後者〔質〕則可以說是幾何
的基礎。一方面來看，反省本身是進行，思惟本身則是事實，而與
此同時，進行是朝向目的進行，神是開始也是終結。如上所說的絕
對自由意志，邏輯地來看或許是矛盾的，但是就如奧利根所說，神
是動的靜、靜的動一樣，將邏輯上矛盾的雙方予以統一的東西，其
實是我們自由意志的體驗。統一如此矛盾的雙方究竟如何可能，則
是無法以邏輯的方式來說明的。但是，邏輯的思惟反而要預設這種
自由意志才能夠成立。要思想"思想的三法則"，[168]就必須承認這種
體驗。所謂的經驗論者若無其事地宣稱自由意志是錯覺等等，這些
人所思想的實在，不過只是思惟的對象而已，而倘若將這個思想予
以徹底化，那麼，就會如洛徹所思想的一樣，〔實在〕將成為交互
作用的統一，[169]如果再進一步地徹底化這個思想的話，我認為反而
一定會到達所謂的"絕對自由意志"。至此，我將一切的實在思想為
自覺的體系，但是在自覺體系的背後必須存在著絕對自由的意志，
為了要獲得實在之具體的全體，我認為在知識的自我的背後，必須
再加上實踐的自我這樣的背景。較之作為"知識我"的對象的所謂實

2,220

（II,285）

168　「思想的三法則」：意指「同一律」、「排中律」與「矛盾律」。

169　參閱 Rudolf Hermann Lotze, *Metaphysik* (Leipzig: Weidmann'sche Buchhandlung, 1841), S. 222-224。

在界，作為"實踐我"的對象的希望的世界[170]是更為廣闊的，前者
〔知識我的世界〕不過是可能的世界的一部分而已。從前者〔知識
我的世界〕來看，後者〔實踐我的世界〕會被認為是非合理性的，
但是在後者〔實踐我的世界〕當中，存在著後者〔實踐我的世界〕
的統一，我們所謂的「良心」就是這個統一。「汝應當如此」這樣
的定言命令，在邏輯上或許是不可理解的，但是我們的邏輯的要
求，不過只是良心的一部分而已，知識的自我建立在實踐的自我之
上，我們的世界是以應然為開始的。就如同「神說要有光，就有了
光」[171]一樣，世界以神的意志為開始。奧利根對反於新柏拉圖學
派，在世界創造的根源當中，認識到道德的自由，他不以物質界為
神的最後流出，而是作為被懲罰的世界，[172]相較於純然知性的新柏
拉圖學派，我認為這裏有著更深刻的思想。神由無創造了世界，這
或許是不合理的，但是神超越了因果，就知識的層面來說，祂既不
是無，也不是有。倘若在認識之前，能夠認識到某種因果的話，那
麼這一定是道德的因果，就如奧古斯丁所說，神基於愛而創造世
界[173]一樣，道德的因果比自然的因果更為根本。如果"實在"如洛徹
所說是"活動本身"的話，那麼其相互間內在的關係，可以說就必須

2,221

170　西田在此的「希望世界」意指「意志的世界」。

171　《聖經》〈創世記〉第一章第三節。直接從日文直譯應為：「神說有光，光就給
　　出」。

172　參閱奧利根，《論諸原理》（*De Pricipilis*）。英譯本請參考 *Origen on First Principles,*
　　trans. by G. W. Butterworth (Peter Smith Publisher Inc, 1973)。

173　參閱奧古斯丁，《懺悔錄》第十三卷，第二至五章。參閱徐玉芹譯，新潮世界名著 24
　　（台北：志文出版社，1985 年），頁 350 以下。

(II,286) 是意志與意志間的關係，也就是說，必須是道德的關係。自然的因
果律不過是外在地來看它〔這種關係〕所觀看到的表面關係而已。

　　如上所述，由於意志是知識的根柢，知識依據意志而產生，所
以對知識來說，作為最初的對象而所被給予的東西，或所謂的"直
接所與"必須是"意志的型態"（意志の形）、必須是"動的實在"
（動的実在）。就是基於這一點，柏格森以"直接經驗"為"純粹持
續"，李克特等以"無限的異質性"為"所與"，並且認為透過歷史比
自然科學更能夠接近於此。[174]當然，真正的實在或神，既不能說是
"動"、也不能說是"靜"，但是對此予以回顧者則是無限的進行（無
限の進行），歷史是最初的對象。說到認識的對象，通常會將其思
想為與我對立的東西，但是賦予我們的認識以客觀性的東西，反而
必須是橫亙於認識活動之背後的具體基礎，也就是中世紀哲學中的
"基底"（jp. 主体）（das Subjektum）。[175]我們對客觀實在的認知，
就是返回自我之根源，就是對自我之背後的省察。在這個意義下，
我們的認識的最終對象必須是絕對自由的意志；當然，雖然絕對自
由的意志完全超越了認識活動本身，並且作為認識對象是不可理解
的（jp. 不可得），但是，作為對象，絕對自由的意志的最初的樣

174　參閱 H. Rickert, *Kulturwissenschaft und Naturwissenschaft* (Tübingen: Mohr, 1921), S.35-
　　38, 60-65。

175　西田在這裏將 das Subjektum 譯為「主體」。就字面的意義來看，das Subjektum 並不
　　是近代哲學意義下的主體，而是變中不變的「基底」或「實體」，在此意指認識活動
　　或意識活動的性質團結者。

貌（最初の相）必須是絕對的活動。相反於此，有人[176]或許會主
張，先在於判斷活動的意識之前，存在著超越的意義或價值，但
是，如果像李克特那樣來思想的話，超越的意義究竟在什麼樣的意
義下才可以是內在的呢？柏拉圖的理念究竟要如何才能夠落入現實
之中呢？在反省並分析我們的體驗當中，或許可以分別開活動與意
義，並且可以認為意義超越了活動，但是在此之前，我們必須體驗 (II,287)
到具體的全體，不用說，李克特也承認這種體驗。相對於以自然科
學的方式所思想的心理活動而言，我認為意義的世界必須是根本性 2,222
的，就如胡塞爾所說，事實的世界也是基於其所謂的本質而產生的
世界。[177]但是，在"意義的世界"之前，我們還必須承認"體驗的世
界"。在柏拉圖的"理念"之前，我們必須承認普羅丁的"一者"
（ἕν），[178]而且這個"一者"，並不是如普羅丁所說的是"流出"
（Emanation）的根源，它毋寧必須是類似奧利根所說的"創造的意
志"。[179]

　　當絕對自由的意志反過來觀看它自身的時候，在這裏有著無限
世界的創造的發展，這樣的話，作為認識對象而被給予的最直接與
最初的對象必須就是"歷史"，如波姆所說，當非對象性的意志（対

---

176 「有人」：從上下文來看，應是指李克特。

177 參閱 Edmund Husserl, "Ideen zu einer reinen Phänomenolgie und phänomenologischen
　　Philosophie," in *Husserliana* Bd. III/1, S. 8ff。

178 「一者」普羅丁哲學中的根本實在。普羅丁以之一切實在的根源，一切實在都是從一
　　者所流出，最終也將回歸一者。

179 參閱奧利根，《論諸原理》（*De Pricipilis*）。英譯本請參考 *Origen on First Principles*,
　　trans. By G. W. Butterworth (Peter Smith Publisher Inc., 1973)。

象なき意志）回顧自身的時候，這個世界就產生了。[180]這樣的話，
"反省"究竟意味著什麼呢？反省究竟如何可能呢？絕對自由的意志
包含著既前進也後退的可能性，既是 creans et non creata〔能創造
且不受造〕，同時也是 nec creata nec creans〔既非受造亦非創
造〕。"反省"意味著從小的立場往大的立場的推移，它是自我回返
自我的根源，反之，"行為"則是從某個立場的前進，它是自我在發
展自我自身。但是，如果我們反過來思考的話，反省本身也是一種
行為，"後退"則是"前進"，這是為什麼返回自我的根源就是發展自
我的緣故。如果我們這樣來想的話，那麼認識也成為一種意志，一
切都成為意志的發展。所謂"單純的反省"不過只是從被包容的小的
立場，來觀看能包容的大的立場而已。如果從"絕對的統一"或"絕
對的意志"的立場來看的話，一切都成為一種意志。當然，嚴格地
來說，絕對的統一或絕對的意志，由於不能將其投射入對象的世界
來思考，所以，真正的統一既不能說是"統一"，也不能說是"無統
一"。因而，在真正的絕對統一當中，一切既是知識也是意志；奧
古斯丁說："對神來說，並不是因為物存在，才有認識，而是因為
神認識，才有物存在。"[181]這也可以視為是對這種體驗的表達。當
物理學者站在超個人的意識的立場，來進行物理的世界觀的構成的

（II,288）

2,223

180　波姆（Jakob Böhme, ca. 1575 - 1624）：德國神秘主義者。以自身的神秘主義體驗為基
　　礎，建立新柏拉圖主義的泛神論宇宙觀。黑格爾稱其為「第一位德意志哲學家」。波
　　姆的這個看法，請參閱其《泛智慧學的神秘》（*Mysterium pansophicum*）第一章。英
　　譯本請參閱 *Mysterium Pansophicum or a Fundamental Statement Concerning the Earthly
　　and Heavenly Mystery* (Minneapolis: Holmes Pub Group, 1989)。

181　參閱奧古斯丁，《論三位一體》（*De Trinitate*）第十五卷第二十二章。

時候，這是知識的發展同時也是大的自我的構成活動。當我們想像
某物、實行某事的時候，倘若內在地來看這個事情的話，這意味著
我們的意識想要達到某種狀態，想要認知自我的某種狀態。如果從
純然反省的立場來看的話，那麼就像心理學者所說，意志也不過只
是一種觀念的連結而已，從主知主義的心理學來看，一切也都可以
思想為知識。究竟什麼樣的意識內容的發展可以視為"知識"、可以
視為"意志"，這全都取決於我們立場的選取方式，而選取什麼樣的
立場則是絕對意志的自由。真正直接的實在是創造的意志，因創造
之故而是絕對自由，如柏格森所說，一次性的創造（繰り返すこと
のできない創造）是已然為內在所限定的東西，它不是創造而是發
展。絕對自由的意志則必須包含著回歸的側面，必須有 nec creata $^{\text{(II,289)}}$
nec creans〔既非受造亦非創造〕的面向。對於這種意志立場的自
由，倘若我們從隨意的立場來看具體經驗的話，那麼它會被視為是
創造出種種概念的所謂抽象活動，抽象活動表示了意志的無秩序的
一面。我們之所以認為不論從哪一個方面，都能夠將某個具體的經
驗自由地予以抽象，這是因為抽象活動是自由意志的一部分的緣
故。

※　　　　※　　　　※

　　我在前一節^{182}中說過：對我們來說最直接的具體經驗是"絕對
自由的意志"。說到"意志"的時候，我們馬上就會想到類似單純的

182　「前一節」：指上述原第四十節的文字。

決斷那種無內容的形式意志，但是，我所謂的"絕對自由的意志"並不意指著這種抽象的意志。我們能夠思想、能夠觀看也能夠聆聽，就如同種種不同的思想是屬於"我"的支配之下一樣，種種的經驗內容也可以是屬於"我"的支配之下。視、聽、思、動，意志是這些能力的綜合。將這隻手往右邊動還是往左邊動，對我來說是自由的，這是因為我是這隻手的力，這是為什麼我不在右邊，也不在左邊，但卻是讓左右的運動得以產生的緣故。在通常的想法當中，意志被思想為類似兩條直線的接點，就如同給予兩條直線，其接點也會跟著決定一樣，給予兩個衝動，透過兩者的競爭意志也就跟著決定。這麼一來，就會產生意志的自由與必然的爭論。但是，這樣的思考方式已然將意志給對象化了，就如同擁有某一定方向的兩條直線被給予的時候，其接點就已經跟著被給予了一樣。〔但是，〕意志並不是像接點那樣的東西，它毋寧屬於讓這種關係得以產生的次元。意志並不決定種種動機間的競爭，而是讓這些動機的競爭得以產生。在這裏，被給予的存在也是被找尋的存在，開始與終結都是被給予的。由於意志是種種活動得以產生的根源，所以，它是將種種不同活動予以綜合的自由。如果能夠將這種統一稱為"人格的統一"的話，那麼我們就可以說在實在的根柢中存在著人格的統一。對我們而言，最直接與具體的體驗是帶有人格的體驗，我們的手的移動、腳的行走，在這裏可以說有著我們全體的人格。就如黑格爾所說，概念是"直接者的假定"（das Voraussetzen des

Unmittelbaren）[183]一樣，"意志"或"人格"並不在於各個個別的意識之外統轄著各個個別的意識，而是讓這些意識得以產生的"內在創造力"。就像在名匠的一刀一筆當中，皆包藏他全體的創造力一樣，各個個別的意識都是我們的意志，我們人格的創造。因此之故，我們可以說"我"統一了所有的活動，並且"我"是自由的。我們 （II,291）是依照神的肖像而被創造出來的。

　　像觀看或聽聞這樣的知覺活動，它們絕不會如通常所思想的是一種被動的活動。就如費德勒[184]所說，當我們與視覺純然合一（純 2,225 一となる）的時候，在這裏存在著無限的發展，純粹視覺的世界是藝術創作的世界。[185]費德勒在其他的感覺當中，似乎沒有認識到這種發展，但是我認為所有的感覺都是一樣的，只是擁有程度上的差別而已。純粹的知覺活動都必須是無限的發展，也必須是意識內容自身的發展。我們的意志、人格就是從這麼一種先天性，依其自身所發展出來的種種活動的統一。無論是知覺或思惟，其直接的狀態就是依其自身而發展的無限的活動，這些〔自我發展的無限活動〕的統一就是我們的意志，我們的人格。在這裏，我試著將先前在討論邏輯與數學的關係、數學與幾何的關係時所討論過的關於知識的

183　參閱黑格爾，《哲學百科全書綱要》（*Enzyclopädie der philosophischen Wissenschaften im Grundrisse*）第一五九節。

184　費德勒：見注 89。

185　費德勒的這個觀點，請參閱其 1887 年的 *Über den Ursprung der künstlerischen Tätigkeit*（《論藝術活動的起源》），這也是費德勒最重要的著作，費德勒在這裏發展出一種獨特的純粹知覺理論。

形式與內容的關係的想法，延伸到經驗的全體。如果從抽象的立場來看的話，也就是說，如果只是作為對象來思考的話，相對邏輯來說，數理是非邏輯性的，作為數理之基礎的先天性，對邏輯來說，必須是一種由外在所添加的東西。但是，如果從具體的立場來看的話，也就是說，如果從作為直接的全體來看的話，那麼數理是邏輯的根源，邏輯反而可以說是依據數理而產生的。邏輯在走向自我完成自身的時候，也就是說，在從主觀性往客觀性推移之時，自身就必須推移到數理，從知識的客觀性要求來說，數理是邏輯的目的。

(II,292)　就知識的形式與內容的關係來說，與形式相對的內容，並不是偶然地由外在所給予的東西，形式要求內容，而形式獲得內容，意味著返回自身的根源，簡言之，這是一種發生的關係，如同種子與長成的植物間的關係。先前討論到思惟體系的發展，由邏輯到數理、由數理到幾何，並且最終以解析幾何學的對象為思惟體系之最具體的對象，但是，要從"純粹思惟的體系"推移到所謂的"經驗的體系"，在這裏存在著一個大的裂縫。現在我們可以明白，能夠融合這個裂縫的東西是"意志的統一"或"人格的統一"。從單純地被抽象地思想為認識對象的純粹思惟體系，是不可能推移到擁有內容的具體的經

2,226 驗的體系的，而這種想法並不是沒有道理的，並且我們一定會認為，相對於思惟的形式而為偶然的經驗內容，是由外在所給予的東西。但是，在返回意識的主體，也就是內在於直接的具體的全體的立場當中的時候，在思惟、知覺等種種活動的根柢當中，我們不得不承認存在著一個"意志的統一"或"人格的統一"。我們的思惟、知覺都是我們的意志、我們的人格的一部分，這些活動都是作為具體

的自我的一部分而產生。我認為從只是具體自我的一部分的純粹思惟的先天性，來理解具體自我的全體統一，這是不可能的，但是，我們卻有超越邏輯之上的自我統一的體驗。如果沒有這種具體的自我的統一的體驗的話，不論是在任何意義下，我們都不可能思想知識的形式與內容間的關係，就連要主張內容相對於形式是偶然的，這也不可能。如果知識的客觀性要求，意味著由主觀的東西前進到　(II,293)客觀的東西，由抽象的東西前進到具體的東西，由部分的東西前進到直接的主體的話，也就是說，如果這是具體的全體自我顯現自身的要求，是自己返回自身之根柢的要求的話，那麼思惟的形式與經驗的內容的結合，就必須是我們意志統一的要求，必須是我們的人格統一的要求，也就是說，它必須是全體自我的要求，藉由這樣的方式，我們的知識才能返回具體的根源，才能滿足其客觀性的要求。透過這樣的想法，我們才能夠理解，為何我們的思惟體系透過與經驗內容的結合，才能成為客觀的知識。如柯亨所說，被認為是純然主觀的虛數，通過高斯[186]的應用於平面，才得到實在的意義，就是依據這種想法。[187]我先前談到真正直接而具體的空間直覺，它並不是心理學者所謂的"擴延的知覺"，也不是數學家所思想的"連續"，而是應該稱為 ὄν＋μὴ ὄν〔有＋非有〕的全體這種先驗感覺，而我們現在可以說，這種先驗的感覺是由經驗全體的統一所產

186　高斯（Johann Karl Friedrich Gauß, 1777-1855）：德國著名數學家、物理學家、天文學家。

187　柯亨的這個看法請參閱其《純粹認識的邏輯學》（*Logik der reinen Erkenntnis*, Hildesheim, 1912).

生的意志的意識。對我們直接且具體的空間意識，是在其自身具動

2,227 性的意志形式中所給予的，「知覺的預期」這個原理，就是基於此

而產生，一離開這一點，一方面或成為數學家所謂的單純的連續，

一方面或成為心理學家所謂的單純的感覺，而這兩者要成為實在的

話，都必須返回其根源。相對於芝諾[188]的"運動不可能論"，就如柏

格森所說，要真正領會〔会得する〕運動的話，只要試著移動一下

(II,294) 手就可以了，[189]同樣地，數學家的"連續的思想"與心理學家的"擴

延的感覺"要如何連結，也都取決於這隻手的移動，也就是說，都

取決於也可稱為費希特的"事行"的這種"直接的意志"。

　　我們的「我」是各種活動的綜合點，「我」既可以思想，也可

以觀看，更恰當地說，這些活動其實是依據「我」的統一而產生

的。但是，這種統一無法成為認識的對象，在這裏，有著認識的界

限，就如同李普斯[190]認為，從表象世界到思惟世界必須存在著"跳

躍"（Einschnappen）一樣，要從認識世界到意志體驗的世界，在

這裏也必須有一種 élan vital〔生之躍進〕。這樣的統一，對理性來

說，或許會被認為是非合理性的或偶然的，但是從邏輯推移到數

理，有這樣的偶然性，從數理推移到幾何，也有這樣的偶然性。倘

---

188 芝諾（Zeno of Elea, ca. 490 B.C.-430 B.C.）：古希臘哲學家。以提出四個關於運動不可能的悖論而聞名。

189 參閱柏格森 1896 年出版的《物質與記憶》（*Matière et mémoire*）。英譯本請參閱 *Matter and Memory,* trans. By N.M. Paul and W.S. Palmer (New York: Cosimo Classics, 2007)。

190 李普斯（Hans Lipps, 1889-1941）：德國現象學家。胡塞爾在哥廷根的學生，現象學哥廷根學派的主要代表人物之一。二戰期間以軍醫的身分死於俄國戰場。

若我們就像李克特所說的那樣，嚴格地以狹義的方式來限定純粹思惟的話，那麼即使是數理也必須是非合理性的。再者或許也有人會認為，這種"統一"不過是一種沒有任何內容的空洞概念而已，但是，由於我們無法藉由概念的分析來釐清其內容，因而說它不過只是無內容的空洞名相，這樣的想法是不對的。我們的自我，不論是誰，都擁有受到限定的個性，A 擁有不能用 B 來替代的人格，像這樣的個性是畫家或小說家所描繪的對象。相較於物理學家對電子或熱能所擁有的意識，藝術家對個性所擁有的意識，不能說是不清楚的或無內容的。將人格的意識與物理的知識相比較，就其擁有某種受限定的內容這一點來說，人格的意識不僅絲毫不遜色，而且就 (II,295) 其擁有其〔自身的〕實在性這一點來說，與所謂自然科學的知識相 2,228 比較，我認為人格的意識有過之而無不及。當某個物體，從 A 點移動到 B 點的時候，我們會在其背後思想一種力，但是，"力"這種東西是既看不到，也聽不到的。如果這樣的話，就會像感覺論者所主張，"力"不過是一種空名而已，但是，如果力是一種空虛的概念的話，那麼所謂的「基本感覺」（jp. 要素的感覚）[191]也只是空虛的概念而已。實在是在其自身的動者〔動くもの〕。如果自然科學家所謂的"力"在這種意義下是"實在"的話，那麼"人格的力"在同樣的意義下也必須是實在的，〔更恰當地說〕人格的力反而可以說是賦予一切實在以實在性的根本實在。

---

191 基本感覺：這是指感覺論者所主張的五官的基本感覺，例如：視、聽、嗅、味、觸等。

　　如上所述，我們的意志或人格，都不單單只是抽象的形式的意志或形式的人格，而是各種能力的統一，並沒有既適合於張三又適合於李四的抽象的意志或人格，張三與李四必須是擁有受限定的具體內容的存在。這種意志相對於理性，或許會被認為是偶然的，但是，意志在其自身是動性的，在其自身的立場中是一種內在的必然。我在先前所說的"絕對自由意志"，就是這種意義下的"宇宙的創造活動"。我現在要來思想這種"絕對自由的意志"與我們"個人的自由意志"之間的關係，藉此更深一層地來闡明"絕對的創造意志"

(II,296)　的性質，並且試著釐清先前所謂的真正實在究竟是什麼？只要試著直接地來思考我們的意識現象，就會發現我們的意識現象是被一個自我所統一的，並且其各個意識現象都是自由的活動。作為意識現象之根柢的全體，並不是否定其部分的全體，而是容許各個部分的獨立與各個部分的自由的全體。不僅我們的道德的社會是類似康德所說的「目的王國」（Reich der Zwecke），[192]而且我們的意識現象本身就是目的王國。意識現象可以說是基於道德的關係而產生，在意識現象當中，道德的應然並不是單純的應然，而是一種"力"，因而，"Du kannst, denn du sollst."〔「你能夠，因為你應

2,229　該。」〕[193]如同畫家的才能是通過他自身的作品而發展一樣，在意

192　參閱康德，《實踐理性批判》（*Kritik der praktischen Vernunft*, Ausgabe der Preußischen Akademie der Wissenschaften, Berlin 1900ff, Bd. 4, S.433 - 435）。

193　源出自席勒的詩〈哲學家們〉（Die Philosophen），收於 *Schillers Philosophishe Schriften und Gedichte*, hrsg. von Eugen Kuhneman, 3ed edition (Leipzig: Felix Meiner,1922)。

識現象當中，我的全體創造我的部分，同時我的部分也創造了我的
全體。就像柏格森所說，"我的作為"（作為するもの）屬於我，並
且"我的作為"必須就是"我"。[194]如果試著以上述的方式來思考的
話，我們就會發現"我們的意志自由"與"絕對意志的自由"之間並不
相互抵觸，我們在絕對自由意志中是自由的，更恰當地說，絕對的
意志透過容許他者的獨立，才能真正地讓自己自由。白人透過解放
黑奴，才可以讓他自己自由。兩者〔絕對的意志與我們個人的意
志〕之所以看似相互衝突，這是因為我們將意志予以對象化地來看
的緣故，也就是說，這是因為將意志與意志之間思想為一種對象的
關係的緣故。將某個意志在某個意義下予以對象化地來看的時候，
不論它是什麼意志都會失去其自由，在我們稱神為無限的可能之
時，也已然將其對象化了。我認為就像意志自由論者單純地訴諸於
自我的內省，就像說直的東西是直的、彎的東西是彎的一樣，意志　(II,297)
是自由的這件事也不應該斷然將其視為錯覺而排除。將它視為錯覺
是將我們的意識現象予以對象化後的結果，但是，在各個個別的意
識根柢當中，存在著根本不能對象化的某物，不論是什麼樣的個人
意志，相對於對象世界，它都可以處在不同的向度，就好像相對於
平面世界的立體世界一樣，我們的每一個人的意志，在這種意義
下，都必須是自由的，就如康德所說：我們的道德意識就是其〔自
由意志的〕證明。那些根據自然科學的因果律而將其〔自由意志〕

194　參閱柏格森 1889 年的博士論文，《論意識的直接所與物》（*Essai sur les données
　　immédiates de la conscience*）。英譯本請參考 *Time and Free Will: An Essay on the
　　Immediate Data of Consciousness* (New York: Dover Publications, 2001)。

視為錯覺的人，他必須試著去觀看這件事：即自然科學的因果世界是一種建立在應然之上的世界。我在這個現在當中，不論往左往右都是自由的，即使這在肉體上是不可能的，我也可以在我的人格上，烙印下這個決心的事實。只有意志才能推動意志。奧古斯丁所說的"神基於愛而創造世界"，這是在自然因果的根本處認識到道德的因果，我認為這含有深刻的意義。

2,230　　如上所說，在對我們最直接而具體的意志當中，意志的全體自由與部分自由之間並不互相衝突，內在地來說它是一個意志，並且各個個別〔的意志〕都是自由的活動。當然，這麼主張的時候，我並不是說我們的意志打破了自然的法則並且能自由地作動，作為自然界的發生而被對象化的意志，不用說是處於自然的法則之下的意志，但是，我們的意志在其根柢當中是屬於更深層的體驗的世界，

(II,298)　屬於康德所說的"睿智的世界"（intelligible Welt），在這個世界〔睿智的世界〕當中，全體是"一"並且全體的各個部分（其中一々）都是自由的。在真正具體的體驗世界當中，就如同在黑格爾的"概念"當中一樣，其各個部分都是全體，真正具體的實在是個物（Einzelnes），它必須是在非合理性中具有合理性、在偶然性之中具有必然性的東西。先前我們說，離散的存在〔分離的なるもの〕是依他的並且是主觀的，而連續的存在則是獨立的實在，但是嚴格地來說，單純的連續性存在還不能說是真正的絕對的實在。單純的連續性存在作為 Real＋Ideal〔現實的＋理想的〕或許是具體的，但是，它還沒有在其自身之中統一非連續的活動，也就是說，它並不包含著"偶然的實現"這個側面，簡言之，它還不能說是"意志"。

例如，就像藝術作品與藝術家本身是不同的一樣，藝術作品或許是理想與現實的結合，但是在其自身當中並不存在創造活動。真正的實在在其自身必須是創造性的，我之所以認為洛徹的"實在是交互作用"[195]這個思想仍然是不完善的，就是基於此。真正的實在必須是自覺的，也就是說，它必須是類似黑格爾的"概念"那樣的東西。在具體的實在當中不能缺乏偶然性（Kontingenz），如果一切都能夠被合理化，那麼一切都必須成為非實在性的。然而將一切予以合理化是不可能的，至少認為一切都是合理的，這樣的想法必須是非合理的。偶然的限定或許不能夠合理地予以說明，但是，唯有統一"合理性"與"偶然性"這兩方面的東西，才是真正的實在、才是我們的意志。心理學者所謂的"意識活動"，所意指的不過只是這種實在的"偶然的限定"這一側面而已。先前我曾說過，"極限點"就如同我們無法反省的自我一樣，這種極限點的集合是連續、並且是獨立的具體實在，但是這種實在仍然屬於知識對象的世界，因而無法包含現實的意識，現實的意識對這個實在而言是外在性的。就如同藝術家全體的生命都存在一刀一筆當中一樣，在各個個別的限定本身當中皆必須有全體實在，也就是說，在"肉"本身當中必須有"靈"的存在。我們不應該詢問限定活動是如何產生的，而必須主張限定本身作為意志，直接就是具體的全體實在。在有限的背後思想無限，在現實的背後思想本體，這都屬於被對象化的知識世界的事。在真正直接的意志的體驗當中，有限就是無限，現實就是本體，行就行、

2, 231
（II,299）

---

195 洛徹的觀點請參閱注 76。

坐就坐，其間並無容許概念性分析的餘地。常常有人會認為直接經
驗的內容是無限地豐富，而我們的知識只是它的一個向度而已，但
是，用這樣的方式所思想的直接經驗的內容，與所謂的概念性知識
是一樣的，它們都是已然屬於對象世界的東西，即使它的內容是無
限的，這也是相對的無限。真正直接的體驗與概念的知識必須是屬
於不同向度的東西，也就是說，對比於所謂的概念知識，真正的體
驗是不能討論其內容的多寡的。當我們認為在我們現實意識的背後
存在著本體的時候，這個本體是與現實是在同一向度上的東西，意
識的真正的背後必須連接著一個一個的無限神秘的世界，也就是如

（II,300）奧利根所說，它必須連接到神。再者，就像一直線上的點，它一方
面屬於一次元，一方面又連結到多次元一樣，我們一個一個的意識
也可以思想為多次元的切點。

種種世界

—— 《自覺中的直觀與反省》跋

在本書的跋當中，我想要簡單地以總結的方式將在本書中所陳
述的思想，關聯到與康德哲學來看。在認識論當中，康德哲學的重
要貢獻在於完全地改變了我們對真理的想法。康德哲學闡明了所謂
批評哲學的真理觀，也就是說，他完全地改變了真理與實在的符應
性這種獨斷論的真理觀，並且認為知識是根據主觀的先天形式所構
成的東西，我們之所以必須承認全般有效性的真理，這是因為我們
沒有辦法脫離這種形式來思考的緣故。當然，就算康德本身沒有明
白地這樣表示過，但無論如何，康德哲學的主導意向可以說就是這
樣的。當今的李克特等所主張的「意義先於存在」的說法，簡言
之，不過是對康德哲學的意義的一個徹底的表達而已。

只要我們以上述的方式來思想真理的話，那麼跟隨著這種想
法，我們也必須要改變我們通常所認為的「對物的認識」這樣的想
法。在常識的層面上，我們的心靈是像鏡子那樣的東西，而"對物
的認識"就像是"物映照於鏡子"那樣。對於稍微用科學的方式來思
考的人來說，他們是不會將我們的心靈單純地思想為類似鏡子那樣
的東西，而是認為心靈擁有某種特質，從而將外在世界的實在予以

2,261
（II,337）

（II,338）

變形並感知。無論如何，在這些人的想法當中，都認為在我們的知識的成立的根柢當中，必須存在著某種意義下的心與物之間的因果關係。但是，在康德批判的認識論的思考方式裏面，並不能夠思想一種先在於知識產生之前的因果律，所謂因果律不過是構成我們經驗世界的一種思惟的範疇而已。思想一種先在於思惟之前的因果關係，這是矛盾的。根據批判哲學的想法，"對物的認識"就是統一既予的經驗內容。康德自己也說：「在我們統一直覺的雜多之時，就是認識到對象。」（Wir erkennen den Gegenstand, wenn wir in dem Mannigfaltigen der Anschauung synthetische Einheit bewirkt haben.）[196]對象不過是雜多的經驗內容之統一而已。在康德的哲學中也有「對象是直覺的雜多的統一」（Object aber ist das, in dessen Begriff das Mannigfaltige einer gegebenen Anschauung vereinigt ist）這樣的話。[197]當今李克特等人主張認識的對象是應然（Sollen）或價值（Wert），不外就是這種意義。

　　倘若以如上所述的方式來思想的話，"認識之前"的"物自身"究竟會是什麼東西呢？康德在先驗感性論中，或許也有讓人家懷疑是以物自身作為感覺的原因的地方，但是如果我們從康德的立場嚴格地進行闡釋的話，那麼物自身作為認識的對象必須是全然不可知的東西，也就是說，如果我們沿著通常的想法，認為我們是根據範疇

---

196 Immanuel Kant, *Kritik der reinen Vernunft,*（Hamburg: Felix Meiner, PhB. Bd. 37a 1990）A. S.105.

197 Ibid., B. S.137.

來認知對象的話，在這個意義之下，物自身就必須是全然不可知 (II,339)
的。這樣的話，物自身對我們的認識世界來說，究竟擁有什麼意
義？與認識世界之間究竟擁有什麼關係呢？如果〔物自身對認識世
界〕完全沒有任何意義、沒有任何的關係的話，那麼就可以將物自
身這樣的想法從康德哲學中完全去除。但是，既然認為知識是從某
個立場所構成的話，那麼就必須存在著既予的某物。在這裏，物自
身不是知識的原因，它必須是類似在概念的知識之前就既予的直接
經驗。我認為當今的康德跟隨者，就是在這個意義下來思考物自身
的。這也就是說，既予的直接經驗就是我們所認識不到的"知識之
前"。我們的知識不過就是從某個立場對這個豐富的具體經驗所觀
看到的東西而已。西南學派是最能夠表現顯露這種思想的學派。文 2,263
德爾班說，迄今人們認為物自身與現象界是在"質"上不同的東西，
但這樣的想法是錯誤的，它們必須是"量"上的不同。[198]在這裏，當
今康德學派的思想可以與由完全不同來源所發展出來的法國的柏格
森的思想相結合。像李克特也在《自然科學的構成概念》第二版的
一開始，就認識到了類似柏格森的純粹持續那樣的東西。[199]

　　"真理的認識"與"物自身"的想法受到上述的洗練之後，我們對
主觀與客觀的想法也同時必須跟著改變。通常我們認為我們的心靈

198　參閱 Wilhelm Windelband, *Einleitung in die Philosophie* (Tübingen: J.C.B. Mohr, 1923), S. 230ff。

199　參閱 Heinrich Rickert, *Die Grenzen der naturwissenschaftlichen Begriffsbildung: Eine logische Einleitung in die historischen Wissenschaften*, 2. neu bearbeitete Aufl. (Tübingen: Mohr , 1913), S. X。

是主觀的，而與之相對的外在世界的物則是客觀的。但是，只要稍
加思考，對於我們作為內省經驗對象的「我」這樣的東西，倘若我
們從認識主觀來看的話，那麼它與外在物體一樣，不過只是認識對
象世界中的一個對象而已，它與外在物體處於因果關係當中，並且
是與外在物體屬於同一自然界的同層次現象。如果我們以外在物體
為客觀的話，那麼，它也必須是客觀的。只要以上述的方式來思想
的話，那麼所謂認識論上的真正主觀，就必須是類似構成某個客觀
世界的統一活動那樣的東西。我們先前所說的從某個立場或者從某
種先天性來統一經驗，這裏所說的"某個立場"或"某種先天性"，它
們是真正無法反省的存在，也就是說，它們必須是無法被視為對象
的「認識主觀」。例如康德的"純粹自我的統一"，就是這種認識主
觀。如果能夠被稱為真正的主觀的東西，就必須以上述的方式來思
考的話，那麼我們就可以將主觀視為是一個世界的構成活動之中
心，而客觀世界就是藉由這個中心而被構成的存在。嚴格來說，主
觀與客觀應該被視為是一個實在的兩個端點，它們是無法相互分離
的。

倘若我們以上述的方式來思想的話，那麼我們就可以說，種種
的世界是透過種種的立場而產生的。從數學家的立場可以產生數的
世界；從藝術家的立場可以產生藝術的世界；從歷史學家的立場可
以產生歷史的世界。我們通常所認為的唯一世界，例如物理世界，
不過只是這種種世界中的一個而已，也就是說，它並不是唯一的世
界，而只是一個世界而已。

透過這樣的方式，我想要試著來稍微討論一下種種的世界及其

（II,340）

2,264

間的相互關係。如上所述，倘若我們認為知識是依據某種先天性的
結構而產生，並且種種的世界是由種種的立場所構成的話，那麼沒
有採取任何立場之前的世界，或者消除了一切立場之後的世界，也　(II,341)
就是說，真正既予的"直接經驗的世界"或者康德所謂的"物自身"，
究竟會是什麼東西呢？這樣的世界當然必須是超越我們的言語思慮
的世界，就算要稱它為不可思惟的神秘的世界，也或許已然是一種
錯誤。直接地面對這種光景的，大概是宗教，不會是哲學。但是，
如果我們試著從哲學的立場來討論的話，那麼我想要將其視為絕對
自由意志的世界。我認為，綜合統一我們的種種的能力並且能夠自
由地使用種種能力的人格的統一的體驗，也就是絕對自由的意志的
體驗，能夠讓我們回想起（髣髴せしめる）絕對自由意志的世界。
通常我們將直接經驗思想為一種類似純然感覺世界，這種想法是錯
誤的。這種世界反而是被構作出來的（作られた）間接世界。
在這一點上，柏格森以直接經驗為純粹持續，是得到了「直接」的
真正意義。但是在我認為，柏格森主張純粹持續是不可反覆的，這
樣的想法已然墮入了思惟對象的世界。真正直接的世界，必須是如
奧利根所說的"靜止的運動"或"運動的靜止"的世界。所以這樣的世
界完全超越了我們的思惟範疇，就如古代的偽戴奧尼索斯與奧利根
所說的一樣，神超越了一切的範疇，連主張神是"有"，亦已然失去
其適當性。就如同我們的意志是有而生無、無而生有一樣，這個世
界〔絕對自由意志的世界〕甚至也超越了有無的範疇，何況在這裏
既沒有空間、時間，也沒有因果，它是無而生有的。在這裏，我不　(II,342)
得不承認，從古希臘末期的新柏拉圖學派的流出說，到奧利根等教　2,265

父的創造說的轉換當中所包含的深刻意義。我認為,最深刻的實在的解釋,不能求之於理性,它反而是在創造的意志當中。

　　絕對自由意志的世界根本無法作為知識的對象而反省,並且還必須視為是作為我們的認識之根柢的直接實在,也就是說,它也可以稱為康德的物自身,這樣的話,種種的對象世界是如何從絕對自由意志的世界產生的呢?就如同我們在我們的內省經驗當中來認識一樣,我們的每一個意志都是自由的,並且同時又包攝在一個大的自由意志當中。我們的自我,在每一個瞬間當中,都是自由的,並且是在全體中的自由。在這個意義下,我們的自我是康德所謂的"目的王國"(Reich der Zwecke),是黑格爾所謂的"概念",在每一個活動當中既包含肯定也包含否定。"自由"就是在肯定中包含否定、在否定中包含肯定。這樣的話,每一個意志都可以是獨立而自由的,然而這些意志又全都包含在絕對自由的意志的立場當中,從絕對意志的否定立場可以將一切統一地來看,也就是說,可以將我們的經驗全體視為絕對意志的否定的統一的對象界。根據這種看法所產生的是所謂的實在界,它是透過思惟的統一所形成的實在界,或者是嵌入思惟的範疇所形成的實在界。我們的自我在每一個場合中都是自由的,它能夠否定自我而進行反省,並且就如同我們的自我能夠作為一個人格,反省地來觀看我自身的經驗全體一樣,即使我們的個人的自我是各自獨立而自由的,但是,從超個人的意識立場來統一全部經驗所觀看到的是實在界。思惟就是這種絕對意志的否定的立場。如果將思惟作為絕對意志的否定活動來獨立地思考的時候,思惟自身是可以擁有一個對象界的。數理的世界是

(II,343)

純粹思惟的對象界。但是，由於思惟本來不過只是絕對意志的一個
活動而已，所以建立在單純思惟的立場上的對象世界就只是主觀的
或抽象的，而隨著思惟的自我完成自身，它必須前進到全部人格的
統一。從思惟的立場來統一全體經驗所看到的是實在界。李克特 2,266
說，直接經驗的內容首先要嵌入既予的範疇，其次要嵌入時間、空
間、因果的範疇，然後才能形成實在界。[200]物理學的世界就是徹底
地進行這種純粹思惟的統一的結果，薄郎克的《物理的世界圖像的
統一》（*Einheit des physikalischen Weltbildes*）就是這樣產生的。[201]
只要我們站在某個立場上，我們就不能夠反省這個立場本身，因而
其〔這個立場的〕對象世界就會被認為是不可動搖的實在界。通常
我們會以共通於所有人的思惟的對象世界為唯一的世界，但是，由
於思惟不過只是絕對意志的一個活動而已，所以如果我們站在可稱
為"先天性的先天性"、"活動的活動"的絕對自由意志本身的立場之
上的話，那麼我們就可以將思惟本身作為對象來反省，像康德的純
粹批判就是一個例子。在上述的意義下，歷史的世界就是以原初經
驗的形式來重構所謂實在界所看到的世界。認為自然科學是沿著全
般化的方向而前進，反之，歷史則是沿著個性化的方向而前進，這 (II,344)
種想法就是基於此而來，歷史是自然科學的顛倒。這樣的話，如果

---

200 參閱 Heinrich Rickert, *Gegenstand der Erkenntnis. Einführung in die Transzendentalphilosophie* (Tübingen: Vdm Verlag Dr. Muller, 2006), S. 166-168。

201 薄郎克（Marx Planck, 1858-1947）：德國物理學家，量子力學的奠基者，1918 年諾貝爾物理獎得主。西田所提的書是薄郎克 1909 年的演講稿 *Die Einheit des physikalischen Weltbildes* (Leipzig: S. Hirzel, 1909)。

　　我們以"物理世界"與"歷史世界"為兩個極端的話，那麼在這兩個極
端的中間可以有種種的實在界。就像歷史學的世界、心理學的世
界、生物學的世界、化學的世界、物理學的世界一樣，我們可以以
階段的方式來思想種種的世界。沿著物理世界而接近歷史世界，就
是接近意志本身的具體經驗，一切都會成為目的論的。而現在的
「我」是這些世界的接觸點，透過這個現在的「我」，我們可以自
由地進出任何一個世界。

　　如上所述，從"絕對意志的否定立場"或"思惟的立場"來統一經
驗全體所看到的世界，就是所謂的"實在界"，即使我們只就所謂
"實在界"的觀點來看，從歷史的觀點一直到物理學的觀點，階段地
可以有種種的觀點存在，但是，對於否定了否定並且在任何立場中
皆獨立自由的絕對意志而言，它超越了所謂的實在界，除此之外，
2,267　它還可以擁有種種的世界。就如同赫拉克里特斯[202]說的，"在白天
我們擁有一個共通的世界，但是在夢中每個人都擁有每個人的世
界"[203]一樣，絕對意志否定了否定，它一旦超越了這個實在界的時
候，無限可能的世界或想像的世界的展望就被開啟了。在這個世界
當中，如夢般的空想也是一個個的事實。先前我們曾說："根據種
種的先天性，產生了種種的世界"，但是，對於也可稱為"種種立場
(II,345)　的統一"或"先天性的先天性"的絕對意志的立場的直接的對象世

202　赫拉克里特斯（Heraclitus, ca. B.C. 540-480）：古希臘哲學家。以「萬物流轉」（Ta
　　　Panta rhei）著名。

203　西田所引用的赫拉克里特斯文字（有些修正），出自赫拉克里特斯「斷簡第 89」。請
　　　參閱 Kathleen Freeman, *Ancilla to the Presocratics* (Oxford: Blackwell, 1952), p.30。

界，一切的事物都是作為一個個獨立活動的自由意志的世界。在這個世界當中，既沒有時間、空間，也沒有因果，萬物都是象徵，為我們所思想是唯一的實在界的所謂的自然世界，也不過只是一種象徵而已。就像某人說的，掀起賽斯女神的面紗就會不可思議地看到自己[204]一樣，在自然世界的根柢當中，存在著自由的人格。我認為古代不可知論的華倫提諾，[205]將從名為太初之深底（βυθός）的神到這個世界的創造之間，思想為一種神話的圖式（mythologisches Schema），從這一點來看，是擁有相當深刻的意義的。

　　總結上述的思想，我們可以說，我們無論如何都無法反省的，或者無法對象化的絕對意志的直接對象，或者所謂的"原初世界"（jp. 第一次的世界），它是藝術的世界、宗教的世界。對這種世界來說，各個個別的現象都是象徵、是自由的人格。在這個世界當中，我們的思惟不過是一種活動而已，因而，建立在思惟上的真理與建立在思惟上的世界，只是一種真理、一種世界，並不是唯一的真理、唯一的世界。單單從思惟的立場來看，在這裏出現了數理的世界，"數"是純粹思惟世界的實在。但是，如果我們將數理視為意志的直接對象的話，那麼，它將是一種象徵，這也意味著狄里克

---

204 賽斯是古埃及的城市，「賽斯的女神」的名字為奈特（Neith）。黑格爾在《歷史哲學》中這麼寫著：「在賽斯的女神奈特的碑文中寫著：『我是現在、過去與未來：從沒有人揭開過我的面紗。』」黑格爾的解釋請參閱 Suhrkamp 版《黑格爾全集》第十二卷(Frankfurt am Main: Suhrkamp, 1986), S. 271。

205 華倫提諾（Valentinus, ca. A.D. 100-160）：早期基督教神學家，為紀元二世紀諾斯底教派（不可知論）的領導者之一。

利[206]能夠在聆聽羅馬復活節的音樂當中得到數理的啟發（參閱閔可
夫斯基[207]於狄里克利百年誕辰的論文[208]）。不過，絕對意志的統一
是沿著深度與廣度這兩個方向前進的，任一個立場在其各自的立場
當中，都是深入地往純粹的方向前進，並且同時作為人格的一個活
動，向著人格全體的統一前進，這就是知識的客觀性之要求。

(II,346)
2,268

　　如上所述，我們通常所認為的唯一的世界，或所謂的"自然
界"，它只是一個世界，並不必然是唯一的世界。我們認為自然界
是脫離主觀的自我而存在的，基於同樣的理由，或者更恰當地說，
我們可以基於更強的理由，來主張歷史的世界是客觀地存在的。如
柏格森所說，"就像我們相信如果打開並且穿越這扇門，房間就在
隔壁"（Bergson, *Matière et Mémoire.* p.164）一樣，我們也可以將過
去所發生的事視為不可動搖的實在。再者，物理的真理反而可以說
是依存於歷史的真理的。[209]物理學者認為，我們的精神現象不過是

---

206 狄里克利（J. P. Gustav L. Dirichlet, 1805-1859）：德國數學家，解析數論與現代函數的
奠基者。

207 閔可夫斯基（Hermann Minkowski, 1864-1909）：俄國出生的德國數學家、猶太人，四
維時空理論的創立者，著名物理學家愛因斯坦的老師。將時間和空間結合在一個四次
元的時空結構當中，即是有名「閔可夫斯基時空」。

208 Hermann Minkowski, "Peter Gustav Lejeune Dirichlet und seine Bedeutung fiir die heutige
Mathematik", in *Minkowski, Gesammelte Abhandlungen,* ed. by David Hilbert (Leipzig: B.G.
Teubner, 1911)。論文初版於 *Jahresbericht der Deutschen Mathematiker-Vereinigung,*
14(1905), pp. 149-163。

209 西田參考文獻是《物質與記憶》，其出處據 1896 年的第一版頁數為 157-158。西田原
文記載為「頁 164」，據《西田全集》編者推測可能是西田誤植（NKZ 2: 486）。這
一部分文獻據現行《柏格森著作集》〔*Œuvres,* textes annotés par André Robinet;
introduction par Henri Gouhier (Paris: Presses universitaires de France , 2001, c1959)〕，則

在每一瞬間、每一瞬間都會消失的虛幻而已。心理學者本身也將精神現象視為一種不可反覆且瞬息生滅的事件。但是，"物體現象是不變的"不外就是說"同樣的精神現象是可以反覆的"。彌爾就曾經說過，"物"就是「感覺的不變的可能性」（permanent possibility of sensations）。[210]如果精神現象真的是一種不可反覆性的永恆流動的話，那麼，物體的不變性也將會跟著消失。再者，雖然我們單純地將不變的東西，或者說，將不論何時都是"現在"的東西思想為"實在"，但是，這種實在只是一種抽象的實在而已。真正具體的實在必須包括"過去"。任何人當他死亡並且成為灰燼的時候，就作為物體來說，他或許與任何人都是一樣的，但是，就作為一個歷史的實在而言，每個個人都可以說是擁有獨一無二的個性的實在。同樣 (II,347) 的，淪落而乞食之人，可能是基於自己的罪過，也可能是基於不得已的命運。如果我們只著眼於外在固定的現象的話，那麼這些差別作為虛幻而必須完全去除。但是，對我們而言，直接具體的實在，並不是像物體現象那樣的抽象的實在，它反而必須是上述的歷史的實在。歷史的世界是比自然科學的世界更為具體的實在，但是，藝 2,269 術的世界與宗教的世界甚至可以說是比歷史的世界還要更深的直接實在。無論如何，我們屬於種種的世界、出入種種的世界。就如奧

為頁 284-286。

210 彌爾（John Stuart Mill, 1806-1873）：英國哲學家，古典自由主義與功利主義者。西田參考的部分出自 *An Examination of Sir William Hamilton's Philosohpy*，現收於 *The Collected Works of John Stuart Mill*, Volume IX, ed. by John M. Robson, Intro. by Alan Ryan（Toronto: University of Toronto Press, London: Routledge and Kegan Paul, 1979），頁181-187。

古斯丁所思想的一樣，人一方面屬於「神之國」（civitas Dei），一方面又屬於「惡魔之國」（civitas diaboli）。我們人類的向上、墮落、悲劇、喜劇全都在這裏。

　　我想要試著將上述的思想稍微與人生的問題結合來思考。沿著上述的思想來看，所謂"物的目的"，抽象地來看，是指向物之背後的"具體的全體"，從物的立場來看，具體的全體是物的目的。如上所述，由某種先天性產生某種客觀世界，由數理的先天性產生數理的世界，由自然科學的先天性產生自然科學的世界，由歷史學的先天性產生歷史的世界。更詳細地來說，由算術的先天性建立有理數的世界，由解析論的先天性建立實數的世界，由幾何學的先天性建立幾何學的圖形世界；再者，由力學的先天性建立機械的世界，由化學的先天性建立化學的世界，由生命力的先天性建立生物的世界，由心理學的先天性建立心理學者所謂的意識世界。這些立場從極端抽象的邏輯與數理的立場，一直到極端具體的歷史與藝術的立場為止，抽象的立場依照順序地在具體的立場中產生，相對於抽象的立場，具體的立場是抽象的立場的目的。在這個意義下，數理是邏輯的目的，連續數是非連續數的目的，幾何是數理的目的，生命是物體的目的，精神是身體的目的。對我們而言最直接的絕對自由意志的立場，在這個意義下，將成為一切立場的根柢，並且是一切立場所據以產生的最具體的立場，它可以說是一切立場的目的。雖然，我們的知識是透過知識內容的獲得來充實客觀性的，但是，知識唯有透過再前進到意志或行為，才可以說達到其終極。

（II,348）

2,270

　　因而，所謂"充實人生的目的"，這意味著從抽象的立場往其具體性根源的推移。柏格森所謂的"生之躍進"，也可以在這個意義下，視為是往具體性根源的躍進。從邏輯到數理、從有理數到實數，也是一種生之躍進。雖然"生命"這個語詞是曖昧的，但是，簡單地來說，生命是將我們的意志投射到對象世界所觀看到的東西，(II,349) 也就是說，生命是客觀化了的目的論的統一。總而言之，我認為所謂的"生命"，其內容也是根據目的內容〔的不同〕而有所不同。例如：對於只理解物質欲望的人來說，這個人的生命沒有辦法思考到肉體的生命以外的東西，反之，生存在深層理想的要求當中的人，才能夠如保羅所說：不是我在生存，而是基督在我之中生存。[211]在其自身而存在、真正獨立的存在才是生存（生きたもの），真正的生命可以說是實在的具體性全體的統一。生命的發展向著具體性的全體而前進。在這個意義下，建立在單純抽象立場上的肉體生命是手段，不是目的本身。基督也說：追求生命者，反而會失去生命，而那為我而失去生命者，反而會因之得到生命，[212]這絕對不能只被解釋為只有道德的意義。基於上述的理由，真正的生命是不能夠脫離所謂"文化意識"（Kulturbewusstsein）來思想的。「指向生存的意志」（der Wille zum Leben）必須是「指向文化的意志」（der Wille zum Kulturleben）。在這一點上，我最同意費希特的看法。

211　「我已經與基督同釘十字架。現在活著的，不再是我，乃是基督在我裏面活著。」《聖經》〈加拉太書〉第二章第二十節。

212　「因為凡要救自己生命的，必喪掉生命。凡為我喪掉生命的，必得著生命。」《聖經》〈馬太福音〉第十六章第二十五節。

絕對意志不是反理智的，而必須是超理智的，更恰當地說，它必須包容理智作為它的一個側面。意志否定理智就成為反知識性的意2,271 志，這是意志的墮落，意志將因而被自然化而成為他律的意志。

（II,350） 　　如上所述，所謂從抽象的立場推移到具體的根源，從一方面來看，它是回歸我們最直接的具體性全體，而"絕對意志"就是對我們而言最直接的現實。反之，所謂的自然世界，則是被投射出來的對象世界，它是間接經驗的世界。現實的具體生活就如同立體的世界一樣，而自然世界不過就像是這個立體世界的投射面而已。對我們而言最直接的絕對自由意志，是「創造而不受造的」（creans et non creata），並且也是「既不受造也不創造的」（nec creata nec creans），它到處都包含著自我自身的否定。因而，我們的精神現象也必須要伴隨著物體現象來思考，精神與物體的結合是一種設準（Postulat）。因而，雖然我們不論何時都屬於精神與物體這兩個世界，但是，就如同我們將投射圖的意義理解為其原形本體的原立體的影子一樣，肉體生活的意義就在精神生活當中，肉體的生活不過是精神生活的手段而已，偏向物質生活的文化發展，絕不會是真正的人生的目的。

場　所

（1926）

第一章

在當今的認識論當中，人們區別開對象、內容、活動這三個項目，並且討論這三者間的關係，但是，我認為在這種區別的根柢上，人們所思想到的只有隨著時間推移的"認識活動"，以及超越認識活動的"對象"間的對立而已。然而，要主張對象與對象間相互關聯著、形成一個體系，並且自我維持自身[213]的話，那麼就必須有維持這種體系自身的東西，也必須有讓這個體系在其中產生，並且這個體系可以說是"內存於其中"（に於てある）的東西。有必須內存於某處，否則有與無將無法區別。邏輯地來看，我們可以區別開"關係項"與"關係本身"，也應該可以區別開"關係的統一者"與"關係所內存於其中者"。試著從活動[214]這一面來看的話，那麼除了作為純然活動之統一的"我"，以及相對於"非我"的"我"之外，也必須存在著將"我與非我的對立"內在地包含的東西，也就是說，必須存

213　「自我維持自身」：意指「保持自身的獨立性，同一性」。

214　「活動」：意指「意識活動」。

(IV,209) 在著讓所謂"意識現象"得以內在地產生的東西。像這種可以說是
"理型的容受者"這樣的東西，我仿效柏拉圖〈蒂邁歐斯〉篇[215]的
話，稱它為"場所"。當然，柏拉圖的"空間"或者所謂"容受的場所"
（受取る場所），與我所名之為"場所"的東西是不能視為等同的。

　　認為物體存在於空間中，在空間中相互作用，這是極為素樸的
3,416 思考方式，迄今的物理學也都是這樣來思考的。有些人認為，沒有
物體，就沒有空間，空間不外是物體與物體間的關係而已；再者，
我們也可以像洛徹一樣，主張空間內存於物體當中。[216]但是，如果
這樣來想的話，形成關係者（関係するもの）與關係必須是一個東
西，例如，物理的空間就是如此。但是，能讓物理的空間與物理的
空間得以關係在一起的，並不是物理的空間，而且物理的空間還必
須有"內存在的場所"（於てある場所）。或許有人會認為，處於關
係中的存在，當它被還原到關係的體系的時候，只要思想一個由其
自身所產生的全體就可以，不需要再去思想一個讓它得以產生的場
所。但是，嚴格來說的話，不論是什麼關係，只要它作為關係而成
立，那麼就必須有作為關係項的既予物，例如，相對於知識的形
式，必須有〔知識的〕內容。就算兩者合一而為一個全體，也必須
有映照這種全體的場所。有人或許會說，場所不外是單純主觀的概
念而已。但是，只要對象是超越主觀活動並且自立存在的話，那
(IV,210) 麼，讓客觀的對象得以產生的場所，就不能是主觀的，場所本身必

215　參閱柏拉圖，〈蒂邁歐斯〉，49 a ff。

216　洛徹的這個觀點，請參閱其 *Grndzüge der Metaphysik* (Leipzig: S. Hirzel, 1901), S.57。

須是超越性的。當我們將所謂的"活動"對象化來看的時候，我們也是將它映照到思惟對象的場所來看。如果連所謂的"意義本身"也被認為是客觀的話，那麼讓意義本身得以成立的場所也必須是客觀的。或許有人會認為，這樣的東西不過只是單純的無而已。但是在思惟的世界當中，即使"無"也擁有客觀的意義。

　　當我們思考事物的時候，必須有類似映照事物的場所。首先，我們會認為"意識場域"（意識の野）就是這種場所。要意識到某物，某物就必須被映照在意識的場域當中。因而，我們必須區別開被映照的"意識現象"與能映照的"意識場域"。我們或許可以說，除了意識現象的連續本身之外，並沒有像意識的場域這樣的東西。但是，相對時時刻刻流變（時々刻々に移り行く）的意識現象，必須有不變動的意識場域。透過意識場域，意識現象得以相互關聯、相 3,417 互連結。有人或許會將意識的場域思想為像"自我"（jp. 我）那樣的一個點。但是，當我們區別開意識的內外的時候，我的意識現象必須是在我的意識範圍之內的。在這個意義下的"我"（jp. 私）必須將我的意識現象內在地包含。[217]從上述的意識立場出發，我們就會認可意識的場域這樣的想法。思惟活動也是我們的意識活動。思惟的內容首先就是映照在我們的意識場域中的東西。透過內容指涉對象。當今的認識論者區別開內容與對象，認為內容是內在的，而

---

217 西田在這裏措詞上區別開「自我」（jp. 我）與「我」（jp. 私）。「自我」相當於英文的「ego」，是意識活動的起點。「我」則相當於英文的「self」，意指廣義下的「我」、「自己」或「自體」。「自我」是一個點，是屬於「我」的意識範圍內部的一個點。

(IV,211) 對象是超越的。對象被視為是超越了所有的活動，並且是在其自身而存在的東西。在這裏，我們走出了意識的場域。對象並不屬於意識的場域。[218]但是，要將意識與對象關係起來，必須存在著將兩者內在地包含東西。讓兩者得以關係的場所必須存在，這樣的話，讓兩者得以關係的東西究竟是什麼呢？如果說對象超越意識的活動，並且是全然在意識之外的話，那麼從在意識之內的我們出發，是沒有辦法思想我們的意識內容指涉著對象這件事，甚至連對象是超越意識活動這件事也不能說。相對於認識對象的世界，康德學派在主觀的方向上思想了"先驗的主體"（jp. 超越的主觀）或「意識全般」那樣的東西。[219]但是，我們難道可以說，我們在認識的主觀中超越了意識並且走出了意識場域之外嗎？這〔意識場域之外〕或許是意識場域的極限也說不定，意識場域並不消失。以心理學的方式所思想出來的意識場域，已然是被設想出來的東西（考へられたもの），它不過只是一種對象而已。意識到這種意識場域的意識場域，就算在其極限當中，它也不能被超越。再者，即使是被我們視為具有現實性的意識場域，在其背後也總是有著超越現實的東西。以所謂實驗心理學的方式所限定的意識場域，不過只是屬於可以單純地進行計算的感覺領域而已。但是，意識必須包含意義，回想起3,418 昨日的意識，在意義上就必須包含著昨日。因而，意識也可以說是

---

218 這是李克特的想法，也是西田批判的主軸。李克特的看法，請參閱 Heinrich Rickert, *Gegenstand der Erkenntnis. Einführung in die Transzendentalphilosophie* (Tübingen: Vdm Verlag Dr. Muller, 2006)。

219 這是指李克特的想法，請參閱注 218。

全般者的自我限定。就算是感覺的意識，就其包含著之後接受反省的可能性而言，它也可以說是一種意識現象。如果我們認為"全般者"作為極限是無法達到的話，那麼我們也必須主張"個物"是無法達到的極限。 （IV, 212）

在康德學派裏面，認為認識是透過形式來統一質料，但是在這種思想的背後，必須已然假定了主觀的構成活動，認為形式是主觀所具備的東西。如果不是這樣的話，認識的意義就無法形成。單純地透過形式所構成的東西，不過只是"超對立的對象"而已。[220]再者，如果主張"客觀的形式"構成"客觀的質料"的話，那麼這是客觀的活動，它並不能夠產生認識的意義。"形式與質料的對立"與"主觀與客觀的對立"不能直接視為等同。要形成判斷活動的對象，除了形式與質料的對立之外，還必須再加上一種不同意義的對立。形成判斷之直接內容的東西，必須是真或偽這樣的東西。讓形式與質料的對立得以產生的場所，必須不同於讓真偽的對立得以產生的場所。在產生認識的場所當中，不僅要區別開形式與質料，兩者的分離與結合還必須是自由的。[221]在這個情況下，相對於超對立的對

---

220 「超對立的對象」：拉斯克（Emil Lask, 1875-1915）的概念「Übergegensätzliches」。請參閱拉斯克： *Die Lehre vom Urteil* in *Gesammelte Schriften,* hrsg. v. E. Herrigel, 2. Band (Tübingen 1932)。拉斯克是李克特在弗萊堡大學的學生，拉斯克的哲學從李克特的價值哲學與胡塞爾的現象學出發，是二十世紀初最具原創力的哲學家之一，一次大戰時死於波蘭戰場。主要的哲學著作為 1911 年的《哲學的邏輯與範疇論》（*Die Logik der Philosophie und die Kategorienlehre*）以及 1912 年的《判斷論》（*Die Lehre vom Urteil*）。

221 「自由」：意指形式與質料的分離與結合不能夠被固定下來，這是認識的可塑性與可能性。

象，我們可能會認為，主觀性是外在所附加的。就像拉斯克一樣，相對於根本的邏輯形式，他將全然非邏輯的體驗對象，思想為"根本的質料"。[222]但是，就如同拉斯克本人所承認的，認知（知る）也必須是體驗的一種。[223]就算主張"體驗的內容"是"非邏輯性的質料"，它仍然不等同於"感覺的質料"。與其說體驗的內容是非邏輯

(IV,213) 性的，不如說它是"超邏輯性的"；與其說它是超邏輯性的，不如說它是"包邏輯性的"。[224]藝術與道德的體驗，也可以這樣來主張。認識的立場也必須是"體驗"在自身之中映照自身的一種表現。認識不

3,419 外是體驗在自身之中的自我形成。形式與質料的對立關係在體驗的場所當中產生。如此在自身之中無限地自我映照的東西，自身是無而包含無限的有的東西，它是真正的自我，所謂主客的對立就是在其中產生的。這樣的東西既不能說是"同"，也不能說是"異"，既不能說是"有"，也不能說是"無"，它不能為所謂邏輯的形式所限定，反而是讓邏輯的形式得以產生的場所。不論我們將形式推進到多遠，都沒有辦法超越所謂的形式之外。真正的形式的形式，必須是"形式的場所"。亞里斯多德在〈靈魂論〉中，效法柏拉圖學院，將"精神"思想為「形相的場所」。[225]這種可以說是自我反照自身的鏡子的東西，並不只是知識產生的場所而已，情感與意志也在其中產

---

222 Emil Lask, *Die Logik der Philosophie und die Kategorienlehre*, in *Gesammelte Schriften*, Bd. 2 (Tübingen 1932), S. 56.

223 Ibid, S. 189.

224 「包邏輯性的」：意指不只是超越了邏輯，而且也將邏輯包攝在內。

225 參閱亞里斯多德，〈靈魂論〉429a 27-28。

生。當我們談到體驗的內容的時候，大多數的情況下多已經把它給知識化了，因而它也被思想為"非邏輯性的質料"。[226]真正的體驗必須是完全的無的立場，必須是離開知識的自由的立場，在這個場所當中，情意的內容也被映照出來。知情意都被認為是意識現象，就是基於此。

　　如果我們如上述來思考場所的話，那麼我認為"活動"是在被映照的對象與能映照的場所之間所出現的"關係"。當我們只考慮到被 (IV,214) 映照者的時候，那麼它不過是某個沒有任何作動的單純對象而已。但是，即使是在這種對象的背後，也必須存在著映照這種對象的鏡子，必須有對象的存在場所（対象の存立する場所）。當然，如果這個場所只是純然能映照的鏡子，並且對象只是內存於其中的話，那麼我們就無法看到作動的對象。在可以說是全然自我掏空（己を空うする），並且映照一切事物的意識全般的場域當中，所有的一切作為純然認識的對象，之所以被思想為是完全超越活動的存在，就是基於此。但是，如果意識與對象之間完全沒有任何關係的話，我們就不能說，意識映照對象這個事情，要主張對象內存於意識更不可能。因而人們將兩者之間的聯繫思想為"判斷活動"。一方面不 3,420 僅必須有超越活動的"對象"，另一方面也必須有超越活動並且將活動包含在內的"意識場域"。而當我們認為意識全般的場域容受對象並且是無限廣大的時候，那麼對象在意識全般的場域當中，就可以

---

226 「非邏輯性的質料」指的是拉斯克的概念「Alogisches Material」。參閱 E. Lask, *Die Logik der Philosophie und die Kategorienlehre, in Gesammelte Schriften,* Bd. 2 (Tübingen 1932), S.63。

取得種種不同的位置，並且能夠映照在種種不同的形式當中。在這裏，對象以種種不同的方式接受分析、受到抽象，而所謂“意義的世界”就產生了，而這種在種種不同的位置、種種不同的關係中來映照〔對象〕這件事，在某個側面下，可以思想為“判斷活動”。因而，當超越的對象與意識全般的場域相互分離，並且活動不能夠屬於其中一端的時候，人們就設想出了作為“活動的統一者”的所謂“認識主觀”。從常識的角度來看，如果物內在於空間，既然物與空 (IV,215) 間是不同的，那麼物在空間中就能夠內在於種種不同的關係中，並且可以以種種不同的方式來改變它的形狀與位置。在這裏，我們一定會在物與空間之外，再思想“力”那樣的東西。而如果我們可以將擁有力的物思想為力的本體的話，那麼也可以將力歸屬於空間來思想物理空間。我就想要試著將“認知”歸屬於意識的空間來思考。

迄今的認識論，都是從主客對立的思想出發，並且將“認知”思想為“透過形式來構成質料”，取而代之地，我想要試著從“在自我之中映照自我”這種“自覺”的思想出發來看。我認為在自我之中映照自我是“認知”的根本意義。從對自身之內的認知，可以達到對自身之外的物的認知。對自我而言是既予的東西，首先必須是在自我之中既予的。也許有人會將“自我”思想為某種“統一點”，並且將內存於自我意識的“認知者與被認知者”，或者說“主與客”、“形式與質料”思想為相互對立。但是，這樣的統一點不能夠稱為“認知者”，它已然是某種對象化了的東西，只能是“被認知者”。就算設想無限的統一方向來取代這種統一點的想法，情況也是一樣的。

3,421 “認知”首先必須意味著“內在地包含”（內に包む）。但是，當“被包含者"相對於"能包含者"是外在的時候，就如同物體內在於空間一樣，被包含者就只是存在而已（単にあるといふこと）。當能包含者與被包含者是一的時候，無限的系列才能產生。而當這個"一"，在其自身當中，無限地包含質料的時候，我們就可以思想到　(IV,216)無限的作動者、純然的活動。然而，這樣的"一"還不能夠說是"認知者"。唯有將這種自我內存於自身的東西再內在地包含的時候，才能夠說是認知。就形式與質料的關係來說，單單只是形式的構成，並不能說是認知，認知必須將形式與質料的對立內在地包含。如果我們將質料也視為低階的形式的話，那麼"認知者"也可以說是"形式的形式"，它必須是連純粹形式與純粹活動也超越，並且讓純粹形式與純粹活動得以在其內在產生的場所。像拉斯克之所以認為主觀是客觀對象的破壞者，也是基於此。[227]就如同物體在空間中具有可分性一樣，思惟的對象在思惟的場所中也可以具有可分性。就像物體在空間中，在種種不同的意義下具有無限可分性一樣，思惟的對象在思惟的場所中也是可分的。或許有人會認為，如果我們以上述的方式來思考"認知者"的話，那麼主客對立的意義將會消失，在主觀中會失去"統一"與"活動"的意義，"主觀"的意義也可以說會跟著消失。現在，我們沒有辦法深入地探討這個問題，但是，單純地就物內在於空間這種情況來說，物與空間是互為外在的，空間中並沒有主觀的意義。可是，當物的本體性（jp. 本体性）推移到物

227　參閱 Emil Lask, *Die Lehre vom Urteil*, in *Gesammelte Schriften*, Bd. 2, (Tübingen 1932), S. 416。

所內存於其中的場所關係的時候，物就被還原為力。但是，"力"就必須思想到力的本體，關係必須思想到關係項。這個所謂的本體到底要到哪裏去尋找呢？如果我們在本源的物（元の物）當中來尋找的話，這樣就會殘留著完全無法還原為力的物。如果我們將它〔力的本體〕歸因於空間本身的話，那麼它就只能是作為空間的關係項的"點"而已。然而，如果關係的本體只是"點"的話，"力"就必須消失。真正將力的關係內在地包含的東西必須是像"力場"那樣的東西。而在力場當中，所有的線都必須擁有方向性。在將純粹活動內在地包含的認識的場所當中，一切的現象也都必須擁有方向性。透過將認知者思想為包含者，主客對立的意義就會消失，這樣的想法是因為人們將場所思想為外在於被包含者的場所的緣故。純然空虛的空間是無法真正地將物理現象內在地包含的。真正能夠將種種對象內在地包含的東西，就像種種的形式（jp. 形）在空間中產生一樣，它必須在自身之中映照出自身的形式。這麼一來，所謂「內存在」（「於てある」）的意義或許可以說就消失了，包含對象且無限展延的"場所"的意義也消失了。唯有內在於將一切認識對象內在地包含並且又與一切認識對象分離的意識場域當中，這兩個意義〔內存在與場所〕才能夠結合。

如果認知是在自身之中的映照自身，並且活動可以在被映照者與能映照的場所的關係當中來觀看的話，那麼拉斯克所說的全然超越了活動的"無對立的對象"[228]究竟是什麼呢？就算這樣的對象也必

(IV,217)

3,422

---

[228] 「無對立的對象」出自拉斯克的「das Gegensztzlos-Gegenständliche」。請參閱 E. Lask,

須是內存於哪裏的。我們要認識"有"，就要對"無"有所認識。但 （IV,218）
是，相對於"有"所認識到的"無"，仍然是"對立的有"。真正的無必
須是包含這種有無，並且是讓這種有無得以產生的場所。否定"有"
並且與"有"相對立的"無"，並不是真正的無，真正的無必須是"有"
的背景。例如，相對於紅色的非紅色也是一種顏色。擁有顏色的東
西、顏色所內存於其中的東西，必須是沒有顏色的東西，它必須是
紅色也內存於其中，非紅色也內存於其中的東西。我認為可以將同
樣的思想，超越作為認識對象的限定，也推進到有無的關係上。這 3,423
種「內存在的場所」（「於てある場所」），在顏色這個情況中，
它被思想為一種物，就像亞里斯多德一樣，我們也可以說性質內存
於物。[229]但是這麼做的話，場所的意義就失去了，而物就成為擁有
屬性的東西。反之，如果將物完全地解消於關係之中，那麼我們就
會將包含有無的東西思想為一種活動。然而，在活動的背後仍然必
須有"潛在的有"。雖然我們可以相對於"本體的有"而主張"無本體
的作動"、"純粹的活動"，但是，如果將活動除去潛在性，那麼活
動將會消失。讓這種潛在的有得以產生的背後，還是必須要思想
"場所"那樣的東西。如果物擁有某種性質，那麼這個物就不可能包
含著與這某一性質相反的性質。然而，作動必須在其中包含著反
對，變動是往其反對面變動而去。因此，包含有無的場所本身，也
可以直接地思想為活動。但是，要觀看到一個活動，在其根柢當中 （IV,219）

Die Lehre vom Urteil, in *Gesammelte Schriften*, Bd. 2 (Tübingen 1932), S. 352 ff。

229　參閱亞里斯多德，〈範疇論〉4b14 -18。

必須限定一個類概念，唯有內在於一個類概念當中，我們才能觀看到相反的東西。在活動背後的場所並不是真正的無，也就是說，並不是純然的場所，而是擁有某種內容的場所或者受限定的場所。在活動中，"有"與"無"雖然結合在一起，但是我們不能說"無"包含"有"。在真正的場所當中，某物不僅往其反對面推移而去，而且這個往其矛盾面的推移還必須是可能的，也就是說，走出類概念之外是可能的。真正的場所不單單是變化的場所，它是生滅的場所。當我們越過類概念，進入生滅的場所的時候，作動的意義就已然失去，留下的唯有觀看而已。當類概念被視為場所的時候，潛在的有就無法去除，我們只能觀看到作動者，但是，在連類概念也映照的場所當中，我們所觀看到的並不是作動者，而是將作動也內在地包含的東西。真正的純粹活動並不是作動者，而必須是將作動也內在地包含的東西。潛在的有並不是先在的，現實的有才必須是先在

3,424　的。在這裏，我們可以觀看到讓形質得以融合的"無對立的對象"。

這種可以稱為"無對立的對象"的東西，它是完全超越了意識的場域的東西，但是，如果它是完全地在主觀之外的東西的話，那麼，它是如何映照到主觀之中，並且成為認識活動的目的呢？我認

(IV,220)　為，即使是這樣的對象，也不是外在於場所意義下的意識場域，而是完全以場所為其基礎的（裏附けられる）。當我們將場所單純地視為否定"有"的"對立的無"的時候，我們就一定會認為對象超越了意識場域，對象是在其自身的存在（それ自身に存立する）。通常所謂"意識的立場"，如先前所說，是相對於"有"的"無的立場"。與"有"相對的"無"，當它作為一種類概念而包攝一切的時候，它將成

為一種"潛在的有"。當我們站在否定任何的有的"無邊際的無"（果しなき無）的立場的時候，也就是說，當將相對於有的無本身獨立出來的時候，意識的立場就出現了。而在這種超越一切有的立場當中，一切的有都可以被映照出來、被分析出來。但是，真正的無並不是這種對立的無，而是包含有無的無。就算是否定一切有的「無」，只要它是「對立的無」，就仍然必須是一種「有」。就算它越出了受限定的類概念之外，只要它還是可以被思想的東西（考へられたもの），它就無法脫離一種類概念的限定。因而，人們在這裏認識到一種潛在的有的意義，觀念論的形上學也就產生了。[230]真正的意識必須是也能將上述的意識映照出來的意識，人們所說的"意識"仍然只是被對象化了的意識。真正的無的場所，不僅超越了任何的意義下的有無對立，並且也必須是讓有無的對立得以在其內在產生的場所。只有在完全地打破類概念的地方，才能看到真正的意識。就算是無對立的超越性對象，也不能夠越出這種意義下的意識之外，它反而是藉由被映照在這種場所當中，才能被視為是無對立的對象。無對立的對象是我們的應然的思惟的對象，它是將所謂 3,425（IV,221）的判斷內容予以單義地決定的標準。如果我們以相反的方式來思考的話，我們的思惟就一定會陷入矛盾之中，並且思惟將會破壞思惟本身。除了這種意義之外，我們不能思想無對立的對象。或許有人會認為，當觀看到這種對象〔無對立的對象〕的時候，我們就超越並且走出了讓對立的內容得以產生的主觀的意識場域。但是，這不

---

230 西田批評觀念論的形上學所認識到的「無」，仍然是「對立的無」或「潛在的有」。

外是說，我們從對立的無的立場前進到真正的無的立場而已，也就是說，不外只是從映照物的影子（物の影）的場所前進到物所內存於其中的場所而已。這並不是放棄所謂意識的立場，反而是意識的立場的徹底化。真正的否定必須是"否定的否定"，否則"意識全般"與"無意識"將無從區別，而意識的意義也將失去。當我們可以主張"我們必須這樣來思考，否則就會陷入矛盾"的時候，這樣的意識場域必須內在地映照出所謂的"超越的對象"。由於這樣的立場作為"否定的否定"是"真正的無"的緣故，所以它也可以否定一切映照於"對立的無"的場所中的東西。意識的場域透過真正的自我掏空，可以如如地（ありのまゝ）映照出對象。在這個情況下，有人可能會認為，對象就內存於對象自身，但是，如果對象只是單純地在其自身的話，它就不能夠成為所謂意識內容的判準。對象的內存在的場所必須是所謂的意識也內存於其中的場所。當我們觀看到對象本身的時候，或許也可以思想為"直覺"，但是"直覺"也必須是意識。即

（IV,222） 使所謂的"直覺"也不能夠脫離觀看矛盾本身的意識場域。通常人們認為直覺與思惟是完全不同的東西，但是如果直覺要維持自身的話，還是必須要有「內存在的場所」。而這個場所，與思惟的內存在的場所是同樣的場所。當直覺映照於其內存在的場所的時候，它就成為思惟的內容。在所謂具體的思惟當中也必須包含直覺。我認

3,426 為，意識根本無法脫離全般概念的背景。全般概念不論何時都是扮演著能映照的鏡子（映す鏡）的角色。就算我們進入主客合一的直覺的立場，意識也無法離開全般概念，反而是達到了全般概念的頂點。在意識到矛盾的立場中打破並且越出全般概念之外，這意味著

被對象化的全般概念。像這樣的東西，不過只是已然受限定的東西或特殊性的東西而已，它並不擁有認知的意義。映照"直覺"的場所也必須直接地就是映照"概念的矛盾"的場所。

　　對於我在直覺的背後認定"意識場域"或"場所"的主張，或許很多人有不同的意見也說不定，但是如果"直覺"只是單純地意味"無主亦無客"的話，那麼這不過只是單純的對象而已。既然說到直覺，那麼"認知"與"被認知"就要被區別開，但是兩者又必須合一。而"認知"並不單單只是意味著"構成"或"作動"而已，"認知"（知る （IV,223) もの）必須是包含被認知的"包含"（包むもの），更恰當地說，它必須是能內在地映照被認知的"映照"（映すもの）。"主客合一"或"無主亦無客"意味著場所必須成為"真正的無"，必須成為純然"映照的鏡子"。雖然特殊者被認為是客觀的，全般者被認為是純然主觀的，但是，就特殊者也作為知識內容來說，它可以說是主觀的，我認為如果我們對於特殊可以認知到客觀的所與的話，那麼對於全般者我們也可以認知到客觀的所與。在康德哲學中，將這種東西〔全般者〕單純地思想為先驗形式（jp. 先驗的形式），但是這樣的想法，在其根柢上，是以主觀的構成活動來構成客觀的所與為前提的。然而，構成並不直接地就是認知。認知必須是在自身之中映照自身。真正的"先天"（アプリオリ）必須是在自身之中構成自身的內容。因而，人們或許也可以像拉斯克一樣，在構成的形式之外，再思想一種「領域範疇」（Gebietskategorie）。[231]我們之所以 3,427

231 Emil Lask, *Die Logik der Philosophie und die Kategorienlehre*, in *Gesammelte Schriften*,

在認識的對象世界當中觀看到受限定的全般概念，就是透過這種場所的自我限定。場所限定場所自身或者對象化的東西，就是所謂的全般概念。在柏拉圖的哲學當中，全般者被認為是客觀的實在，但是，柏拉圖還不至於認為，真正包含一切的全般者，必須就是讓一切得以產生的場所。因而，場所反而被〔柏拉圖〕認為是非實在性的，[232]被認為是"無"。但是，在理型自身的直覺的底部，也必須有這樣的場所，即使是最高的理型也仍然是受限定的東西，也就是說，它不過是特殊者而已，善的理型也免不了是相對的。當我們單純地將"對立的無的場所"思想為"意識的場所"的時候，這種場所將消失在直覺當中，再者人們或許並不承認有直覺內存於其中的場所，但是我認為這樣的場所並不是包含在直覺之內的，而是反過來包含直覺本身的。不僅直覺內存於其中，意志與行為也內存於其中，而意志與行為之所以也被認為是具意識性的，就是基於此。笛卡兒將擴延與思惟思想為第二義的實體（jp. 本体），一方面將運動思想為擴延的樣態，另一方面則將意志思想為思惟的樣態，[233]在這個意義下，真正的擴延必須類似物理的空間，而真正的思惟必須類似上述的場所。雖然人們將"意識"與"映照於知識的對象世界中"直接地視為同一，但是，在嚴格的意義下的知識對象世界當中，並無法映照出情意的內容。知識的對象世界完全無法脫離某種受限定

(IV,224)

Bd. 2 (Tübingen 1932), S. 71 f。

232 參閱柏拉圖，〈蒂邁歐斯〉，50b f。

233 參閱笛卡兒 1644 年的《哲學原理》（*Principia philosophiae*）第一部第四十八節。

的場所的意義。能將情意映照出來的場所，必須是更深且更廣的場所。意識到情意的內容並不是知識的認識，共通於知情意的意識場域，它必須不屬於知、情、意任何一方，而必須是將所謂的直覺也包含在內的無限擴大的東西。最深層的意識的意義必須是真正的無的場所。映照出概念性知識的場所，仍然還是相對無的場所。雖然 3,428 在所謂的直覺當中，我們就已然處於真正的無的場所當中了，但是 （IV,225）讓情意得以成立的場所，必須是更深、更廣的無的場所。因而，在我們意志的根柢上，有著沒有任何約束的無。

第二章

　　我現在試著再次退回剛開始的思考。"存在物"（有るもの）必須內存於某處。當然這裏的"存在"（ある）並不是意味著"現實存在"（jp. 存在），它所意味的僅僅是一種非常全般性的意義。例如，種種顏色內存於顏色的全般概念中；顏色的全般概念可以視為是種種顏色之內存在的場所。如果我們像亞里斯多德那樣，認為性質內存於實體（jp. 本體），然後來思考他的「第二義實體」（第二の本体）的話，那麼種種的顏色就可以思想為內存於全般性的顏色自身。[234]種種顏色間的關係是透過顏色自身的體系而被構成的，因而，顏色的判斷的真正主詞必須是顏色自身。全般者被單純地視為是主觀的，而所謂個物則被認為只是設想出來的東西（考へられ

234　參閱亞里斯多德，〈範疇論〉第五章。

たもの）而已。內存於這種客觀的全般者當中的特殊者，究竟是處於什麼樣的關係當中呢？"顏色本身"（jp. 色自体）不能擁有種種的顏色，〔顏色本身〕要擁有〔顏色〕的話，在其背後就必須隱藏著某物。而這個某物必須是可以擁有完全不同的類性質的某物。這樣的話，特殊的顏色可以思想為是顏色本身的活動嗎？顏色本身還不是作動者，它並不包含時間的關係。唯有全般者能包含特殊者，後者只能內存於前者當中。就好像"有形之物"是"無形之物"的陰影一樣，我認為這種關係就像是無限的"有形"產生於"無形"的空間中一樣。當然，關於在空間中，我們或許還要再加入空間中所特有的種種關係，但是，空間關係的基礎也是全般與特殊的關係，藉由此〔全般與特殊的關係〕，種種的空間關係才得以被構成。在"紅色是顏色"這個判斷當中，就客觀的層面來說，繫詞意味著在全般者當中有特殊者存在，意味著全般者是特殊者的場所。真正的全般者在其自身是同一者，並且必須內在地包含種差。而只要對象超越了意識，那麼這不外是單純地意味著特殊者內存於全般者，但是，當我們再深入這種場所的意義，並且也將所謂的意識思想為其內存在物的時候，那麼真正的場所就成為在自身之中映照自身影子的映照者、成為自我反照自身的鏡子（自己自身を照らす鏡）。當"有"內存於"有"的時候，後者可以說擁有前者；當"顯現的有"內存於"不顯現的有"的時候，前者是後者的顯現，而後者則可以說是作動；但是，如果是"有"內存於"真正的無"的時候，就只能說是後者"映照"（映す）了前者而已。"映照"並不扭曲物的有形，而是以原樣的方式讓它產生、以原樣的方式來接納它（そのままに受け入れ

(IV,226)

3,429

る）。映照者讓物得以在其內在中產生，對物來說，它並不是作動
者。"鏡子映照物"這個事情，我們也是這樣來思考的。當然，由於
鏡子是一種"有"，它並不真的能夠映照物本身，鏡子只能扭曲地來
映照物，鏡子仍然是作動者。愈是能留住他物的影子的東西就愈是　(IV,227)
"有"，被映照出來的東西就愈不是他物的肖像，而是單純的象徵或
符號。[235]再者，如果某物失去內存於他者的意義的話，那麼我們只
能說，兩者是獨立的，只是相互作動或相互關係而已。如果全般者
不只是主觀的，而且在其自身擁有客觀性的話，那麼，特殊者內存
於客觀的全般者當中的意義就必須是說：全般者不扭曲特殊者的形
式，而是讓特殊者的形式，內在於全般者當中如其原樣地產生。全
般者並不擁有特殊者，特殊者也不能說是全般者的結果，再者，它
也不是單純的空間包含著物，或者物內在於空間中這種意義下的
"包含"。全般與特殊也不是像物與空間那樣是相互不同的東西。特
殊者是全般者的部分，而且是全般者的影像。但是，相對於特殊
者，全般者並不擁有任何"有"的意義，它是全然的"無"。物愈是個　3,430
物性的時候，它就必須愈是全般性的，當我們可以這樣想的時候，
這種全般者必須是在自身之中映照個物的全般者。或許有人會認
為，在全般與特殊之間，並不存在著能映照、所映照的關係。但
是，當我們說"某物內存於某物"的時候，這兩者之間必須已然存在
著某種關係，例如我們就不會說"德行內存於三角形"。「內存在

---

[235] 這是說鏡子愈是「有」，被映照出來的東西，就愈不是它自己，而是它的象徵或符
　　　號。換言之，唯有「無」才能映照出「有」的原貌。

物」必須分受自身所在場所的性質，空間的內存在物就必須是具空
間性的。而只要這個性質對這個物而言是本質性的，也就是說，只
要透過這個性質可以認識到這個物的存在的話，那麼我們就可以說
(IV,228) 某個東西內存於某個東西。因而，要說某個東西完全內存於某個東
西之中，前者就必須是後者的樣態。在這種情況下，我們馬上會想
到實體（jp. 本体）與樣態，但是，如果反省範疇先在於構成範疇
的話，[236]那麼，要主張純粹性質（純粹性質也可以說是沒有實體的
樣態）能夠相互區別並且相互關係的話，那麼純粹性質就只能透過
相互地映照與被映照來客觀地保持自身的體系。如果我們將在直接
經驗的背後所設想的實體去除的話，那麼我們就可以觀看到無實體
的活動、純粹活動的世界。但是，〔在這裏，〕我們還是可以思想
某種意義下的作動者。當進一步地連作動者也除去的時候，我們就
觀看到"純粹狀態的世界"或者"無本體的樣態世界"。如果藉由在內
在中觀看到統一才可以觀看到純粹活動的世界的話，那麼將這一點
再往前推進一步，我認為就可以觀看到所謂的純粹狀態的世界。先
於構成範疇的世界的反省範疇的世界就必須是這樣的世界。說到
"映照"的時候，我們馬上就會想到一種"作動"，但是"作動"無法產
生"映照"。反之，從無限地在自身之中的自我映照可以得出"作
動"。"作動"的想法的產生，是想要在有限的全般者當中，或者在
染上顏色的場所當中，映照出無限的內容。在否定一切有的"無的

---

236 西田「構成範疇」與「反省範疇」的區別，主要是來自於拉斯克，前者屬對象性範
　　疇，後者屬純粹邏輯的範疇。參閱 Emil Laske, *Die Logik der Philosophie und die
　　Kategorienlehre,* in *Gesammelte Schriften* Bd. 2, (Tübingen 1932), S. 67。

場所"當中，作動單純地就是認知，認知就是映照。再越過這個場 3,431
所而內在於真正的無的場所當中，我們連意志本身也觀看得到。意
志並非單純的活動，在其背後必須存在著觀看者，不然的話，機械 （IV,229）
的活動與本能的活動將無所區別。在意志背後的黑暗，不是單純的
黑暗，它必須是偽戴奧尼索斯所謂的 dazzling obscurity〔燦爛的模
糊〕。[237]當在這種立場中的內容，被映照在對立的無的立場上的時
候，我們就會觀看到作為活動的自由意志。意志也可以思想為意識
的樣態，就是基於這樣的想法，在作為活動的自由之前，有著作為
狀態的自由。

　　作為繫詞的「存在」（「ある」）與作為〔現實〕存在的「存
在」（「ある」）當然是應該要區別開的，但是既然"物存在"也是
一個判斷，那麼在兩者[238]深層的根柢當中，必定有著某種共通的東
西。繫詞的「存在」意指著特殊者被全般者所包攝。如果從全般者
的角度來說的話，那麼"包攝"就是全般者自我自身的分化發展。
"判斷"可以視為是全般者自我特殊化自身的歷程。當然，就算是特
殊化的歷程，也不直接就意味這種歷程是在時間中所展現出來的發
生，而就只是單純地意指著全般與特殊的關係而已。如果我們可以
思考"具體的全般者"的話，那麼在具體的全般者當中就必須包含著

237　出自偽戴奧尼索斯（Pseudo-Dionysius the Areopagite）的《神秘神學》（*De Theologia
　　 Mystica*）。該書主要在討論神的超越性。亦請參閱本選輯〈絕對自由意志〉中「偽戴
　　 奧尼索斯」中譯注 151。

238　這是說「物存在」（物がある）表示「現實存在」，同時也表示「判斷」。這裏的
　　「兩者」指的是「作為繫詞的存在」與「作為現實存在的存在」。

判斷的關係。真正的全般者始終必須是具體的全般者。當我們主張
"外在有物存在"（外に物がある）的時候，這並不是繫詞的「存
在」（「ある」），而必須是"〔現實〕存在"（存在する）。但
是，要讓這種存在判斷作為全般有效性的判斷而成立，在其根柢當
中，我們還是必須承認有具體的全般者。基於這樣的想法，我們才
（IV,230）　能認為實在是判斷的主詞。透過非合理之物的合理化，存在判斷才
能產生，而時間與空間不過是這種合理化的手段而已。如果可以這
麼來想的話，那麼"存在"就意味著從具體的全般者來看的"繫詞"，
而繫詞的「存在」也可以意味著從抽象的全般者來看的"存
3,432　在"。[239]"自然界中有物存在"（自然界に於て物がある），這意味
著存在判斷的有效性；"紅色是顏色"（赤は色である）則意味著紅
色內存於顏色的概念當中。所謂〔現實〕存在可以視為是全般性繫
詞的一種特殊情況。當特殊者內存於全般者的時候，我們將其單純
地思想"有"，"有"內存於"有"之中。例如，顏色可以這樣來思想
它，它在自身之中形成體系並且內存於自身之中，成為所謂"無對
立的對象"，"自然的存在"在同樣的意義下也是"超越的對象"。反
之，當"有"進一步地在其所內存於其中的無的場所被映照出來的時
候，就如同空間中的物，在種種的側面下被觀看到一樣，所謂對立
的對象世界就會出現。在對立的無的立場當中，有著作為意識活動
的"判斷"或"判斷活動"，判斷活動是對立的無的特殊化。由於"對

---

239 西田這裏是將「作為繫詞的存在」與「作為〔現實〕存在的存在」視為是對「存在」
　　的兩個不同的觀點。從抽象全般者的立場來看，存在擁有繫詞的意義；而從具體的全
　　般者來看，存在擁有現實存在的意義。

立的無”仍然是被映照於真正的無之上的“有”，所以作為一種
“有”，它就是活動的基體（jp. 基体）。由於無是基體的緣故，所
以意識活動本身的內容是看不到的，這不外就是拉斯克所說的“切
中”（Treffen）或“不切中”（Nichttreffen）。[240]然而，這種活動也在
真正的無的場所當中失去活動的意義，而成為具體的全般者的繫
詞。內存於真正的無的場所之中，就意味著它擁有有效性。在對立
的無的場所當中仍然觀看到活動，但是在真正的場所之中，觀看到　（IV,231）
的只有有效性的存在。康德的“意識全般”，作為一切認識的構成性
主觀，也必須是真正的無的場所。在這個場所當中，一切的「內存
在物」都是有效性存在。在這裏，一切“存在的有”皆必須變成“繫
詞的有”。但是，意識全般也仍然不是真正的無的立場，它只不過
是從“對立的無”往“絕對的無”的入口而已。再越過這個立場，就是
睿智的實在世界、理想即實在的世界。因而超越了康德的批判哲
學，還有形上學產生。存在物必須內存於某處，從邏輯上來看，全
般者就是這個存在物的場所。康德所認為的透過感覺來攝受知識之
內容的意識，必須是對立的無的場所、必須只是能映照的鏡子，在　3,433
這樣的場所當中有著感覺的世界。意識全般並不是這種意義下的意
識，而必須是連所謂意識活動也內存於其中的場所，它必須是包含
對立的無的無，它並不是映照外在的鏡子，而必須是映照內在的鏡
子。內存於其〔意識全般〕中的存在物，都只是純然的有效性，但

---

240 參閱 E. Lask, *Die Lehre vom Urteil*, in *Gesammelte Schriften*, Bd. 2 (Tübingen 1932),
　　S.436.。

是在真正的無的場所當中，這種有效性必須就是存在。內存於這種真正的無的場所當中的存在世界，並不是純粹思惟的對象世界，它可以思想為純粹意志的對象世界。就如同無對立的對象透過映照於其所內存於其中的場所，而產生對立的對象一樣，對於內存於真正的無的場所中的"睿智的存在"或"純粹意志的對象"來說，其〔睿智的存在或純粹意志的〕對立的對象界或反價值的世界就會產生。在這個世界當中，或許只有廣義下的善才可以說是實在。醜陋與罪惡就如同沒有物體的空間一樣被思想為"無"，同樣地，我們也可以像奧古斯丁一樣，主張罪惡是無。[241]因而我認為，在這個世界當中的"意志活動"相當於認識世界當中的"判斷活動"。而唯有在真正無的場所中，我們才能夠觀到"自由"。在受限定的有的場所當中，我們只能觀看到"作動者"；在對立的無的場所當中，可以看到所謂的"意識活動"；在絕對無的場所當中，則可以看到真正的"自由意志"。由於"對立的無"仍然是一種"有"，所以意識的活動是斷裂的（jp. 斷絕），昨日的意識與今日的意識，其間是斷裂的。由於真正的無超越了對立的無並且將其包含在內，所以在行為的主觀的立場當中，昨日之我與今日之我直接地結合在一起。這樣所思想的意志不僅是沒有原因的，在其自身還必須是永恆的。在這種情況下，人們會認為在意志的背後存在著"無意識"，但是意識的背後必須是"絕對的無"，它不僅必須是否定一切的有，而且是連無也否定的東

（IV,232）

---

241 參閱奧古斯丁，《懺悔錄》第三卷第七章。參閱徐玉芹譯，新潮世界名著 24（台北：志文出版社，1985 年），頁 68 以下。

西。在時間中生滅的意識活動，並不是能意識（意識する）。意識必須是"永恆的現在"（永久の現在），我們可以說，在意識當中，過去是在現在中的過去，現在是在現在中的現在，未來是在現在中的未來，所謂的現在是在現在當中被映照出來的現在的影子（jp. 影）。能夠釐清這種意識之本質的東西，並不是知識的體驗，毋寧是意志的體驗。因而，在意志的體驗當中，我們的意識才是最清晰的。而只要知識也是一種意識，那麼它也可以被思想為是一種意志。

（3,434）

（IV,233）

第三章

在意識的根柢必須有全般者。當全般者是一切存在物的內存在的場所的時候，它就是"意識"。只要全般者仍然是受限定的全般者，也就是說，只要它不是真正無的場所的時候，那麼我們就會外在地看到實體（jp. 本體），內在地看到全般概念。就算是斯賓諾莎的包含一切實在的實體，也仍然是與"無"對立的"有"，就算可以包含一切的有，也不能夠包含否定的意識活動。能夠真正被稱為能為主詞而不能為述詞的實體，它不能單純地只是判斷的對象，也必須是能將判斷本身內在地包含的東西。當我們從有無對立的立場往真正的無的場所推移的時候，在這個轉折點上，形成了康德所謂的意識全般的立場。如果從這個立場〔意識全般的立場〕來看的話，一切都將成為認識的對象、成為理論的有效性，一切都不過只是映照於認識對象世界中的影像而已。真正的實在將它的樣貌（jp.

形）潛藏於認識對象世界的背後，成為不可知的物自身。由於意識
全般的立場是包含一切有的"無的立場"，所以它始終沒有喪失意識
的立場。但是它〔意識全般〕並不是作為實在的意識，也不是作動
的意識，所謂的意識活動也不過是在意識全般的立場當中，所觀看
到的認識對象而已。在這裏，判斷活動是問題所在。判斷活動一方

(IV,234)　面是在時間中出現的事件，一方面它也同時必須承載著意義。〔這
樣的話，〕超越一切活動的意識全般是如何與意識活動結合在一起

3,435　的呢？如果我們將內在的意義世界也視為一種對象世界的話，那麼
觀看這種對象世界的意識全般，與單純地觀看超越對象的意識全
般，是不是擁有同樣意義的東西呢？真正將一切予以對象化的意識
全般，它並不是超越活動的東西，而必須是完全地退回自身之內，
將一切對象內在地包含的東西。如果我們將無而包容有的東西視為
意識，那麼它的意義就必須是無限深層的意識。所謂的"意識全般"
是從對立的無轉入真正的無的入口（jp. 門口）。在對立的有的立
場當中，有著不可知的力的活動，這個力的活動在對立的無的立場
中是"意識活動"，藉由越過作為真正的無的入口的意識全般，它成
為廣義下的"意志活動"。判斷活動正就是在意識全般的立場當中所
觀看到活動，判斷與意志可以視為一個活動的表裏兩面。如果將意
識全般的立場一路追究到底的話，在這裏，我們看不到任何帶有內
容的活動，在認識對象世界的盡頭，只能觀看到抽象的有效性與無
效性這樣的活動而已，而在這種活動的內面（jp. 裏面），必須有
著意志的活動。要意識到圓的四邊形，必須在背後再加上意志的立
場。如果可以在構成範疇的背後思想反省範疇的話，那麼透過打破

反省範疇的限制，我們就進入隨意的世界。[242]抽象的思想與抽象的意志是同一個入口的兩個側面。通過這個入口就進入了自由意志的對象世界。在這個世界當中，一切的"有"都是有效的實在、睿智的 (IV,235)存在。有人或許會認為，在有效性對象的背後當中，思想"存在"是不恰當的，他們認為應然先在於存在。但是，為什麼一定要認為只有所謂的自然科學的實在才是存在呢？現在，我們沒有辦法深入"存在"的問題，但是在實在的根柢中，必須有著非合理性的東西。感覺性的東西也被認為是實在，就是基於此。但這並不是說，我們可以單純地將非合理的東西思想為實在，它一方面是透過理性所無法到達的，另一方面也必須是完全可以被理性化的東西。在我看來，亞里斯多德所說的"為判斷的主詞且不能為述詞者"[243]是最能夠 3,436表達這種意義的。透過空間、時間與因果法則而統一的所謂"自然界"，也不過就是其中的一個實例而已。如果我們要探尋上述意義下的"判斷主詞"的話，那麼我認為所謂"具體的全般者"是最恰當的東西，"具體的全般者"可以說就是"實在"。只要作為根柢的全般者是受限定的有，那麼我們就思想到"實體"；而當它〔作為根柢的全般者〕是對立的無的時候，我們思想到"純粹活動"；當它〔作為根柢的全般者〕是真正的無的時候，也就是說，在也可以稱為單純的場所的情況下，我們思想到所謂的"睿智的存在"。三者在同樣的意義下，都可以說"存在"。沿著我所謂的場所的意義，就產生了種種

---

242 這裏的「隨意」一詞相對於前面「打破反省範疇的限制」而來。

243 參閱亞里斯多德，《形上學》第五卷第八章（1017b13-14）。

不同的存在意義。首先，當感覺的性質所內存於其中的場所的意義被全般化的時候，它就成為空的空間（空しき空間）。但是，空間也是一種"有"。而空間也內存於其中的場所，必須是先驗意識的場域（超越的なる意識の野）。如果感覺直接地就內存於這個場所的時候，那麼它將成為精神活動。由於所謂的意識場域是"否定的無"的緣故，所以在感覺的背後所思想的"基體"（jp. 基体）或所謂的"物"將會消失，在感覺的背後只能觀看到無，感覺由無而生，這也就是說，感覺成為純然的活動。但是，"活動"在其內存在的場所中也是一種存在。在作為真正的無的入口的意識全般當中，活動也會失去其存在的意義，一切都暫時地成為應然，但是，當場所進一步地成為真正的無本身的時候，這些又可以被思想為一種有。內存於其中者唯有睿智的存在，應然則成為睿智的存在的影子。

由於意識全般是進入真正的無的場所的入口緣故，因而物自身受到否定，一切都成為認識的對象。但是，在真正的無的場所本身當中，我們可以超越這個立場，進而觀看到能為主詞而不能為述詞的基體。真正可以稱為"能為主詞而不能為述詞"的基體，並不是超越判斷的東西，而必須是將判斷包含在內，它並不單單只是判斷的主詞，也必須是判斷的目的。能夠既是判斷的根源、又是判斷的目的的東西，才能夠真正成為判斷的主詞。所謂自然存在也可以作為它的一個實例而存在。只是，如果我們以意識全般為認識主觀，並且將其思想為沒有辦法再超越的頂點的話，我們就無法再越出這個頂點而思想存在。而這不外是意味著要將睿智的存在視為形上學的東西而予以排除。話說回來，雖然判斷是一種意識活動，但它並非

意識的全體，判斷並不就是意識。我們在判斷的意識之外，還擁有
意志的意識。意志也是意識現象，由於我們也可以在意志的背後思
想認知意志的東西，所以會認為知識比意志更深一層，意志雖然也
可以成為判斷的對象，但是，意識到意志的東西並不是單純的判斷
者。意識到意志的東西，也是意識到判斷的東西。由無生有、無而
包含有，這是意識的本質。心理學者區別開"能意識"與"不能意識"
來決定意識的範圍，但是，能意識到這種區別的東西是什麼呢？由
於被限定為意識範圍者，就是被意識者，所以它並不是能意識。真
正的能意識必須將所謂無法被限定為意識的東西也內在地包含。當
我們在意識的背後思想某種潛在物的時候，這已然不是意識，而是
力的發展。我們也可以認為，意識的立場相對於某個受限定的立
場，是更高層次的立場。由於高層次的立場相對於低層次的立場是
"無"，並且又包容了低層次的立場的緣故，所以它可以擁有意識的
意義。但是，當這個高層次的立場在某種意義下被限定的時候，我
們就還要再承認一個〔它所〕內存於其中的無的立場，並且這個高
層次的立場必須失去意識的意義。真正的意識立場必須是最終的無
的立場。在意識的底部並沒有與它有所聯繫的其他的東西，如果有
這樣的東西的話，它就不是意識。一方面來看，意識之流時時刻刻
在流動，不能有任何的瞬間可以返回過去，並且在其根柢當中必須
有著永不流動的東西。不過由於這個永不流動的東西是無的緣故，　（IV,238）
所以意識是無法反覆的。如果在意識的根柢可以認知到某種意義下　3,438
的"有"的話，那麼藉由此，意識必須是可以反覆的。只不過在意識
根柢當中，唯有永恆的無而已。我們之所以能夠在內部知覺當中直

接地觀看到對象，也是基於此。如果我們將對象視為意識本身的話，那麼在其背後就沒有任何東西，我們觀看到物本身。而由於真正的無的立場，不過是一個理想而已，所以內部知覺也只是單純的極限。如果我們如上述的方式來思考意識的本質的話，那麼相對於判斷，意志必須是更深一層意義下的認知。在知識當中，是"無"而映照"有"的；在意志當中，則是"由無生有"。在意志背後的是"創造的無"（jp. 創造的無）。"創生的無"（生む無）必須是比"映照的無"（映す無）更為深層的無。因而，在意志當中，我們最明白地意識到自己，達到意識最高的強度。"由無創生（作る）有"必須意味著連潛在物也內存於無之中，也就是說，潛在物也必須內在地被映照出來。奧古斯丁說：神並不在時間中創造（jp. 創造）世界，時間也是神所創造之物。當說到"創生"（作る）的時候，就必須有質料，但是就如同"神從無創生出質料"所說，[244]能"由無創造有"的東西，並不是單純的超越時間、脫離質料的形相而已，它必須是時間也內存於其中，質料也必須內存於其中的東西，也就是

（IV,239）　說，映照必須是創生。[245]如果"認知"不是單純地將質料予以形相化而已，而是意指著掏空自身、將質料包含於自身之中、在自身之中來自我形成的話，那麼認知在其背後也必須已然擁有由無生有的意志的意義。不過由於知識是建立在受限定的先天性與受限定的形相

---

244 參閱奧古斯丁，《懺悔錄》。參閱第十一卷第十二章徐玉芹譯，新潮世界名著 24（台北：志文出版社，1985 年），頁 292 以下。

245 「映照即是創造」（映すことが作ること）表示「映照它就等於創造它」。

的緣故，所以包含時間且包含質料才是不可能的。在知識當中，對象擁有其自身的體系，擁有其自身的方向。"擁有其自身的體系，擁有其自身的方向"這件事就意味著建立在受限定的全般者之上。對立於受限定者有未受限定者、潛在物，但這還不是真正的無，〔因為〕在能映照的鏡子的底部仍然殘存著質料。當然，就算這並不是通常所說的"潛在"、不是通常所說的"質料"，但是它們就像康德的"物自身"或當今康德學派的"體驗"一樣，是無法消除的質料。知識的無是極為細微的無（jp. 極微的無），並不是真正的無。在純然認知性的意識全般的立場當中，我們之所以陷入不可避免的矛盾，原因就在這裏。意識全般一方面必須是判斷的主觀，一方面又必須是超越判斷活動的東西，〔因而〕意識全般失去了意識的意義。所以真正的意識全般反而在其背後必須擁有意志的意義。康德的意識全般必須走到到費希特的"事行"。透過在判斷的根柢中預先設想（予想する）意志，意識全般就能夠擁有意識的意義。然而，判斷的立場並不直接地就是意志的立場，判斷不過是意志的一個側面而已。判斷的立場根本脫離不了被限定的場所的意義。就算是費希特的事行，也還不是內存於真正的無的場所當中的自由意志。就算〔事行〕在自身之中包含著無限的反省、含藏著無限的質料，這仍然免不了是被固定住的無限方向、免不了是被固定住的意義的潛

3,439

（IV,240）

在性。[246]從這裏是不會產生"隨意的意志"的，[247]也沒有辦法釐清能自由地決定方向的"選擇的意志"的意義。真正的自由意志必須是對無限的反省方向、對無限潛在意義而言的"自由"，也就是說，它必須是將這一切包含在內的自由，這樣我們才可以說，從無創生（作る）有。質料也是從無所創生出來的東西，"從無創生有"必須是超越了一切活動的潛在方向，[248]並且又將潛在方向內在地包含的東西；在這裏，就連質料也必須是被映照出來的影像。真正的自由必須以無限的純粹活動為其自身的屬性。

　　在包攝判斷中，特殊者作為主詞而包含在全般性的述詞當中，3,440 但是，對於能為主詞而不能為述詞的基體來說，全般者是包含在特殊者當中的。但是，在對物的判斷當中，成為其主詞的東西也不是單純的特殊者，相對於其屬性，它必須擁有全般的意義。只要能包含的全般者與被包含的特殊者之間存在著間隙的話，物與性質間的關係就會形成，並且也會思想到具超越性的物。但是「物是超越性的」，這意味著形式與質料相互分離，它不單單只是不能形相化而（IV,241）已，而是還殘留著沿著形相化的進行方向也無法限定的質料，質料的方向可以說是沒有限定的。只要質料相對於形相是外在的、偶然的，我們就會承認質料的獨立性，就會認為具超越性的物的存在。

---

246 西田批評費希特「事行」的自由，仍然是在某範圍內的自由，有固定方向的自由，仍然是潛在的有。

247 西田認為真正的自由是「隨意的自由」。意志在這裏是被教化後了的意志，並不是通常所謂的「隨意」。

248 「潛在方向」：意指「可能性方向」。

而要認識到物的存在，就必須要有內存在的場所。但是，如果我們將場所本身思想為"內在的有"或"一種形相"，並且在內在性當中包含著超越性的時候，就產生了"力的世界"。這樣的話，我們又會認識到種種力的質料性，並且也一定會思想到力的內存在的場所。"力的非合理性"、"力的質料性"就是內在之物的超越性。我在這裏所說的"力的內存在的場所"並不是物理學者所謂的"力場"。能夠稱為實在的力的內存在的場所，必須是先驗意識的場域（超越的意識の野）。在這個場所當中，"力學的力"與"經驗的內容"合而為一而成為"物理的力"，物理的力的存在性，就是在這種場所當中成立的。如果我們將空間、時間與力全都視為思想的用具的時候，既予的經驗本身所直接地內存在於其中的客觀場所，必須就是先驗意識的場域。就如同物內存於空間一樣，內存於可稱為意識場域的東西必須是意志的本體（jp. 本体）或自由的人格。就如同在所謂的認識對象世界當中，感覺是非合理性的，在意識的場域當中，非合理性的東西是自由意志。感覺相對於形式的思惟，或許是完全外在且非合理性的，但是，透過構成性的思惟，感覺是可以合理化的，換言之，如上所說，在內在性的場所當中，可以承載（盛る）超越性的東西。但是，自由意志在任何意義下都無法合理化，它必須完全超越〔任何〕受限定的場所。如同判斷中能為主詞而不能為述詞的東西擁有了述詞一樣，完全不能夠被限定為場所的、並且是全然非合理性的東西才是意識的本體（jp. 本体）。而力的實在性，簡要地來說，也是透過意志的非合理性來維持的。為主詞而不能為述詞者之所以被視為基體（jp. 基体），就是因為它雖然不能受到述詞

3,441
（IV,242）

性全般的限定，但是卻將述詞內在地包含的緣故，也就是說，必須是因為它是述詞性的有所內存於其中的場所的緣故。判斷產生於主詞與述詞之間。當在這個場所中有超越者的時候，也就是說，當有潛在者的時候，它就成為作動者，但是如果將其單純地視為受限定的場所的時候，結合兩者的東西就成為判斷。

　　"有"內存於"有"的時候，場所是一種"物"。如果"有"內存於"無"，並且這個無是被思想出來的無（考へられた無）的時候，那麼先前是場所的物就成為作動者。而空虛的場所是為力所充滿的場所，先前是物的場所，則是為潛在性所充滿。當超越者成為內在者的時候，場所將成為無，"有"將成為"無"。但是，成為有的場所的"無"，擁有種種不同的意義。首先，我們可以區別開單純地"否定某種有的無"或者"相對的無"，以及否定"一切有的無"或者"絕對的無"。前者〔相對的無〕類似空間，後者〔絕對的無〕則類似通常所說的意識場域。在意識的場域當中，先前的"物"成為"意識現象"，空虛的場所則是為所謂的精神活動所充滿。由於場所是否定一切有的無，因而在意識的場所當中，所有的現象都是直接的、內在的。雖然精神活動與無的場所之間也存在著關係，但是，它〔精神活動〕並不擁有像"物理的力"（jp. 物力）那樣的"有"的意義，它不能限定為判斷的對象，只能是所謂反省判斷的對象。從自然科學的立場出發，精神的活動是被否定的，就是基於此。在意識的場域當中，它的場所成為無，並且單純地成為性質的場所，"物"這樣

（IV,243）

3,442

的東西就會消失，[249]但是，只要對立的無仍然擁有"有"的意義，那麼先前是"有"的場所就為潛在性所充滿，也就是說，我們就可以思想到"意識的實體"（意識の本體）或"意識我"。但是，意識的潛在性與物理的力的潛在性是不同的。意識的潛在性是動性意義下的潛在性，物理地來看，則是無的潛在性。沿著單純的有的場所而進入否定的無的場所，可以思想到種種合目的性的世界，通常所說的非實在性意義就會帶有實在性。在這個情況下，存在性雖然失去，但只是"有"內存於某某場所的意義有所改變，作為存在之根柢的全般者並沒有消失。當場所成為無的時候，亞里斯多德的"現實先於潛在"、"形相先於質料"[250]的意義就變得清楚了，潛在的質料反而可 (IV,244) 以視為直接的現實的形相。如上所述，在對立的無的場所當中，如同內在於所謂的意識場域當中一樣，仍然還可以看到一種潛在性，但是，更進一步地內在真正的無的場所當中，內在於意識場域中的潛在性也必須是消失的，在意識全般的立場中，意識現象也必須被對象化，所謂的意識我也必須是其〔意識全般〕的內存在物。任何意義下的作動都消失了，力也消失了，甚至判斷活動本身也被對象化了。在這裏，我們無法認識到任何意義下的真正實在，物自身只能是不可知的東西。個物的實在也只是透過時空的形式所統一的認識對象而已。但是，如果意識全般要保持知識的客觀性的話，那麼

---

249 這是說從實在論的立場來看的「物」，從意識的場域的立場來看，這樣的「物」是不存在的。

250 參閱亞里斯多德，《形上學》第九卷，第八章，1049b 以下。

在其根柢當中就必須存在著超越性的東西。就如同康德在經驗內容的條件中探求知識的客觀性一樣，在知識的客觀性基礎當中，反而必須存在著非合理性的東西。但是，這種意義下的超越性存在並不是通常所說的"物"那樣的東西，也不能夠是類似"力"的東西。這些都是已然為認識主觀而所對象化了的東西。我們也不能說它們是潛在性的，因為潛在性已然預期著力的範疇。因而，我們不能在任何意義下將其對象化，並且以知識的方式來限定它，知識反而必須是透過它的限定而產生。就其根本無法被限定這個意義來說，它是"無"，但是，一切的"有"皆必須內存於其中。認識的形式構成質料，〔這個構成活動〕並不等同於時間中的構成活動。意識全般的超越性是形式與質料皆內存於其中的場所的超越性，全般者在全般者的底部超越〔全般者〕、內在性在內在性的底部超越〔內在性〕、場所在場所的底部超越〔場所〕，意識沒入意識自身的底部，它是"無的無"、"否定的否定"。如果要尋找真正超越判斷活動，並且是能為主詞而不能為述詞的基體的話，那麼不外就是它或最後的非合理性者，它是一切合理性者所內存於其中者。作為感覺的實在的物的非合理性的根柢，簡單地說，就在這裏。物內存於空間的時候，由於場所相對於物是完全的無，所以物作為單純的非合理性存在，擁有各自獨立的存在意義。反之，就"力"來說，由於場所擁有"有"的意義，所以各個獨立的存在性將暫時失去，但是，在其背後又不得不再思想"力的本體"（力の本体），在這裏，我們的思惟將陷入矛盾。當場所真正地成為無的時候，這種矛盾就會消失，我們又會再次看到像內存於空間中的物那樣的各自獨立的存

3,443

(IV,245)

在。因而，如果我們回過頭來再想一下的話，先前的存在性的根柢，其實也是在這裏，所謂感覺的實在的根，就是從這裏生長出來的。為什麼到了這裏〔真正的無的場所〕，我們可以主張，物再次地擁有內存於空間中的存在意義？這是因為場所成為絕對的無的緣故，因為場所絕對地超越了內存於其中的有的緣故。因而，一方面來看，我們必須將其〔絕對無的場所〕思想為超越一切作動、單純的永恆存在，並且另一方面，由於它包含一切的場所，所以必須是無限的作動者，總而言之，它必須以自由為其屬性。真正的認知 3,444（IV,246）我，不僅超越了作動我，它也認知所謂的認知我；在我們人格的根柢，必須擁有這種意義下的實在的意義，也就是說，必須是從無生有，必須也可以說是創生（作る）質料。像對立的無的場所必須完全消失，並且在關聯著這種無的場所中所觀看到的活動，也必須是消失的。活動必須失去其所內存於其中的場所、失去其實在性，同時與現實相對的潛在也必須消失。存在著的東西只有可稱為"純粹性質"的東西，不是在性質的背後存在著物，而是在物的背後存在著性質；不是在性質的背後，存在著力，而是力是一種屬性。潛在並不是在現實的背後，在現實的這一面當中就存在著潛在。在構成範疇的對象世界的背後所觀看到的反省範疇的對象世界必須就是這種"純粹性質的世界"。當我們以全般概念者為場所，並且將這個思想徹底下去，直到這個場所成為絕對無的時候，內存於其中的內存在物就必須是類似"純粹性質"那樣的東西。本來，構成範疇與反省範疇就不應該是分離的東西，它們應可以說是一個東西的兩個側面。如果我們以構成範疇為具體性的，並將反省範疇視為其萎縮了的抽象側面的話，那麼反省範疇的世界就是純然抽象思惟的世界；但是，如果我們在構成範疇的背後觀看到反省範疇，並且將構成範疇視為反省範疇的特殊化的話，那麼這就是意志的世界。"意志"與"判斷"〔何者為"表"，何者為"裏"〕取決於構成範疇與反省範疇，何者為"表"、何者為"裏"。要將"純粹性質"思想為實在的根柢，或許會有許多不同的看法，但是，對我們來說，真正直接的東西必須就是"純粹性質"。不用說，它並不是心理學者所說的"感覺"，也不是連一瞬間也無法回返過去的"純粹持續"。能夠稱為"純粹持續"的東西，仍然是還沒有脫離時間的東西，而〔純粹性質〕必須是連這種連續[251]也超越的東西。它是永恆地現在的世界，是內存於真正無的場所中的"有"。否定的立場是意識的立場，如果將意識的場所思想為是對我們而言最直接內在的場所的話，那麼內存於這種場所中的東西，必須是真正直接性的東西。在這個東西上，我們不僅構成了物的世界與力的世界，也構成了意志的世界。以自由為屬性的康德的睿智的性格，[252]也必須是這種意義下的"有"。當判斷的主詞是場所的時候，擁有性質的"物"就會消失，並成為無基體的活動；再者，當場所本身也成為無的時候，活動這樣的東西也會跟著消失，一切都成為影像（jp. 影像）。由於能為主詞且不能為述詞的基體成為無的緣故，所以從判斷的立場來看，我們只能主張無實體的影

（IV,247）

3,445

---

251 指「純粹持續」這種「連續」。

252 參閱 Immanuel Kant, *Kritik der reinen Vernunft* (Hambury: Felix Meiner, PbB. Bd 37a 1990), A539/B567 以下。

像。〔在這裏〕像實體這樣的東西已經找不到了，存在著的唯有自身是無並且在自身之中映照自身的影子的映照者。但是，如果從另一個角度來說，由於在真正的無的立場當中，通常所說的"無"本身也是消失的，所以一切的"有"必須是如其原樣的"有"。"有如其原樣的有"（有るものがそのまゝに有である）這意指著"有"如如地就是"無"，也就是說，一切都是影像。這樣地來觀看"有"，是內在地來看物，並且將實在視為精神。由於並不存在其他〔再〕映照此的無的場所，因而，各個個別東西都必須是自己映照自己的存在，也就是說，是自覺的存在。在這個立場當中，活動不過就是影像而已。在這種"有"的背後也沒有潛在，潛在不過是在其上被描摹出來的陰影而已，也就是說，潛在包含在"有"當中。"從無創生有"（無から有を作る）不外是意指著將連能映照的鏡子也映照出來。質料並不是在某個活動的方向上逆向地被限定的質料，質料本身也成為一種形相。透過映照出能映照活動之背後的鏡子本身，不僅潛在將成為現實，質料也將成為動者，這意味著"從無創生質料"。創生（作る）並不是在時間中的創生，創生是一種觀看（見る），它意指著映照於真正的無的鏡子當中。我們的意志，在這種意義下，也是一種觀看。觀看或映照也許可以說不過只是譬喻而已，但是"在包攝判斷中，主詞內存於述詞之中"所說的不外就是"映照"或"觀看"的根本意義。述詞性者是映照的鏡子、觀看的眼睛。這種判斷意識的根本性質也必須存在於意志的根柢，而意志是一種意識，不論判斷或意志都是無的場所的樣態。現象學家認為，在以知覺為基礎的〔意識〕活動的底部也存在著直覺，知識則是指向直覺而〔持

(IV,248)

3,446

（IV,249）續地〕被充實，[253]但是，作為知識之基礎的直覺仍然是被意識的意識，並不是能意識的意識。真正的"能意識的意識"或者真正的"直覺"並不會因為賦予活動以基礎而有所變化，活動必須以能意識的意識為基礎。活動的奠基本身擁有一種充實的方向。如果我們不承認情意的客觀對象世界的話，那麼賦予活動以基礎的充實將是無意義的；但是，如果我們以知覺為基礎，並且將自然世界建立於其上的時候，作為自然界之根柢的直覺，並不只是在知覺性的直覺上添加什麼東西而已，而必須是新的綜合的直覺，〔因為〕直覺充實直覺自身，我所謂的場所限定場所自身。因而，如果沒有意志的自覺，自然界的先天性就無法產生。雖然在所謂的直覺的背後再思想一個意識，還有很多應該再討論的地方，但是我認為"矛盾意識"也必須是一種意識，這種意識已然超越了人們所說的"直覺"。就我所謂"場所可以接受限定"或者"全般概念可以接受對象化"來說，這都屬於知識的範圍，但是如果越出知識的範圍，就進入了意志的世界，在這裏判斷失去其限定活動。"矛盾的意識"所表示的就是從"判斷的意識"轉向"意志的意識"的轉折點。這種判斷性知識之背後的意識，或者可稱為真正的無的場所的東西，是完全不會消失的。在其極端中，我們連意志也超越，並且來到如上述所說的純粹狀態的直觀。這個時候，我們又再次地看到〔對〕矛盾意識的超越，前者是〔對〕判斷的矛盾的超越，後者則是〔對〕意志的矛盾的超

253　這是胡塞爾的看法，請參閱《邏輯研究》，〈第六研究〉，第四十五節以下。Edmund Husserl, *Logische Untersuchungen*, in *Husserlerliana*, Bd. XIX/2, S. 670 ff。

越。藉由對意志的矛盾的超越，我們才能達到真正的無的立場的極_{3,447}
限。

　　我在這一章中使用了"純粹性質"這個語詞，這或許會引起種
　　種的誤解也說不定，但是，它意指著真正的無的場所的內存
　　在物，並且意味著自我觀看自身，在純然活動之根柢的"觀　（IV,250）
　　看"也可以說是"作動"。我稱其為"純粹性質"的原因只在於
　　它比活動更深，所以是靜態的存在，而且它不是物或實體那
　　樣的東西，而是最直接的存在。

第四章

　　在上述所說的地方，我觸及到"睿智的實在"與"自由意志"間的
差別與關係的問題，但是，以自由為狀態的睿智的實在與自由意志
之間的關係是如何呢？自由意志的實體（jp. 本体），或許也可以
思想為最高的實體，但是，"意志的自由"意味著"行為的自由"，而
且如果行為的自由與〔意識〕活動之間有任何絲毫關係的話，那麼
它就還不能夠說是完全超越了對立的有無的場所。我們總是根據內
存於對立的無的場所當中的"意識活動"來意識"自由意志"。當我們
再次超越這個立場而進入真正的無的場所的時候，自由意志也必須
是消滅的。內在即超越的性質並不是物的屬性，也不是力的結果，
力與物必須是性質的屬性；物與力並非性質的實體，反之性質必須

是物與力的實體。在真正的無的空間中所描繪出來的一點一劃都是
生動的實在（生きた実在）。唯有這樣，我們才可以理解存在於構
成性範疇的世界之背後的反省性範疇的對象世界。倘若我們將反省
性範疇的對象世界思想為睿智的實在的話，那麼它就不是單純的作
（IV,251）動者，而必須是觀看者。"顏色觀看顏色自身"是"顏色的發展"；
3,448 "自然觀看自然本身"則必須是"自然的發展"。睿智的性格並不是在
感覺之外來統一感覺的東西，而必須是在感覺之內，必須是在感覺
的深處閃耀著的東西，如果不是這樣的話，它就不過只是被設想出
來的人格而已，它必須是"能感覺的理性"（感ずる理性）。如果從
作為"對立的無的場所"的"意識的立場"來看的話，它可以被視為是
單純的存在，就像物內在於空間一樣，因而就像物擁有力，睿智的
實在更進一步地能夠擁有意志。

　　空間中的物是在內在者的背後所思想的超越者。當我們以性質
為主詞，並將其予以合理化的時候，空間就成為合理化的手段，一
切的顯現都是在空間中的顯現，空間成為內在性的場所，"具空間
性"就成為物的全般性質，一切皆被包攝在全般概念之中。當站在
空間的直覺上來看的時候，性質作為非合理性的，它必須擁有超越
的根據。本來，在性質的根柢當中，就如柏格森所說的"純粹持續"
一樣，有著無限的深奧。而這樣的性質的根柢是完全無止境地深
奧，這意味著在真正的無的場所中的"直接存在"也可以稱為"純粹
性質"。從空間這種受限定的場所來看，〔純粹性質〕只能是完全
無法量化的超越性存在。但是，"力"的想法就產生自將這種超越性
（IV,252）的存在予以內在化的要求，〔因而〕我們要再進一步地深入直覺。

"深入直覺"意味著更接近真正的無的場所。用現象學的方式來說，這意味著賦予活動以基礎，但是活動奠基在"活動的活動"之上，而"活動的活動"的立場必須是"真正的無"的立場。我認為，這可以說是非合理性者的合理化，也就是將能為主詞不能為述詞的基體的予以述詞化。在這裏，我們先前思想為場所的空間，究竟佔有什麼樣的地位？要將性質或將超越自身的東西納入自身之中的時候，空間本身也必須是性質，空間必須成為力的場，空虛的空間將為力所充滿。既無顏色亦無聲音的空間，將成為包含一切的全般者，顏色與聲音都是從空間的變化中產生。"力"是場所在將其內存在物內在地包攝的歷程當中所顯現出來的一種"形相"。基於此，"力"擁有與"判斷"和"意志"同樣的意義。物理的空間必須完全是感覺性的，如果與感覺性分離，就不是物理的空間，而是單純的幾何學空間，因而力仍然只是數學的圖式而已。在感覺的背後所設想的超越的基體，透過無限地展延，就會與先前被認為是單純的場所的空間合一而成為力的場。如果從內在地包含非合理性者"意志的立場"來說的話，這樣的場所已然可以說是"意志的立場"了。因而，力的概念透過意志的對象化而產生，它是透過在物的底部置入意志而產生。無的意識的場所與內存於其中的"有的場所"（有の場所），兩者的無法合一，產生了力的場所，在從"有的場所"向"真正的無的場所"的推移當中，產生了力的世界。只要存在物的場所（有るものの場所）仍然是一種被限定的"有"的話，我們就沒有辦法觀看到"力"。例如在思想"物體"的時候，我們總是以某些性質為基礎，並在這些性質之上承載其他的性質，諸如觸覺與筋肉感覺就是首先被選來作

3,449

（IV,253）

為這種基礎的。要思想一個物體，無論如何都不能去除這種作為基礎的東西。"超越的物"這種想法，反而是來自於限定〔某種〕內在的性質，並在其〔這種內在性質之〕上承載其他的性質而產生，也就是說，是在受限定的場所當中，再添加入場所之外的東西而產生。在這種意義下，當我們在思想物的時候，判斷也可以在自身之中超越自身。如果我們將這種作為基體的性質一直往前推進的話，最終它將成為最具全般性的感覺性質。物質的概念就是這樣產生的。雖然物質是無法直接地知覺的東西，但是這只是說它不是特殊3,450 的知覺對象而已。越出知覺的視域，就沒有所謂的物質。就像知覺是直接地意識到受限定者一樣，〔知覺〕終究無法脫離受限定的場所的意義。知覺必須是內存於無的場所中的有的場所的限定。而只要我們停留在受限定的有的場所當中，也就是說，只要停留在知覺的範圍內，就沒有辦法看到力的世界。內在於受限定的性質的全般(IV,254) 概念當中，我們只能觀看到單純的相異者與相反者。要觀看到力的世界，就必須要打破這種受限定的全般概念，走出它的外面，也就是說，必須從"相反的世界"進入"矛盾的世界"。我認為，這個轉折點是最值得思考的地方。要思考矛盾統一的對象世界，在其根柢必須存在著直覺。在數學真理的根柢中存在著某種直覺，這或許是每個人都認可的，但是我們並不認為這種"直覺"與顏色或聲音等所謂的"感覺的直覺"是同樣的直覺。然而，如果我們認為在一切判斷的根柢當中，都有全般者存在的話，那麼關於顏色與聲音的判斷，也是基於對全般者的直覺而產生的。在感覺物的知識的根柢當中的全般者，與在所謂先驗真理之根柢中的全般者，究竟有什麼不同？要觀看到在矛盾的關係中產生的真理，我們就必須走出所謂的全般概念。先驗知識之能夠產生的原因，就是因為我們可以觀看到所謂的全般者。藉由這樣的方式，我們就可以主張："必須如此否則知識就不能產生"。已然走出了全般概念之外，又如何還能夠觀看到作為判斷之根柢的全般者呢？走出全般概念之外，並不是說全般概念就消失了，它反而是徹底地深入全般概念的底部，也就是說，從受限定的"有的場所"走到作為受限定的有的場所之根柢的"真正的無的場所"，並且將"有的場所"本身視為"無的場所"，將"有"本身直接地視為"無"。以這樣的方式，我們可以在先前是"有"的場所中承載"無"的內容，可以在先前為"相異的關係"當中觀看到"矛盾的關係"，可以在"性質"當中觀看到"作動者"。我們所觀看到的知覺空 3,451（IV,255）間，並不直接地就是先驗空間。但是知覺空間是內存於先驗空間的，而先驗空間的背後必須是真正的無。由於"內存於無的場所中"意味著"意識"，所以它可以說是內存於先驗意識的。因而所謂"走出全般概念之外"，反而是透過這樣的方式而觀看到真正的全般者。先驗空間所表示的就是這種全般者。在這樣的立場當中，"觀看"並不是單純地"記錄"，而是"構成"。真正的直覺必須是在無的場所當中的"觀看"。在這裏，直覺可以說是達到其充實的極限而與對象合一。只要是還未達到上述之極致，知識就不能越出單純的記錄之外。即使在現象學的立場當中，意識仍然沒有脫離對立的無的場所，還不能走出被思想的全般概念之外。現象學家的"活動"是以全般概念為範圍所圈起來的活動，這不過是對象的一個範圍而已。因而，〔現象學家〕並不能內在地觀看到對象的構成，也不能夠外在地觀看到活動與活動的關係。"活動本身的充實"這種現象在現象學的立場當中是不可能會出現的。亞里斯多德雖然說"感覺就像封蠟接受不具質料的形相",[254]但是能接受不具質料的形相的,必須是不具有形相的東西。如果這種接受或映照,在某種意義下意味著作動的話,那麼這必須是意味著無作動者的作動、無映照者的映照。如果我們以能映照者(映れるもの)為形相的話,那麼我認為它[255]應該是完全沒有形相的"純粹質料"。反之,如果以被映照的形相為特殊者,並將其思想為質料的話,那麼,它可以被思想為"形相的形相"或"純粹的形相"。在這種情況下,我們將映照者與被映照者直接地思想為"一",那麼這個"一"的意義究竟是什麼呢?這個"一"並不是在兩者的背後將兩者結合,兩者〔映照者與被映照者〕必須共同都是內在性的,並且必須在同一的場所當中重疊(重り合う)。就好像種種的聲音在一個聽覺的意識場域中結合,各個聲音在自我維持自身[256]的同時,在其上也會形成一種旋律一樣。就如同布蘭塔諾[257]在《感官心理學》[258]中所說,這是在現象層次上的結合。由於我們只是在感覺的層次上思想到意識的場域,但是在思惟

(IV,256)

3,452

---

254 參閱亞里斯多德,《靈魂論》,424 a 17-21。

255 "它":指"無作動者的作動"與"無映照者的映照"。

256 「自我維持自身」:意指「保持自身的獨立性」。

257 布蘭塔諾(Franz Brentano, 1838-1917):奧地利哲學家,對胡塞爾的現象學與邁農的對象論有很大的影響,重要的著作有 1874 年出版的《從經驗立場出發的心理學》(*Psychologie vom empirischen Standpunkt*)。

258 指布蘭塔諾 1907 年的 *Untersuchungen zur Sinnespsychologie*, 1st. Auflage (Hamburg 1907)。西田譯為「感官心理學」,或也可譯為「感覺心理學」。今從西田的譯名。

的層次上並沒有加以認可，所以在思惟場所當中，"重疊"這個語詞被認為是一種隱喻。但是如果在我們的思惟的根柢當中存在著一種直覺的話，那麼就像感覺與知覺一樣，我們也必須思想"思惟的場域"，不然的話，現象學家的直覺內容的充實進行將是不可能的。在思惟的場域中的"重疊"，是以全般者為場所並在其上重疊特殊者。在聽覺的情況當中，或許也可以是以一團各個個別的聲音的集合為基礎，並在其上添加旋律。但是在真正具體的知覺當中，各個個別聲音必須是作為一個旋律的要素而成立的，也就是說，各個個別聲音必須是內存於旋律中的。就空間來說，同一個空間中不能同時有兩個物存在，但是在意識的場所中，無限的重疊是可能的。我 (IV,257) 們可以無限制地透過全般概念來超越受限定的場所。當我們意識到各個個別聲音的時候，各個個別的聲音是內存於知覺的場所當中的。當在其〔各個個別的聲音〕上意識到旋律的時候，旋律也是內存於同一的意識場所當中。認為各個聲音是要素，並由此而構成旋律，這樣的想法是我們思惟的結果，〔其實〕在知覺本身當中，各個個別的聲音是內存於旋律當中的。[259] 而旋律也可以作為一種要素，再內存於其他的知覺當中，聲音與顏色都可以內存於同一的知覺場域中。如果我們以這樣的方式徹底地深入知覺的場域的話，那麼就一定會到達亞里斯多德所說的"共通感覺"（ｓｅｎｓｕｓ

---

259 這是說旋律不是思惟的結果，而是經驗的實在。獨立於音調的各個聲音才是思維的結果。並非各個個別的聲音構成旋律，而是各個個別的聲音內存於旋律之中。

communis），[260]共通感覺將單純的特殊感覺的內容進行"分別"。說
到"分別"的時候，我們馬上會想到判斷活動，但是它〔共通感覺的
分別〕並不像判斷活動那樣是脫離感覺的東西，而是緊連著感覺來
識別。像〔共通感覺〕這樣的東西，我將其思想為具有場所身分的
全般概念（場所としての一般概念）。這是因為所謂的全般概念，
就是這種場所在更深且無限的無的場所中所映照出來的影像。知覺
的充實就是作為這種場所的全般者的自我充實自身。由於它的指向
（jp. 行先）是無限的，並且無限地自我充實自身的緣故，因而被
思想為一種活動，而其無限的指向作為意向對象，則是被包含在活
動之中。然而，其實它並不包含在活動當中，而是內存於無限深層
的場所。"直覺"這種場所，它所意指的也不外是無限深層的無。由
於它的底部是無限深層的無，所以在意識中，要素能保持原樣，而
全體才能產生。雖然在現象學派當中，人們將活動建立在活動之
上，但是結合活動與活動的東西，並不是所謂的奠基活動，而必須
是我所謂的「活動的活動」。在這個場所中，活動已然包含著意志
的性質，活動與活動的結合的背面（jp. 裏面）可以說就是意志。
然而，意志並不直接地結合活動與活動，意志也是在這個場所中所
被觀看到的東西，它不過是在這個場所中被映照出來的影像而已。
意志也仍然無法脫離全般概念，無法脫離受限定的場所。直覺連意
志的場所也超越，並且深入到無的根柢。"知識"是在全般中包攝特
殊，"意志"則是在特殊中包攝全般，這兩個方向的統一就是"直

3,453

(IV,258)

260　參閱亞里斯多德，《靈魂論》，425a27 以下。

觀”。在特殊中包攝全般，似乎是背理的，但是當我們思想能為主詞而不能為述詞的基體的時候，這個意義〔特殊包攝全般〕必須已然包含在內了。現象學中所說的“知覺的充實”也是沿著這個方向來進行的。在這個方向當中，奠基的活動與被奠基的活動，都進入一個直覺的範圍內，也就是說，都共同地內存於無的場所之中。直覺中沒有分界線，限定知覺活動的時候，已然透過全般概念限定了直覺的場所。[261] 當現象學家說，我們生存於知覺活動中的時候，這也必須已然包含著範疇的直覺，我的全體（我の全体）都在這裏，對此，我要稱之為“內存於無的場所之中”。因而，以知覺的經驗為主詞，就產生了所謂的“經驗界”。被限定為“知覺活動”的“直覺”是已然為思惟所限定的直覺。當我們說“我們生存於知覺當中”的時候，知覺是重疊在思惟之上的，知覺在其〔知覺的〕底部的場所中所映照出來的東西，就是其〔知覺的〕全般概念。我們之所以能夠限定並且觀看到“知覺性的直覺”，這是因為某一個意識活動從某一點出發並再次地回到原點是可能的。在一個平面當中，從某一點出發，即使繞過無限的邊際，再次地回到原點也必須是可能的。對於這一點，也可以說是一個意識面在其自身之中就擁有中心。內在於也可以視為是無限次元的空間的真正的無的場所當中，限定這樣的一種平面的東西必須是一個全般概念。限定知覺的意識面的邊界線的東西，必須是知覺全般的概念（知覚一般の概念）。知覺性的直覺就存在於如此被限定的場所。如果認為我們是內存於知覺性的直覺中

3,454

（IV,259）

---

261 這是說「知覺」是為一個全般概念所限定的「直覺」。

的話，那麼我們就是內存於為全般概念所限定的直覺當中，也就是說，內存於被限定的場所當中。由於全般概念以這樣的方式成為意識面的界線的緣故，因而它一方面擁有受限定的場所的意義，同時在另一方面也擁有自我限定自身的場所的意義。我先前所說的"走出全般概念之外"並不是脫離全般概念，也不意味著全般概念將因此而消失，而是意味著從被限定的場所走向能限定的場所，從對立

（IV,260）　的無的場所或者單純能映照的鏡子走到真正的無的場所，也就是說，走到"自我映照的鏡子"（自ら照らす鏡）。這樣的鏡子不是外在所獲得的鏡子，而是本來就存在於其〔能映照的鏡子的〕底部。如果說我們真的生存於知覺活動當中，那麼我們是內存於真正的無的場所中，鏡子與鏡子間無限地重疊。因而，我們在所謂的知覺的深處，也可以看到藝術性的內容。本來，知覺的意識與判斷的意識

3,455　就不是分離的東西。如果我們認為"判斷的意識"是特殊者內存於全般者，那麼知覺的意識面就只是特殊者的場所，而特殊者則是為小詞概念所限定。知覺的意識面並不是為顏色或聲音等所謂的感覺內容所決定，而是由相對於全般者的特殊性來決定。物的大小形狀既可以以概念的方式來思考，也可以以知覺的方式來觀看。反之，即使是概念性的東西，當它作為判斷的主詞而被給予的時候，它可以說擁有「知覺的性質」。有人或許認為，在知覺的底部有著不容許概念分析的無限深層之物。我也認同這一點，只要我們試著在其

〔無限深層之物〕背後置入概念，它就可以稱為知覺。〔也就是說，〕只要將直覺照射在概念的反射鏡當中，它〔直覺〕就會成為知覺。[262]真正超越概念的東西已不是知識，我們只要將知覺與藝術的直觀區別開，並且將其〔知覺〕思想為知識的話，那麼它〔知覺〕就不是直覺本身。我們無法看到數學家所謂的"連續"，然而在知覺的背後所看到超越概念的某物，它必須是類似藝術內容的東西，就如柏格森所說，這是唯有透過與它共同生存（共に生きる）才能知道的內容。知覺產生於透過概念面來切割直觀。就如胡塞爾所說，知覺的視域可以一直往遠處擴張。[263]但是，知覺的視域與概念的思惟平行地擴張，並沒有越出概念的思惟而擴張，而是一直都為概念的思惟所包圍。"無"總是支撐著（裏打ち）"有"；述詞包含主詞，在其盡頭主詞面沒入述詞面之中，"有"沒入於"無"。在這個轉折點產生了範疇的直覺，康德的意識全般也是在這種意義下的無的場所。對我來說，這種"轉折"意味著走出為全般概念所限定的場所之外，也就是說，它意味著從小詞往大詞的推移。在這裏，述詞性的存在可以成為基體。至此，由於先前是"有"的主詞面原樣地沒入述詞面的緣故，所以在特殊者中包攝全般者的"意志"的意義也被包含進來。

　　全般概念是什麼呢？"全般概念"是對立於"特殊概念"的，但是

（IV,261）

4,456

262　這是說，知覺是直覺在概念的反射鏡中所映照出來的東西。直覺在概念的限定中，成為知覺。這無限深層之物就是直覺。

263　參閱 Edmund Husserl, *Ideen zu einer reinen Phänomenolgie und phänomenologischen Philosophie*, in *Husserliana* Bd. III/1, S. 56 ff。

關於特殊與全般的關係，我們必須思考"判斷意識"。"判斷"是在全般中包攝特殊。但是，特殊概念相對於更特殊的概念的時候，它就必須成為全般概念。在三段論式當中，媒詞就佔據這樣的位置。邏輯的知識雖然可以思想為這種無限的歷程，但是只要全般概念可以受到限定，邏輯的知識就能夠產生。這樣的話，限定這種全般概念的東西究竟是什麼呢？最高的全般概念必須是完全的全般者，它必須是在任何意義下皆超越特殊內容的東西。而這種超越一切特殊內容的東西，必須是相當於"無"的"有"。真正的全般者超越了有無，並且將有無內在地包含，也就是說，它必須在自身之中包含著矛盾。三段論式當中的媒詞，從某個方面來看，它位於大詞與小詞中間，但是在更深層的意義上，它必須已然佔據了這個位置。如果單單從知識的立場來看的話，這是不可思想的事情。如果這樣的話，矛盾的意識是透過什麼而產生的呢？從邏輯的角度來看，它〔矛盾意識〕或許就只能是類似透過矛盾而展開的黑格爾所謂的"概念"[264]而已。但是，能映照邏輯矛盾本身的東西究竟是什麼呢？它不能夠再是某種邏輯性的東西。一旦說到超越邏輯性的東西的時候，就必須有觀看矛盾本身的東西，就必須有以無限的矛盾為內容的東西。我將這樣的立場思想為"意志的立場"。超越邏輯的矛盾並且將其內在地包含的東西，就是我們的意志的意識。就三段論式來說，媒詞成為全般者。在三段論式當中，媒詞也佔據著主要的位置。如果媒

(IV,262)

---

264 參閱黑格爾，《精神現象學》，收於 Suhrkamp 版《黑格爾全集》第三卷（Frankfurt am Main: Suhrkamp, 2008），頁 132。

詞單純地包含在大詞之中，那麼三段論式就只是判斷的連結而已。
如果我們認為三段論式表示著某種超越判斷的具體性真理的話，那
麼媒詞就包含著統一的原理的意義，並且大詞與小詞皆內存於其 3,457
中，兩者可以視為媒詞的兩端。媒詞在這個情況下，擁有我所謂的
"意識的場所"的意義，在三段論式當中，我們已然看到從"判斷的
立場"往"意志的立場"的推移。在判斷當中，我們是從全般走向特　（IV,263）
殊，但是在意志當中，我們是從特殊走向全般；歸納法中已然加入
了意志的立場。在事實的判斷中，特殊者是判斷的主詞，透過特殊
者建立起客觀的真理，在特殊者當中必須包含著作為判斷之根柢的
全般者。這樣的全般者必須不同於單純地作為包攝判斷之大詞的全
般者。就像事實的判斷在邏輯上可以無矛盾地予以否定一樣，在其
〔事實判斷的〕根柢中，必須存在著超越所謂的邏輯全般者的自
由。這是我為什麼要在這裏加入"意志的立場"的緣故。意志並不是
單純的偶然性活動，在意志的根柢當中必須存在著觀照活動本身的
東西，必須存在著能映照活動本身之方向的東西；在超越所謂全般
概念之限定的場所當中存在著意志的意識。意志的意識相對於活動
之所以是自由的，這是因為活動是為全般概念所限定的東西。從
"判斷的立場"推移到"意志的立場"意味著從"有的場所"推移到"無
的場所"。當有與無被思想為相互對立的時候，將兩者置於對立關
係中的東西是什麼呢？從主觀的活動來看，我們也可以透過將思惟
活動"從有到無、從無到有"的移動方式，來思想兩者〔有與無〕的

對立。但是，從客觀的對象來看，有內存於無之中，在思惟的對象界中被限定的東西是"有"，而不是這樣的東西[265]則可以思想為"無"。如果思惟的對象界在其自身之中形成一個體系的話，那麼"無"可以說是比"有"更高層次的。"無"也是思惟對象，藉由添加某種限定，它就會成為"有"，在"種"包含於"類"這樣的意義下，"有"內存於"無"。當然，或許我們可以說，無已然是一種受限定的有，在其之前必須存在著更沒有限定的東西，而在這個更沒有限定的東西當中，有與無是可以內存於某種對立的關係當中的。但是，將"無"視為與"有"對立的立場，這是已然踏出思惟一步的立場，它必須是所謂的"有"與"無"皆內存於其中的"活動的活動"（作用の作用）的立場。當作為判斷活動的對象的時候，肯定的對象與否定的對象是相互排斥的；但是當站在〔這兩種對象間的〕轉化之上的時候，就可以同樣地觀看到活動本身的兩個方向。如果我們從被置定的對象界（措定せられた對象界）來看，就如同紅色的表象自身內存於顏色的表象自身一樣，有是內存於無的，物並不排斥空間，物內存於空間。即使是作動者，只要它是作動者，那麼就必須存在著作動者其所內存於其中的場所，只要作動者可以透過全般概念而獲得統一，活動就可以被思想。活動自身不能直接地視為對象，當在全般之中無限地包含特殊，而且將全般單純地視為"內存在的場所"的時候，就可以看到"純粹的活動"。如果這樣來想的話，某個立場與更高層次的立場的接觸，就不是像直線與圓弧的相互接觸是在某

---

265 「不是這樣的東西」：意指「不在思惟的對象界中被限定的東西」。

一個點上一樣，而是全般者與全般者、場所與場所無限地重疊，也就是無限的圓內存於圓之中。當受限定的有的場所映照在能限定的無的場所當中的時候，也就是說，當全般者包攝於無限的全般者當中的時候，意志就產生了。從受限定的"有的場所"來看，"能為主 (IV,265)詞而不能為述詞的基體"是完全超越這個場所[266]的，我們或許也可以將它視為無限的作動者（働くもの）。不過話說回來，"意識"意味"映照於無的場所"，如果從這個場所來看的話，它〔能為主詞而不能為述詞者〕反而只是內在意志的連續而已。如果我們從希臘哲學的形相出發，由於希臘哲學的"形相"並沒有脫離受限定的有的意義，因此就算將質料徹底地形相化，甚至最終達到純粹形相，資料仍然還不是真正的無，只是達到極微的零，[267]質料仍然作為動者（動くもの）而殘存著。在真正的無的場所當中，必須看到一減去一[268]的真正的無。在這裏，我們才可以說，到達了真正地包含形相的"一者"的立場，連極微的質料也失去其發展的性質，〔這樣〕我 3,459們就可以看到真正的活動。如多瑪斯說的「知善必然意志著善」（善を知れば必ず之を意志する），這個時候我們還不知道真正的自由意志，真正的意志必須是連這種必然性也超越的東西。就如董・思高特[269]所主張，意志不受善的知識旳束縛，即使對於最高

266　「這個場所」：意指「有的場所」。「有的場所」是「受限定的場所」，「受限定的場所」也可意譯為「特定的場所」。

267　「極微的零」：意指「相當接近於零，但仍然不是零」的極端微小。

268　「一減去一」：意指「成為真正的零」。

269　董・思高特（Duns Scotus, ca. 1265-1308）：蘇格蘭中世紀時期的經院哲學家、神學

善，意志也仍然必須擁有自由。思惟的矛盾對思惟來說，意味著達到思惟的根柢，而我認為黑格爾的哲學所看到的就只到這裏而已，但是在我們內心的底部必須存在著連矛盾也能觀看、連矛盾也能映照的東西。黑格爾的"理念"必須走出自身之外並推移到自然，就是基於此。像上面這樣，當場所內存於場所，並且從真正的無的場所來看內存於其中的「有的場所」的時候，意志活動就會產生，這樣的話，全般概念就可以視為是內存於無的場所中的受限定的"有的場所"的邊界線。就如同在平面上，圓的點可以被視為是屬於〔圓的〕內部，同時也可以視為屬於〔圓的〕外部一樣，一個東西可以根據感覺而被視為是受限定的有的場所，同時也可以根據無的場所而被視為是全般概念。受限定的場所在無的場所中被分離出來而成為所謂"抽象的全般概念"。要成為全般概念的構成活動或所謂抽象的活動就必須添加"意志的立場"。在這裏，會出現拉斯克所說的"主觀的破壞"。

(IV,266)

　　如先前所說，胡塞爾的"知覺性直覺"，不過只是為全般概念所限定的場所而已。真正的直覺必須像柏格森的"純粹持續"那樣是為生命所充實的直覺。我認為這種直覺是內存於真正的無的場所中的直覺。包圍無限延伸的知覺性直覺面的東西必須是一種全般概念。思想"知覺性直覺"的時候，就必須思想"知覺活動"。要思想"活動"就必須從我所謂的「活動的活動」的立場來反省活動本身。直接觀看到活動本身是不可能的，要將一個活動與其他的活動區別開來觀

3,460

家、唯名論者，屬方濟會教士。

看，就必須存在著一個為全般概念所限定的場所，透過述詞性的存在佔據主詞的位置就可以觀看到作動者。雖然知覺的視域（jp. 水平面）無限地往遠處延伸，但是它並沒有越出在無限深層的無的場所中受限定的全般概念的範圍之外。全般概念不過就是在"無的場所"中所映照出來的"有的場所"而已，概念的世界就產生於"有的場所"與"無的場所"之相互接合的地方。但是，單純地超越"有"並且 (IV,267) "有"又內存於其中的"否定的無"還不是"真正的無"。這種"對立的無"也是內存於"真正的無"當中。當受限定的有直接地內存於真正的無，就形成了知覺活動，當這種無再內存於無的時候，就產生了判斷活動。一切活動的出現，都是在一個場所直接地內存於真正的無的場所這種情況下，因而種種的活動的區別與推移在意志的立場中都可以看得到，就是基於此。因為"有"內存於"無"，所以在活動的根柢總是包含著"全般概念者"或"述詞性存在"。但是，它並不單單只是被映照在對立的無之上而已，由於它直接地內存於真正的無，所以它並不是游離出來的抽象概念，而是內在對象。內在對象是在真正的無的場所當中被固定住的全般概念。雖然人們認為活動必然包含內在對象，但是活動反而是在內在對象當中的活動，因為活動唯有透過作為內在對象的受限定的場所才能被觀看到。由於真正的無的場所是"有"與"無"相互重疊的場所，所以活動的對象必須完全是對立性的。包含無對立的對象的東西，例如"知覺"，在嚴格意義下並不是活動，而仍然只是為全般概念所圈圍起來的"有的場所"而已，〔這樣的〕場所還不能說直接地內存於無之中。不過對判斷活動來說，這種對象的對立性的出現是很明白的。緊跟在判斷

之後的是意志，判斷意識是透過"有"直接地內存於"無"而出現。要
將亞里斯多德的"共通感覺"推進到康德的"意識全般"，就必須進行
"從有到無"的轉換。當然，說到"知覺"的時候，既然它被思想為
"意識"，那麼它就包含著對立。意識透過對立而產生。我們之所以
認為在意識場域中的對象是相互重疊的，其實也是基於此。當有的
場所直接地內存於無的場所的時候，我們可以觀看到純然活動的世
界，而通常所說的意識的世界就意味著這樣的世界。但是，這樣的
世界作為內在對象，仍然免不了是一個被概念地限定的對象世界。
內在對象是以"無"為外框（緣附られる）的"有的場所"，或者說，
是為對立的無所限定的真正的無的場所。真正的無的場所仍然必須
是比它〔對立的無的場所〕更深的場所，它必須是超越之〔對立的
無的場所〕並且更擴大出去的場所，這樣的場所〔對立的無的場
所〕也必須內存於其〔真正的無的場所〕中。在這裏，我們才能觀
看到意志的世界。就知識的對象而言，它是無法越出有與無的合一
之外的，知識達到主詞與述詞的合一，就是達到知識的極限。但
是，要意識到這種合一的時候，必須要有這種合一所內存於其中的
"意識的場所"。當主張"有"內存於某處之時，"同一"也必須有"內
存在的場所"。要主張在同一的背後包含相異，在相異的背後包含
著同一，就必須內存於這樣的場所當中。當有與無"合一"並"轉化"
的時候，就必須存在著轉化的觀看者、轉化所內存於其中的場所。
不然的話，"轉化"就成為"轉化了的東西"，也就是作為某種"物"而
停留在那裏，沒有辦法再成為"矛盾的發展"。要有"矛盾的發展"就
必須有"矛盾的記憶"。如果單單從邏輯判斷的立場來看的話，這或

（IV,268）

3,461

（IV,269）

許只是由"矛盾"往"矛盾"的推移而已，我們只能設想在自身之中無限地包含矛盾的東西來作為其〔矛盾的發展的〕統一。但是，這樣的想法仍然是外在地來看判斷的主詞，真正的述詞性存在並沒有成為主詞，而且是將意識的場域視為受限定的場所。黑格爾的"理性"要具有真正的"內在性"，它在自身之中就不能包含矛盾，而必須是映照矛盾者、必須是"矛盾的記憶"，最初單純的"有"必須是包含一切的場所，其底部必須不存在著任何東西，必須是無限延伸的平面，必須是類似"無形而映照有形之物的空間"。不僅"自我同一者"，甚至"在自身之中無限地包含矛盾的發展者"也內存於其中的場所，才是我所謂"真正的無的場所"。或許有人會認為，既然已經到達了前者，[270]那麼再思想一個內存在的場所是不必要的。但是，前者[271]是沿著判斷的主詞方向所逼顯出來的；後者[272]則是沿著其〔判斷的〕述詞的方向所逼顯出來的。"內在性"意味"述詞性"，並且只要"能為主詞而不能為述詞的基體"是內在性的並且是可以認識到的話，那麼我們就必須從後者[273]出發，後者可以說是最深奧的與最根本的東西。迄今的哲學對意識的立場都思想得不夠充分。如果從判斷的立場來思考意識的話，就只是沿著述詞的方向來探求，也就是說，只是沿著包攝的全般者的方向來探求而已。主張由形式來

3,462

270　「前者」：指「自我同一者」或「在自身之中無限地包含矛盾的發展者」，這是西田對黑格爾哲學的批判。

271　「前者」：同前一個注解。

272　「後者」：指西田的「真正的無的場所」。

273　「後者」：同前一個注解。

（IV,270）構成質料、主張邏各斯的發展，從這裏都不能夠得出"能意識"（意識する）。對於能映照一切對象者，我們必須在述詞的極限中來尋求。當我們思想"能意識者"（意識するもの）的時候，它已然是"被意識者"，而不是"能意識者"。亞里斯多德曾說，變動的事物在其根柢必須存在著全般者，如果這種全般者是受限定的"有限的場所"的話，我們就可以觀看到"變動者"，如果它〔全般者〕是極微的話，我們可以觀看到"純粹活動"，但是，唯有在〔全般者〕成為全然的無的時候，我們才能夠觀看到"純然能映照的意識之鏡"（に映す意識の鏡）。只要我們能夠思想一減去一的真正的零，那麼"純然能映照的意識之鏡"、我的"無的場所"也就必須擁有邏輯性的意義。作為純然活動之根柢的東西，或希臘人所謂的"純粹形相"，也都在更深的無的明鏡（無の鏡）當中，成為游離出來的抽象性全般概念。由於我們經常從主客對立的立場來思考，所以全般概念被認為只是主觀性的，但是映照抽象的全般概念的意識之鏡，也必須將映照所謂客觀對象的東西包含在內，它還必須是深層且廣大的。

3,463 而且，由於它是真正的無的緣故，所以它對我們來說是直接的與內在的。藉由將判斷的述詞方向推進到其極致，也就是說，透過在述詞的方向上超越述詞，我們能夠觀看到"純然映照的意識之鏡"，在其中也映照出了無限可能的世界與意義的世界。當受限定的"有的場所"接觸到"無的場所"的時候，可以思想到"主客合一"，如果更前進一步的話，"純粹活動"就會產生。判斷活動也是其中之一，[274]

---

274 「其中之一」：意指「純粹活動的一種」。

〔在這裏〕各個個別的內容對立，我們可以觀看到所謂"對立的對象世界"，但是當我們再次越過這種立場的時候，就能夠觀看到純然被映照的"意義世界"。我們的自由意志就是從這種場所所觀看到的"純粹活動"。因而，意志顛倒了判斷，它是以述詞作為主詞的判斷。每個在純然映照的鏡子當中所形成的意義，都可以成為意志的主體，這是為什麼意志被認為是"自由"的緣故。在意志中的特殊者是主體，成為意志的主體的特殊者，必須是在無的鏡子當中所映照出來的東西，它並不是包攝在受限定的全般概念當中的特殊，而是打破了這種"有的場所"所顯現出來的一種散亂。 （IV,271）

　　如上所說，無的場所打破了為全般概念所圍繞的有的場所，它可以說是純然能映照的鏡子，而意志可以從這種場所到有的場所的關係中觀看到，我雖然陳述了這些，但是我還沒有討論到單純地內存於其中的東西。雖然意志在真正的無的場所當中才能看到，但是，意志仍然只是在"無的鏡子"中所映照出來的活動的一個側面而已。只要能觀看到受限定的有的場所，我們就能觀看到意志。在真正的無的場所中，意志本身也必須被否定，活動是被映照出來的東西，意志也是映照出來的東西。能動者（動くもの）、作動者皆必須是永恆之物的影子。

　　本節結尾處所做的說明有很多地方是不充分的，我希望〔讀者〕能參考下一篇〈答左右田博士〉[275]的結尾，特別是參考〈認知

275　〈答左右田博士〉收錄於 NKZ 3，頁 479-504。左右田喜一郎（1881-1927），日本的經濟哲學家。李克特的學生。左右田在 1926 年的〈論西田哲學的方法──就教於西田博士〉首次使用「西田哲學」的名稱，並根據新康德學派的思想對西田提出幾個問

3,464 者〉[276]這篇論文。

（IV,272）第五章

　　知覺、思惟、意志、直觀應該要嚴格地區別開，同時又相互地關係著，在其根柢處必須存在著統一這些東西的某物。透過把握這種統一的某物，這些東西間的相互區別與關係將得以釐清。就意識活動來說，除了這些之外，或許還可以對記憶、想像、情感等等有許多的討論，但是我現在只局限於上述這四種意識活動[277]。從知識的立場來看，最直接且內在的東西是判斷，作為判斷，包攝判斷是最根本的判斷。包攝判斷意味在全般者當中包攝特殊者。"包攝"意味以特殊者為主詞，以全般者為特殊者的述詞。說到"包攝"的時候，人們馬上會想到"活動"，但是〔我所謂的"包攝"〕不能攙雜這種概念，概念的全般與特殊直接地就內存於包攝的關係當中。說到"關係"的時候，會想到對立的兩個東西，但是，要將兩個東西思想為對立的，這兩個東西必須內存於共同的全般者當中。在這種意義下，包攝性關係作為關係，也可以說是最根本的關係。如果將"判

題。1915 年因父親去世，繼承家業左右田銀行。1920 年世界性經濟恐慌，1923 年關東大地震後，銀行倒閉，後因胃潰瘍去世。〈答左右田博士〉初刊於 1927 年的《哲學研究》第 133 號。同年西田也寫了〈悼念左右田博士〉一文，收於 NKZ 11，頁 237-238。

276 〈認知者〉分兩期初刊於 1927 年的《思想》第 70 號、第 71 號。現收錄於 NKZ 3，頁 505-554。

277 「上述這四種意識活動」：指知覺、思惟、意志、直觀這四種意識活動。

斷活動"除去時間性意義的話，那麼在其根柢中所殘存的東西，就只有這種包攝性關係而已。或許有人會認為，如果不置入某種意義下的時間性關係的話，我們就不能思想"活動"。但是"判斷活動"可 (IV,273) 以以這種包攝性關係為基礎來思想。當然，從這種包攝性關係沒有辦法直接地產生"變化"或"作動"，但是，判斷活動作為這種包攝性關係在時間上的完成，則是可以被理解的。以特殊者為主詞，以全 3,465 般者為其述詞，這究竟意味著什麼呢？當我們怎麼來思想的時候，總是已然預設了主觀客觀的對立，並且認為能為主詞性的存在屬於客觀界，而述詞性的存在則屬於主觀界。但是，在思想這種對立之前，能為主詞者與能為述詞者之間必須存在著直接的關係，也就是說，必須存在著概念自身的獨立體系，而判斷的客觀有效性就是基於此〔概念自身的獨立體系〕而成立的。概念體系是如何自我維持自身[278]的呢？如果我們可以思想"以全般者為基礎來包含特殊者，特殊者內存於全般者"的話，那麼我們也可以思想"以特殊者為基礎來擁有全般者"。但是，作為概念自身的體系，我們毋寧必須採取前者[279]。在後者[280]當中，早就包含了複雜的關係，既然已經設想了主客兩界的對立，那麼能為主詞的東西可以說是被投射到外在的東西，不然的話，"一"就不能夠擁有"多"。當然，要思想"全般者包含特殊者"的話，全般者就必須自我超越自身。但是，這種想法是

278　「自我維持自身」：參閱前注 213。

279　「前者」：指「全般者為基礎來包含特殊者，特殊者內存於全般者」。

280　「後者」：指「以特殊者為基礎來擁有全般者」。

(IV,274) 因為將概念視為被思想出來的東西的緣故，也就是說，是因為將概念與意識分開來思想的緣故。直接地來說，全般與特殊無限地相互重疊，而這種相互重疊的場所就是意識。如果我們如上述來思想的話，那麼在判斷當中，真正成為主詞的東西並不是特殊者，反而是全般者。全然在述詞者之外的某物，是不能夠成為判斷的主詞的，非合理性者只要它在某種意義下能夠被全般概念化，那麼它也會成為判斷的主詞。這麼來想的話，判斷就成為全般者的自我限定，全般者必須都是具體的全般者，嚴格說來，並沒有抽象的全般者。當然，我在這裏所說的"判斷"，並不是人們所謂的"判斷活動"，而是單純地意指著其〔判斷活動的〕根柢。要像希臘人那樣地將形相思想為"能作動的"（jp. 能働的），這只有在真正的直接意識的場所當中才是可能的。

3,466 如上所述，我們從特殊與全般的包攝關係出發，在沒有任何預設的直接狀態下，全般直接地包含特殊，倘若我們在從全般往特殊的傾向當中置入判斷的基礎的話，那麼我認為從全般與特殊的包攝關係，我們可以思想到種種活動的形式。我們可以無限地在特殊之下思想特殊，在全般之上思想全般。在這樣的關係當中，只要全般與特殊之間存在著間際的話，那麼為全般所包含的特殊，就只是相互差異的東西而已。但是，如果全般面與特殊面合而為一的時候，也就是說，如果全般與特殊的間際消失的時候，特殊就相互矛盾地對立，也就是說，矛盾的統一就產生了。在這裏，全般不只是包含著特殊而已，它也擁有"構成的意義"。全般在其自身是同一者，而(IV,275) 全般與特殊合一而成為自我同一，這並不是說兩者單純地合一而已。雙方仍然是完全相異的兩面，只是無限地相互接近，並以這樣的方式達到其極限。在這裏，包攝的關係採取了所謂"純粹活動"的形式。在這種情況下，由於述詞面不能脫離主詞面，所以我稱之為"無的場所"。"主客合一的直觀"所說的必須就是這樣的東西。當然，上述意義下的"純粹活動"還不是"作動者"或"能動者"（動くもの），它只能說是述詞者成為能為主詞而不能為述詞的基體，它是判斷內在地超越〔判斷〕、內在地擁有主詞。如果我們將"主客合一"思想為"單純的一"（単なる一），包攝判斷的關係將會消失，再者"述詞成為基體"也將會是無意義的。但是，如果我們從包攝的關係來逼近的話，這兩者的對立就不可能消失。"直觀"意味著"述詞者成為主詞"。我想在這裏探求一切活動的根柢。唯有在矛盾對立的對象當中，我們才能思想到作動者。即使將意識思想為純粹活動，在意識的根柢也必須存在著這種直觀。通常人們只注意到活動的時間性質，並沒有充分地注意到單純的"物理活動"與"意識活動"間的區別，但是，在意識活動當中，在時間性的變化的背後必須存 3,467 在著非時間性的東西。當然，在物理活動的根柢當中，也必須存在著像"物"或"力"那樣的非時間性的東西，但是，〔這〕兩種活動的差異在於：在意識活動中為意識活動之根柢的東西，如果從判斷的 （IV,276）立場來說的話，它必須是述詞者。當然，"邏輯的進行"與"時間的變化"沒有辦法直接地視為同一。但是，在時間的變化的產生之前，邏輯性的東西就必須先在了。在時間的根柢當中，必須存在著推移向矛盾性存在的可能性，也就是說，必須存在著讓矛盾之物得以統一的東西。意識活動之所以被認為是純粹活動，也是因為我們

的意識就是這種矛盾的統一的場所的緣故。當然，在數理當中也可
以說"述詞者成為主詞"。數理的統一是矛盾的統一，但是數理不能
說意識到數理自身，從邏輯的矛盾得不出意識活動。不過作為數理
之根柢的全般者，仍然還是受限定的全般者、仍然還是受限定的場
所。只是，當我們將包攝性關係當中的全般性方向推進到底，也就
是說，將判斷中的述詞性方向推進到底的時候，必然會到達我所謂
"真正的無的場所"。當然，當我們超越了受限定的全般的時候，判
斷必然失去判斷自身。不過如果將具體的全般者推進到其極限的
話，就一定會走到這裏。亞里斯多德在《物理學》第三卷當中，相
對於巴門尼底斯認為無限定者包含了一切的想法，認為由於無限定
者類似全體，因而〔巴門尼底斯〕可以做這樣的主張，但是，無限
定者作為量的完滿的質料，它是潛在的全體，而不是顯現的全體，
它〔無限定者〕並不是包含者，而是被包含者，不可知者與無限定
(IV,277)　者既不能說"包含"，也不能說"限定"。[281]它作為判斷的對象，就只
能這樣來陳述。但是，當我們意識到被限定為形相的東西的時候，
即使它是"隱得來稀"（エンテレケーヤ），[282]也仍然必須有內存在
的場所，理型的場所不能再是理型。如果透過量的分割活動來區別
3,468　開潛在與顯現的話，那麼就必然存在著這種活動本身的觀看者。潛
在的有所包含的無並不是真正的無，真正的無必須包含有，顯現意

281　參閱亞里斯多德，《物理學》，207a15-26。

282　「隱得來稀」：希臘文「entelechie」的音譯。意指完全的現實態、完成或完滿的現實
　　狀態，以相對於可能的狀態。隱得來稀的意義請參閱亞里斯多德，《靈魂論》，412a
　　以下。

指內存於真正的無。希臘的主知主義者甚至在普羅丁[283]的“一者”當中，都不能徹底了解真正的無的意義。如果要說到超越受限定的全般者，或許有人會認為這完全不能在知識的立場中來討論，但是，它是知識得以形成的不可或缺的條件。就算在單純的全般與特殊的包攝性關係當中，也必須早就存在著包含此兩者的東西，真正的全般者就是這樣的東西，在被認為是判斷性知識之極致的矛盾性關係當中，就可以明白地看到它。在矛盾的關係當中，至少知者與被知者必須是相互接觸的，主詞面與述詞面在某種範圍當中，必須是合而為一的（jp. 合同），因而這種知識被認為是“先天的”。就算是矛盾統一的知識對象，作為對象本身也不包含著矛盾，更恰當地說，它毋寧可以說是在嚴格意義下的被統一者，絲毫不包含著任何異他性，並且必須是最殊勝意義下的客觀性。“矛盾”是屬於述詞的事，只有在判斷的述詞面所映照出來的東西之間才可以說矛盾的關係。在所謂的主詞面當中，產生了是與非的對立。當走到矛盾的統一對象的盡頭的時候，從判斷的知識立場出發，已經不能夠看到再包含這個〔矛盾的統一對象〕與其他〔矛盾的統一對象〕的全般者了。但是，即使是這樣的對象，也不能脫離述詞的可能性，否則它就不能夠成為判斷的對象。在這裏，我們一定會遭遇到單純的述詞面或純粹的主觀性。如果一開始就假定主客的對立並且完全堅持主客對立的話，那我們沒有話說，但如果不是這樣的話，我們是可以達到所謂包含客觀世界的“純然主觀界”或“體驗的場所”的。在這種

（IV,278）

---

283 普羅丁：請參閱注 105。

場所當中，"繫詞的有"與"存在的有"是一致的。意識全般被認為是
〔構成〕客觀對象的主觀，如果我們也將它視為意識的話，那麼它
就必須不同於被意識的對象，而從判斷的立場來說，它必須是對象
所內存於其中者、必須是述詞性的存在，透過它判斷的意識才得以
產生。如果從判斷的立場來定義意識的話，意識可以說是完全能為
述詞而不能為主詞的東西。意識的範疇屬於述詞性。透過以述詞為
對象，可以客觀地來觀看意識，反省性範疇的根柢就在這裏。迄今
對於所謂的"範疇"只是沿著全般者的向心的方向所看到的東西而
已，但是，我認為我們可以逆反於這個方向來看，也就是說，可以
從離心的方向上來看。判斷從主詞與述詞的關係產生，但是，〔判
斷〕既然作為判斷的知識而產生，在其背後就必須存在著更廣大的
述詞面，主詞必須完全地內在於述詞之中，而"判斷活動"則是次要
的。即使是所謂"經驗的知識"，只要它是"判斷的知識"，那麼在其
根柢就必須存在著述詞性的全般者。一切的經驗知識都必須伴隨著
「為我所意識到」，〔因為〕自覺是經驗判斷的述詞面。通常我們
將"我"視為如同"物"一樣的東西，認為它是擁有種種不同性質的主
詞性的統一，但是，"我"並不是主詞性的統一，而必須是述詞性的
統一，它不是一個點而必須是一個圓，它不是物而必須是"場所"。
"我"不能認知"我"，這意味著"述詞不能成為主詞"。這樣的話，
"作為數學判斷之根柢的全般者"與"作為經驗科學的判斷之根柢的
全般者"，它們的不同要如何來說明呢？在前者〔作為數學判斷之
根柢的全般者〕當中，如上所述，特殊面與全般面是單純的合一，
但是在後者〔作為經驗科學的判斷之根柢的全般者〕當中，包含特

3,469

（IV,279）

殊的全般面，在包含特殊的時候還有餘地。本來在判斷當中，能為
述詞而不能為主詞的存在，就比能為主詞的存在的範圍還要廣闊。
如果只沿著主詞的方向，從追求客觀性判斷意識的立場出發的話，
那麼它〔能為述詞而不能為主詞的存在〕就只是抽象的全般概念而
已。但是，我們的經驗知識的基礎就在於這種述詞性的存在當中，
或者說，就在於性質的存在的客觀性當中。透過性質的存在擁有能
為主詞而不能為述詞的意義，經驗知識的客觀性才得以成立。先在 3,470
於包含與被包含的關係之前，一切都必須是空間的，作為直覺形式
的空間也是如此，這是為什麼在數學的知識的根柢，存在著"直觀"
的原因。"直觀"不外是說"主詞面沒入述詞面之中"。在這種直觀的
背後，還存在著不會消失的，包含無對立的對象仍有餘地的述詞 (IV,280)
面，這種述詞面就是我們的意識世界。"為我所意識到"意味內存於
這種述詞面當中，不僅思惟的對象內存於其中，知覺的對象也內存
於其中。人們認為思惟的意識與知覺的意識是不同的，但是，這樣
的區別是根據其對象〔的不同〕所設想出來的區別，所以知覺的自
我也必須是思惟的自我。甚至將意識思想為活動，這也已然是在與
對象的關係中來思想〔意識〕，〔因為〕連活動本身也是被意識的
對象。一切活動作為被意識的活動，皆內存於同一的意識面當中，
透過這個意識面，思惟與感覺得以結合在一起。"意識面"是包含判
斷主詞的述詞面，如此被包含在內的主詞面將成為"無對象的對象"
（対立なき対象），而其剩餘的地方[284]則是意義的世界。因而，即

---

284 「剩餘的地方」：指「剩下沒有被包含在內的部分」，即先前所說的「餘地」。

使是感覺性的存在也總是為意義的環帶〔jp. 緣暈〕所圍繞，在思惟的中心總是有直覺的存在。由於通常我們一開始就將主客思想為對立的，將"認知"思想為"主觀作動於客觀"的緣故，所以就會認為"無對立的對象"是在主觀之外，唯有概念性的東西才是在主觀之中，但是所謂的"全般概念"是"直覺"在意識層面上〔所形成〕的輪廓，而"意義"則是由全般概念所生起的在其意識面上的種種變化，它就好像是一種"力場"一樣。在意識當中，不僅意義是內在的，對象也是內在的。"意向關係"並不是意向著意識外的某物，它是內存於意識面的某物的"力線"。通常我們從"意識面"中除去在同一律中所表現的"直覺面"，並且只將〔留下來的〕剩餘面思想為意識面，如我先前所說，這只是將相對於"有"的"對立的無"的場所思想為意識面而已。因而，就會認為在直覺者的背後，存在著某種外在於意識的東西。但是，直覺者作為自我同一者，必須被包含在述詞面當中。[285]

(IV,281)

3,471

在將全般與特殊的包攝性關係一直推到盡頭的時候，在自我同一者的背後，還存在著超越自我同一者，並且比自我同一者更為寬廣的述詞面，這是真正的意識面，不僅直覺直接地就內存於此，思惟也直接地內存於此。不僅對立的對象內存於此，無對立的對象也內存於此。由於〔真正的意識〕超越了一切的主詞面，並將其內在地包含著的緣故，所以一切對象在其〔真正的意識〕中，都必須是

---

285 這是說，我們通常將「直覺」以主客對立的方式來理解，這樣的話，就必須思想一種超越意識的東西。然而直覺並不是如此。

同樣地“直接”。種種對象的區別都是從其〔真正的意識〕內存在物的關係而產生。當超越了主詞面的述詞面展延出去的時候，這必須就是我們所說的對判斷意識的超越。如果失去主詞，判斷就不能產生，一切都將是純粹述詞性的，作為主詞的統一的“本體”（jp. 本体）也會跟著消失，一切都將成為無本體的，“意志的意識”就產生於這種述詞面當中。對於只固執於“判斷立場”的人來說，是沒有辦法認識到這種述詞面的。但是意志不能成為判斷的對象，既然我們擁有意志的自覺，就必須存在著映照意志的意識。甚至判斷本身也無法成為判斷的對象，但是既然我們意識到判斷，就必須存在著“超越判斷的意識”（判断以上の意識），而這樣的意識面，只能在述詞的方向上來追求。述詞面愈是更深且廣地超越主詞面，意志就愈是自由。但是意志總是不與判斷分離，意志是最殊勝意義下的以 (IV,282)
述詞為主詞的判斷，不包含判斷的意志，就只是單純的動作（jp. 動作）而已。判斷在達到自我同一者的時候，就達到判斷的極限，當判斷越過這種自我同一者的邊界線，它就成為意志。因而，在意志的中心，總是包含著自我同一者。如上所說，自我同一者的周圍是為意義所圍繞的，而無對立之對象的周圍則是為對立的對象所圍繞。當述詞面包含自我同一者，並且還擁有其自身領域的時候，由 3,472
於“述詞面”對於主詞面來說是“無”的緣故，因而當它愈是深層的，在自我同一者中所包含的意義就愈多，在無對立的對象當中，就愈能夠包含對立的對象，也就是說，自我同一者就愈能夠取得意志的型態。“自我同一”並不是說“主詞面與述詞面單純地為一”，而是意味著主詞面與述詞面的完全的相互重疊。當自我同一者推移到其背後的述詞面的時候，圍繞著自我同一之主詞面的意義，就被吸收到在述詞面中的自我同一之中。在述詞面中的自我同一就是我們"意志我"的自我同一。由於在自我同一之外的意義被包含在自我同一之中的緣故，所以我們才能思想：意志是在特殊之中包含全般。當然，這已不再能夠說是"特殊"，而必須是"個體"，從判斷的意識面來看在其〔判斷的意識面的〕背後之意志面當中的自我同一者的時候，它〔這種自我同一者〕就成為個體。或許有人認為，在判斷的意識面當中，我們要區別開"對象"與"意義"，也要區別開"無對立的對象"與"對立的對象"。但是，當越過自我同一的極限，而走到純然的述詞面的時候，這些區別都會消失而成為平等的。在單純的意識我的立場當中，直覺與思惟必須被意識為屬於同一位階（同位的に意識せられる）。在活動的意識當中，感覺活動與思惟活動則被意識為屬於同一類（同樣に意識せられる）。在這裏，隨意的意識世界[286]被開啟了，並且意義與對象的直接結合也成為可能。如此一旦在述詞面當中的意義與對象，雙方直接〔結合〕之後，在述詞面當中的"對立的對象"與"無對立的對象"會處於什麼樣的關係當中呢？在述詞面中的統一意味著什麼？往述詞面推移的自我同一又會是什麼呢？單單就知識的層面來說，既然已然是主客合一，那麼我們就沒有辦法再思想超越主客合一之外的東西。但是所謂的"主客合一"是在主詞面當中所觀看到的自我同一，除此之外，還必須有在述詞面當中所觀看到的自我同一。前者是單純的同一，真正的自

(IV,283)

---

286 「隨意的意識世界」：表示「不受約束的自由世界」。

我同一毋寧是後者。"直觀"意味"一個場所面與其所內存於其中的
場所面的合一",但是這兩個面的合一,並不單單只是說主詞面與 3,473
述詞面的合一,而是主詞面深深地落入述詞面的底層,述詞面完全
在其自身之中擁有主詞面、述詞面自身就成為主詞面。述詞面自身
成為主詞面,這意味著述詞面自我無化自身,成為純然的場所。在
包攝的關係當中,"特殊完全成為特殊",這必須意味著"全般完全
成為全般","全般的極致"就是全般不能夠再特殊化,它超越了一 (IV,284)
切特殊的內容而成為無的場所。從主詞與述詞的判斷關係來說的
話,這單純地意味著主客合一的直觀。因而,"無對立的對象的意
識"(無対立なる対象の意識)並不意味著"意識超越了意識自
身",而是意識深入意識自身之中。用"超越"來稱呼之,是因為人
們只看到對象的關係而已,並沒有思考到意識自身的本質。如果在
包含主詞面的廣闊述詞面上來探求意識本質的話,那麼沿著這個方
向前進,可以到達"純粹意識"(純な意識)。在其極致,[287]述詞面
是無,並且對立的對象會被吸收於無對立的對象之中,一切都成為
在其自身的作動者,也可以被思想為"無限的作動者"或"純然的活
動"(純なる作用)。因而我們可以說,意志總是在自身之中懷抱
著(抱く)知性的自我同一。就如同在主詞的方向上存在著永不能
達到的"本體"一樣,在述詞的方向上也存在著永不能達到的"意
志"。因而當達到其盡頭,也就是說,達到連主詞與述詞的對立也
超越的真正無的場所的時候,這就是自我觀看自身的"直觀"。這種

---

287 「在其極致」:意指「在這個方向的盡頭」。

"超越了述詞"當然也必須意味著"超越了知識"。不過"述詞超越主詞"是"能意識"（意識する），如果沿著這個方向前進，能夠到達意識的深層底部的話，那麼在知識的立場當中，對我們而言最遠的東西，在意志的立場中，就成為最近的東西，對立的對象與無對立的對象間的關係可以說是顛倒過來了。在「存在著某物」（「或者がある」）與「不存在著某物」（「或者がない」）這兩個對立的判斷當中，如果將為其主詞的東西，設想為全然無限定的無的話，那麼就如黑格爾所思想的，有與無就可以為"一"，[288]於是我們將〔有無的〕轉化視為其〔有無的〕綜合。在這個情況下，如果我們將主詞者作為知性的對象來探求的話，我們所能看到的只有"轉化者"（転化するもの）而已，但是，在"轉化者"的背後，必須存在著超越肯定與否定的無的場所，也就是說，必須存在著獨立的述詞面。能照亮無限的辯證法的發展的東西，必須就是這種述詞面。

如果我們將包攝關係沿著述詞的方向推進到盡頭，在其極限就會達到意識面，它是超越主詞面並將主詞面內在地包含的意識面。即使是感覺性的東西，就其作為知性對象而言，在其背後也必須存在著全般者，也就是說，必須存在著述詞性的東西。當這種述詞性的東西成為主詞的時候，就可以思想到廣義的作動者，而這種意義下的作動者，對我們的意識來說，可以說是最直接的東西。因而，沒有全般概念的限定，就不能夠思想作動者，透過逆轉判斷的方

3,474
(IV,285)

---

288 參閱黑格爾，《邏輯學》（*Wissenschaft der Logik*），收於 Suhrkamp 版《黑格爾全集》第五卷（Frankfurt am Main: Suhrkamp, 2008），頁 83。西田的「轉化」一詞相應的是黑格爾的「Werden」（或譯為「變化」）。

向，我們可以思想到作動者。我們的經驗內容，經由多樣地分類與
概念性地統一，可以區別開種種不同的活動，而種種不同的全般概
念，還可以在其之上，再透過全般概念的方式予以統一，經由這種
方式就可以思想到"活動的統一"。如果沿著這種全般概念的統一方
向一路推進下去的話，最終就可以到達"統一一切經驗內容的全般
概念"，物理性質必須就是這種全般概念，這也可以說是共通感覺
的內容。胡塞爾所說的知覺性的直覺，在這個意義下，不過只是一　（IV,286）
種為全般概念所限定的直觀而已。如果進一步越過這種限定而往述
詞的方向推進的話，就越過了知覺性的東西而進入了思惟的場所。
即使在這種情況下，意識也沒有脫離知覺性的東西，知覺物作為直
觀物是內存於其〔意識〕中的。唯有在其剩餘面當中，才能夠看到
"純然思惟的對象"。所謂"自覺的意識"就是這種知覺物與思惟物皆　3,475
直接地內存於其中的場所。自覺的意識面相當於對立的無的場所，
這就是我們通常所思想的意識面。但是，我們可以思想更深且更廣
的，並且有與無皆內存於其中的真正的無的場所，真正的直觀打破
所謂意識的場所，直接地內存於這種場所當中。對立的無的場所作
為受限定的場所，由於還不能脫離主詞的意義，所以它無法將一切
的超越物內在地包攝，真正的直觀者必須是連這種場所也超越的東
西。所謂的感覺物也是一種直觀物，其根柢也打破了所謂的意識面
而內存於真正的無的場所當中。作為真正的直觀物的感覺物必須是
藝術的對象。隨著場所成為無，對立的對象被吸收到無對立的對象
當中，對象就成為被意義所充滿的東西。這種直接地內存於"直觀
的場所"或"真正的無的場所"當中的東西，當在所謂的"意識場所"

或"對立的無的場所"當中來看的時候，它就成為無限的作動者。而
(IV,287) 由於"直觀的場所"是比所謂"意識的場所"更深且更廣的意識場所，
也就是說，由於它是意識的極致的緣故，所以我們可以內在地觀看
到超越者。但是，如果我們反過來從直觀的場所來看這個東西的
話，那麼內存於其〔直觀的場所〕中的東西，不過只是自身投射向
對立的無的場所的影像而已。如果從這種直觀的場所來看的話，作
動者是意志活動，而意志活動是其〔直觀的場所的〕內存在物的自
我限定。因而，內在於直觀的場所中的東西，也就是說，內在於直
觀的述詞面當中的東西，如果從知識的層面來看的話，可以視為是
由無生有的無限活動，如果從無也內存於其中的直觀面來看的話，
它就是意志。由於直觀面越過了知識面而無限擴展的緣故，在其間
就產生了隨意的意志。"判斷"意味著"在全般中包攝特殊"，而變動
則是往相反之物的推移。要意識到變動，包含相反之物的全般概念
必須被給予。在這種情況下，如果認為全般概念內存於意識面，特
3,476 殊者內存於對象面的話，那麼意識到作動者是不可能的。唯有在對
象面黏著在（附着した）意識面的時候，也就是說，唯有在全般者
直接地成為特殊者的場所的時候，作動者才能被觀看到。"對象面
黏著在意識面"意味對象成為判斷者，意識則成為變動者。但是，
如果當對象面與意識面、主詞面與述詞面單純地合而為一之時，這
個時候既無作動者亦無判斷者。只要可以觀看到這樣的東西，那麼
述詞面就必須包含主詞面，而從判斷意識的性質來看，我們總是不
得不這樣來思考。"變動是往相反之物的推移"意味存在著不能限定
(IV,288) 為述詞的某物，透過這個某物限定了成為述詞的東西，並且這個某

物對所有的一切都是述詞。從主詞的角度來說，它可以說是"個體"，從述詞的角度來說，它也可以說是"最後的種"。如果從"述詞包含主詞"的想法來說，"主詞無限地趨近述詞"，這是對"作動者"的思想，從述詞面來說的話，則是述詞面自我限定自身，這就是"判斷"。因而，只要可以限定述詞面，就可以思想作動者，唯有在意識到判斷的矛盾的述詞面當中，才可以思想到真正的作動者，在矛盾的統一的述詞面當中，述詞面才能夠獨立。單純地受限定的述詞面，雖然是判斷的根柢，但是不能成為作動者。就像"作動者"可以思想為"主詞面趨近於述詞面"一樣，述詞面也是趨近於主詞面的，就述詞面包含主詞面仍有餘地而言，它〔述詞面〕就成為作動者。"作動"意味包含主詞面而仍有餘地的述詞面在自身之中限定主詞面，也就是說，作動意味著從述詞面來看包攝的關係。因而，一個包攝關係，從包含其主詞面仍有餘地的述詞面來看是"意志"；〔從〕與其主詞面一致的範圍內〔來看〕是"判斷"；〔從〕內在於包含在述詞面當中的主詞面〔來看〕則是"作動者"。但是，述詞面在主詞面中觀看自身，這意味著述詞面自身成為真正的無的場所，意味著意志消滅意志自身，一切內在於其中的東西，將成為直觀。 3,477
述詞面成為無限大，並且場所自身也成為真正的無，內存於其中者就成為純然的自我直觀自身者。當全般性的述詞達到其極限的時候，這意味著特殊性的主詞達到其極限，主詞成為主詞自身。 (IV,289)

很遺憾地，上述所論，在多次的反覆之後，終究還是沒有辦法充分地表達出我所思想的東西，特別是還不能深入"直觀"的問題。

但是，我的看法是，對於"認知"，我們與其如迄今以來的看法，從認知者與被認知者的對立出發來處理，不如更深一層地試著從判斷的包攝性關係來思考。

場所邏輯與宗教的世界觀

10,295
（XI,371）

（1945）

第一章

　　人不一定是藝術家。但是，在某種程度上誰都能夠理解藝術。人不一定是宗教家，入信者稀少。但是，人在某種程度上都能夠理解宗教。當我們閱讀到入信者熱烈的告白、偉大宗教家的信念表現的時候，任何人從自身內心的深處大概一定都會感受到鼓舞、受到打動。不僅如此，一旦自己陷於極端不幸的時候，從自己的內心深處一定會感到所謂"宗教心"的湧現。宗教是心靈上的事實。哲學家不應該從自身的體系來捏造宗教。哲學家必須說明這個心靈上的事實。因此，他自己必須先在某種程度上理解宗教心。真正的體驗是宗教家的事。但是，就像不是藝術家的人，他也或多或少能夠理解藝術一樣，我認為人都可以理解宗教。任何人都不會說自己沒有良心。如果有人這麼說的話，這其實是自我羞辱。但是，有些人說自己不了解藝術。尤其是關於宗教，很多人說自己不理解宗教。甚至說自己沒有宗教心。也有些學者特別用這一點來誇示。說到"宗教"的時候，人們會認為這是非科學性的、非邏輯性的，至少會認為它是神秘的直觀。這些人認為並不是神依照自己的肖像來創造人類，（XI,372）

而是人類依照自己的肖像來創造神。[289]也有人說宗教是麻醉
10,296　藥。[290]跟盲人沒有辦法談論顏色、跟聾人沒有辦法討論聲音。一旦
說沒有辦法理解，就到此為止了。我沒有資格向人們宣揚宗教。但
是，如果有人說這是因為宗教是非科學的、非邏輯的話，這一點我
是沒有辦法贊同的。我想要做的就只是澄清這一點而已。

　　在討論"宗教"之前，我們必須先釐清"宗教究竟是什麼"。要釐
清宗教是什麼，我們必須先釐清"宗教心"究竟是什麼。沒有神就沒
有宗教。神是宗教的根本概念。但是，就好像顏色作為顏色是在眼
睛當中出現的、聲音作為聲音是在耳朵當中出現的一樣，神是作為
「心靈上的事實」而出現在我們的自我當中。神不能單單以知性的
方式來思考。單單以知性的方式所思想出來的東西並不是神。但是
我們也不能因此就說神是"主觀的"。就算是物理學的真理，也是從
我們看到顏色、聽到聲音出發。然而，觀看者與聽聞者並不是眼睛
與耳朵這種有機的器官，而是"心"。康德在進入自己的實踐哲學
(XI,373)　"Kritik der praktischen Vernunft"（《實踐理性批判》）[291]之前，在
"Grundlegung"（《道德形上學的基礎》）[292]當中，首先根據常識
的道德理性來討論"善"是什麼。而這些其實已經明白地闡明了道德

289　參閱費爾巴哈（Ludwig Feuerbach, 1804-1872），《基督教的本質》（*Das Wesen des Christentums*），出版於 1841 年。

290　參閱馬克思（Karl Marx, 1818-1883），《黑格爾法哲學批判》（*Zur Kritik der Hegelschen Rechtsphilosophie*），出版於 1843 至 1844 年。

291　康德《實踐理性批判》出版於 1788 年。

292　康德《道德形上學基礎》出版於 1785 年，西田只用「*Grundlegung*」作為簡稱，德文全名為「*Grundlegung zur Metaphysik der Sitten*」。

的意識，對此，我沒有辦法有任何的補充。關於道德，康德擁有這麼明晰性的意識，也從自身哲學的立場加以論述了。至於美感意識，康德究竟在什麼程度上，真正地把握到它呢？就如詩人所說那樣，"天上的星辰，由於不能成為欲望的對象，所以是最美的"，[293] 康德認為美具有無關心的性質，能如此明白地釐清美感意識的本質，我不得不表示敬意。但是，康德是不是能夠理解"形式美"以外的美呢？至於宗教，我認為康德只是從道德的意識來看宗教而已。靈魂不朽、神的存在，只不過是作為道德意識的要求而已。對康德哲學來說，宗教是道德的輔助機關，這就是宗教的意義。我在康德 10,297 哲學當中，並不能夠發現宗教意識本身的獨特性。我們也不能設想康德曾經意識到這一點。單在理性（blosse Vernunft）當中，宗教是進不來的。[294] 討論宗教的人，至少必須擁有作為自己心靈上的事實的宗教意識。不然的話，自己就算要討論宗教，但實際上很可能是在討論別的東西。

　　這樣的話，"宗教意識"或"宗教心"究竟是什麼呢？對於這個問題我認為應該從主觀面與客觀面來深入探索。但是，現在我並不是 (XI,374) 要進入這種研究。只要是在"對象邏輯"的立場當中，我就不僅沒有辦法討論宗教的事實，甚至連宗教的問題也不會出現。我們的自我是作動者。"作動者"究竟是什麼？"作動"是在物與物的相互關係中

---

293 歌德的詩〈淚中的慰藉〉（Trost in Tränen）中的一節。

294 對康德宗教的思考的批判。康德著有《單在理性界限內之宗教》一書，出版於 1794 年。

來思考。這樣的話，這是什麼樣的關係呢？作動首先必須是此一否定彼一、彼一否定此一的相互否定關係。但是，只是單純相互否定的關係還不能夠說是作動。作動必須是"相互否定即相互肯定"。兩者皆擁有完全的獨立性，相互對立、相互否定，但是又相互結合，形成一個型態；〔對立的兩者〕反過來相互關係、相互結合而形成一個型態，這個事態本身必須意味著完全的相互對立與相互否定，也就是說，必須意味著物的各自獨立性，物就是物本身（jp. 物自身）。[295]透過這樣的方式，我們思想物與物的相互作動的世界或物質的世界。在這裏〔物質的世界〕，也必須已然存在著我所謂的「矛盾的自我同一」的邏輯。但是，只是主張物與物的相互對立、相互否定即相互肯定，這還不能說是真正的作動者。真正的作動者並不是單純地為他者所推動，也就是說，它並不是被作動者，而是由自己推動他者，必須就其自身是作動者。因而在物質世界中，並沒有真正的作動者。一切都是相對的，力是量性的。[296]要真正地思想作動者，必須帶入"秩序"，或者至少必須要帶入"順序"。[297]在這裏，必須主張「時間」的不可逆性。在物質的世界當中，時間是可逆性的。至於生命的世界，時間則是不可逆的。[298]生命是一次性

10,298

（XI,375）

---

295 這裏的「物本身」並不是指康德意義下的「物自身」，而是指「物就是物它自己」。

296 「力是量性的」：意指物質世界中的力都是可數量化的力，可用量化來衡量。

297 「秩序」與「順序」表示一種系列的關係。數量上的力並沒有順序、秩序的關係，物質世界的時間是可以反覆的時間。

298 生命的世界的時間是不可逆的，「不可逆的時間」意指不可反覆的、一次性的時間。反之物質的世界的時間則是可逆的。「可逆的時間」意指反覆是可能的，同樣的「因」會產生出同樣的「果」。生命的世界則不然。

的，死者不能復生。因而，世界以多與一的矛盾的自我同一的方式，從被形作者到形作者（形作られたものから形作るものへ）。在這個意義下，它是無限的歷程。作動者是形作者。這樣的世界是目的性的世界。我在我的〈生命〉這篇論文[299]當中，主張生命的世界不同於物質的世界，生命的世界在其自身之中包含著自我表現，並且是透過在自身之中的自我映照，以整合內在與外在的方式，由被造作者往造作者而運動的世界。也就是說，生命的世界是在其自身的存在，在其自身而動的世界。透過在自身之中包含自我否定、在自身之中自我映照，生命的世界以否定的否定或自我肯定的方式，無限地自我形成自身。這樣的方向是時間的方向。矛盾的自我同一的世界，在自身之中包含著自身的焦點，並且以動態的焦點為中軸，無限地自我限定自身。在這樣的世界當中，新的事態作為物與物的相互否定即肯定而產生，也就是說，物的作動，作為指向世界的自我形成，它必須擁有方向。任何作動都必須擁有方向。時間必須擁有時間自身的內容。這種方向可以視為是目的。當然，就算是物質的世界，時間也不是沒有自身的獨立性。在時間不擁有自身 (XI,376) 獨立性的地方就沒有"力"。然而，在物質的世界當中，時間自我否定而為空間。這樣的話，在生命的世界當中，即使是生物的〔世界〕，也如上所說，已然是作為矛盾的自我同一的場所的自我限定

---

299 〈生命〉（1944-1945）的起稿先於〈場所邏輯與宗教的世界觀〉，但一樣未完成，其一部分於西田生前發表於《思想》，其餘的部分則是以遺稿的方式發表於同期刊。全文與〈場所邏輯與宗教的世界觀〉皆收於《哲學論文集第七》（NKZ 10），頁231以下。

的世界。從身體的角度來看，我們的自我也是生物性的。從生物的
10,299 角度來看，我們的自我的作動也是目的性的。但是，我們的自我作
為絕對矛盾的自我同一的歷史世界中的唯一個體，它不單單只是以
目的的方式來作動，而是知道目的的作動者、它是自覺的。基於自
身的內在而作動，才是真正作動者。生物的世界不用說是內在於歷
史世界的，即使是物質的世界也是內在於歷史世界的。[300]生物的世
界雖然已然是矛盾的自我同一，但是它仍然是屬於空間的世界與物
質的世界。

　　世界作為絕對矛盾的自我同一，是真正的在其自身而存在，在
其自身而動的世界，它是徹底地擁有自我否定的、自我表現的、同
時存在的"空間性存在"，並且同時也是作為否定的否定的自我肯定
的、從受限定者到能限定者的、無限能動的"時間性存在"。這是時
間否定空間、空間否定時間，以時間與空間之矛盾的自我同一之方
式，從受造者到能作者，並且徹底地以無基底的方式自我形成自身
的"創造的世界"。我稱這樣的世界為"絕對現在的自我限定之世
界"。只有在這樣的世界當中，我們才真正地能夠思想到在其自身
而動者或"自覺"。在這樣的世界當中，物與物是相互對立的，是以
(XI,377) 相互否定即肯定的方式而相互作動，這並不是以主詞的方式所思想
的所謂"物與物的對立"關係，而必須是"世界與世界的對立"關係。
作動者自身都是一個世界，並且與另一個世界相對。我總是說"個

300　西田區分開生物的世界、物質的世界、歷史的世界。這三個世界並不是三個不同的世
　　界，而是對同一歷史世界的不同觀點所造成，由具體而抽象依次分別是歷史的世界、
　　生物的世界與物質的世界。

體與個體相對"（個が個に對する），就是指這個。[301]我們的自我
以意識的方式而作動，這也就是說，我們的自我作為世界的一個表
現點，透過在自身之中的表現世界來形成世界。"在自我之中表現
世界"必須意味著"世界在自我之中受到主觀化"。這意味著，作為
完全客觀的並且與自我相對立的世界，在自我之中被符號化了，也
就是說，它以符號的方式為我們所把握。這樣的話，世界是在我們
的自我之中來表現自身，以我們的自我為自身的形成點，以自我否
定即肯定的方式將自我予以時間向度化（參閱論文〈生命〉）。我 10,300
們的自我作為一個具時間向度的空間世界（jp. 時間面的空間的世
界），以矛盾的自我同一方式而自我形成自身。這就是我們的意識
活動。"具時間向度的空間"或"意識的空間"，以矛盾的自我同一之
方式，在自身當中映照自身，這種〔意識空間的〕自身的焦點就是
我們的自我。以這種動態的焦點為中心，我們的意識世界就被賦予
了秩序。意識活動在時間上總是擁有方向的。〔意識活動〕作為世
界的自我限定總是自覺到目的的，它以自我表現的方式自我限定自
身，並且是"過去是未來、未來是過去、現在限定現在自身"的世界
的自我限定。如果我們的意識世界是如此的話，那麼我們所謂的意
識世界，內在完全外的、外在也完全內在的，以時間空間之矛盾 (XI,378)
的自我同一的方式，在自身之中表現世界，並且它也作為世界的一
個自我表現的形成點而作動。就如我一向所主張的，"表現"意指

---

301 西田說他所謂的「個體與個體的相對」所意指的其實是「世界與世界的相對」。西田
　　的個體類似萊布尼茲的單子，是各自以自身為中心來表現世界的小宇宙。

"他者在自我之中，自我在他者之中"。我們的自我是世界在自身之中的映照自身，它只是世界的一個焦點而已。我們自我的自覺，並不會在純然封閉的自我的內部生起。自覺唯有透過自我越過自我、與他者相對才會生起。當我們說"自覺"的時候，自我就已然超越自我了。然而，對於透過對象邏輯的獨斷而自我實體化自身的人來說，他是連這種明白的真理也沒有辦法認識的人。因而，在絕對矛盾的自我同一的世界當中，世界與世界的相互對立，在這個意義下，就意味著焦點與焦點的相互對立。在絕對矛盾的自我同一的世界當中，個物是多且各個個物（個物的多の一々）[302]作為焦點，在其自身就擁有一個世界的性質。就如同在單子論[303]中，各個個別的單子在表現世界的同時，也是世界之自我表現的一個立足地。因而在這樣的世界當中，個物與個物就宛如在康德的目的王國[304]當中一樣，它們相互以表現活動的方式而相互作動。世界在絕對矛盾的自我同一當中，作為絕對現在的自我限定，在自身之中擁有焦點，並

10,301 且以動態的焦點為中心而自我形成自身。世界在這裏自我擁有自身的秩序。我們的自我作為這個世界的個物的多，[305]各個個別的自我作為世界的一個焦點，在自身之中表現世界，並且同時在世界的自我形成的焦點的方向上，擁有自己的方向。在這裏存在著世界的道

---

302 日文「個物的多の一々」給出兩個訊息：個物是多數，多數個物中的各個個物。

303 指萊布尼茲的《單子論》（*La Monadologie*），出版於 1714 年。萊布尼茲哲學的代表作。萊布尼茲的單子是能反映全宇宙的鏡子。

304 康德的「目的王國」是指《實踐理性批判》中所說的道德的理想世界（睿智世界）。

305 「世界的個物的多」：指「世界中為數眾多的個物」。

德秩序。這樣的話，"我們的自我作為世界的一個焦點並且以自我 (XI, 379)
表現的方式自我限定自身"，這並不是說我們以對象邏輯的方式將
自我思想為必然性的。而是說自我是包含永恆的過去與未來的絕對
現在的一個中心。這是為什麼我要稱我們的自我是絕對現在的瞬間
的自我限定的緣故。因而，我們的自我是自我矛盾性的存在。〔我
們的自我〕在自身之中映照著世界的並且也在絕對的他者之中擁有
自身。〔我們的自我〕為死而生、為生而死。時間的瞬間永恆地消
逝，又永恆地生起，這也就是說，瞬間是永恆。而絕對現在的世
界，作為沒有周邊的無限大的球，任何地方都是〔它的〕中心。[306]
這樣的世界是"必然的自由"與"自由的必然"的世界。唯有在這樣的
世界當中，對我們的"應然"才是可能的。這樣的世界並不是主觀的
世界。就如我在〈物理的世界〉[307]這篇論文當中所討論過的一樣，
物理的世界必須作為具有絕對矛盾的自我同一的歷史世界的一個側
面來思想。

　　康德闡明了作為知識成立之條件的"先驗形式"。[308]然而，沒有

---

306 這是帕斯卡形容宇宙的語詞（參閱《沉思錄》，斷章第 72）。這是西田常用的比喻。
　　就數學上來看，一個無限大的球體，因為無限大的緣故，因而內部任何一點都可以說
　　是中心。西田用來表示在絕對現在的世界當中，任何的一個自我都可以是這個世界的
　　中心。

307 〈物理的世界〉初刊於《思想》（第 260 號，1944 年）。後收錄於《哲學論文集第
　　六》（NKZ 10），頁 5 以下。

308 「先驗形式」：意指使經驗得以可能的先天形式，包括作為純粹直觀形式的「時間」
　　與「空間」以及作為悟性概念的「範疇」。

形式的內容是盲目的，沒有內容的形式則是空虛的。康德將客觀的知識視為是〔知性〕形式與直覺內容的結合。這雖然激起了許多的問題，但無論如何，康德認為外在存在著物自身（物自体）。[309]然而至於新康德學派，他們聲稱"理解康德就是超越康德"，並且主張「應然先於存在」。[310]主張"從存在得不出應然"。但是這些人[311]所說的「存在」從一開始就是意指符合於認識的形式的東西，也就是所謂的"對象存在"。從這樣的立場所思想的東西出發，當然是遭遇不到"能思者"（考へるもの）的。但是"能思者"究竟是什麼呢？它是"無"嗎？能不能說"無"在思想？"無"在作動呢？或許"自我"是存在的，只是它無法被思想。但是，沒有辦法被思想的東西，如何能夠說它的存在呢？當我們說沒有辦法被思想的東西存在的時候，我們不是就已然在思想它嗎？"自我是無法被思想的"或許是說"自我沒有辦法成為自我的對象"。這也確實是如此。但是單單用否定的方式來規定它，是沒有辦法釐清"自我"的。能讓無法成為對象者成為對象的，就是所謂的"自我"。有人或許會認為自我屬於更高的層次。但是，自我不論層次有多高，就算是無限高的層次，在其頂

（XI, 380）

10, 302

---

309 康德將對象分為「現象」（Erscheinung）與「物自身」（Ding an sich）兩類，現象是合於時空直觀形式與範疇的存在，物自身則是先於時空的直觀之前的東西。這裏的「外在」是指「外在於先驗主體性」。

310 「應然先於存在」：西南學派李克特的主張。李克特認為「認識的對象」並不是「存在」，而是「價值」與「應然」。參閱李克特，《認識論的兩種途徑》（Heinrich Rickert, *Zwei Wege der Erkenntnistheorie. Transzendendetalpsychologie und Transzendentallogik.* Würzburg: Königshausen & Neumann, 2002）.

311 「這些人」：指新康德學派，更恰當地說，李克特學派的學者。

端、在其終點當中，我們也思想不到"自我"這樣的東西。從這裏必須要有絕對的翻轉。因而，"自我"在邏輯上作為"否定即肯定"必須是以"矛盾的自我同一"的方式所把握的東西。"物存在"（物があ る）的意義到底是如何呢？亞里斯多德認為，真正的實在是"能為主詞而不能為述詞的東西"或"個物"。[312]用萊布尼茲的方式來說，這意味著"在主詞中包含無限的述詞"。[313]然而我們的"自我"也不是這種意義下的"有"。不論是透過"單子"或"隱得來稀"，[314]也都不能 （XI,381）思想到我們的"自我"。自我首先必須是能成為自己的述詞的東西，更恰當地說，它必須是"自我述說自身者"（自己自身について述語 するもの）、必須是"自我表現自身者"或"自覺者"。具目的性者是無法完全自我反省自身者，它並不是自覺者。它終究還是被對象化的東西。自覺者必須與絕對的他者相對。絕對相反者的相互限定是表現性的。人們在思想物的時候，是以對象性思惟為基礎，但是我們其實是基於"相反者的相互表現"這樣的立場來思想。判斷就在這 10,303 種"能表現者"與"所表現者"的矛盾的自我同一的關係當中產生。從 A 來說，B 作為在 A 中被表現的東西，是〔A〕在自身之中表現 B，也就是以 B 為主詞並且對之〔B〕有所陳述，換言之，是以 B 為對象，並對之〔B〕加以判斷。但是，在這裏必須總是包含它的

---

312 亞里斯多德的說法，請參閱《範疇論》第一卷。

313 萊布尼茲的說法請參閱《形上學序說》（*Discours de métaphysique*, 1686）。

314 「隱得來稀」：參閱注 282。

反面。[315]上述所說的東西，也是 A 在 B 中被表現，A 是 B 的自我表現的一個觀點。因而，我總是說「成為物而思，成為物而行」。我與物是在矛盾的自我同一當中相互對立。但是，當我們只以空間的對立方式，來思想與自我相對的東西的時候，這個時候的自我也仍然是物。兩者的關係是物與物間的關係，是單純的作動。人們將認知也單純地思想為一種作動。即使在《純粹理性批判》的前言，也沒有脫離這樣的獨斷。[316]然而，其實在這種立場當中，我們沒有辦法思想認識，沒有辦法思想任何的意識活動。作動雖然可以說是相互否定者的結合，但是這樣的結合當中必須存在著矛盾的自我同一的"媒介者"。從這種媒介者的立場來看，相互對立地相互作動的東西，就如同是媒介者之自我限定的兩端，是透過兩者之相互限定所生起一個結果，這也可以視為是具矛盾的自我同一的媒介者自身的自我變形（jp. 自己変形）。這是為什麼物理現象被思想為力場之變化的緣故。我所謂的"場所的有"，以這種矛盾的自我同一的方式，可以說是媒介者的自我限定的中心，它是由多往一、由一往多、能變動是所變動。在場所的有當中，自我與自我對立。自我在自身之中以自我否定的方式〔與自我〕為一。因此，自我是自我表現自身者。如果我們將"表現者"與"被表現者"的關係，如同"我"與

(XI,382)

---

315 「包含它的反面」：意指「反之亦然」。因為 A 與 B 是相互表現，「反之亦然」的說法，表示在下一個句子。

316 康德在《純粹理性批判》第二版的「前言」，談到「物自身」（Ding an sich）必須被思想，否則「現象」（Erscheinung）將成為無所表象的「現象」（KrV B.xxvi-xxxvii）。康德認為我們的「認識」是為物自身所「觸動」（affizieren）。

"汝"那樣，進一步地思想為"表現者"與"表現者"的關係的時候，就算沒有意識到這裏，但其實我們總是在這種自我表現者立場當中，也就是在自覺的立場當中來思想的。這種立場是不可或缺的。[317]不論是在什麼時候，這種矛盾的自我同一的"一者"都是先決條件。不然的話，我們就沒有辦法思想這種關係。場所在自身之中限定自身的無限的自我限定的方向是對象的方向，對象邏輯就是在這個方向上來看"實在"或"作動者"。在判斷邏輯的立場當中，這是主詞的方向。亞里斯多德認為實在就在這種方向的極限。但是對象地受限定者是媒介的全般者的自我限定，而主詞地受限定者則是述詞的全般者的自我限定。[318]或許從判斷邏輯的立場來看，一切都是主詞的一者的屬性，從對象邏輯的立場來看，一切都是對象的一者的作動也說不定，但是這些立場作為場所的自我限定，是可以從其相反的立場來思想的。相對於"主詞的有"，我們可以思想"述詞的有"。我認為柏拉圖的"有"毋寧是屬於這個方向的。[319]相對於"對象的有"，我們可以思想"場所的有"或"自覺的有"。一切事物皆可以視為是"場所的有"的自我限定。我們的自我的存在，就是內在於這種立場的"有"。我們可以將我們的自我思想為述詞的場所的矛盾的自我同一的中心。〔這樣的話〕"反省"不外就是場所在自身之中映照自身。

右欄註記：10,304

右欄註記：（XI,383）

---

317 「シネ・クワ・ノン」是拉丁文 sine qua non 的音譯。表示「不可或缺的條件」或「必要條件」。

318 這是西田從自身立場對康德的「對象邏輯」與亞里斯多德的「主詞邏輯（判斷邏輯）」所進行的批判。

319 柏拉圖的「有」意指「理型」，西田認為它屬於「述詞的有」這個方向。

我們所說的"意識活動"都是從這種立場來思想的。然而，我們的意識活動作為這樣的活動，在其根柢中是自覺的、是應然的。

　　世界在自身當中包含著自我表現，並且以自我表現的方式自我形成自身。生命的世界就產生於這樣的立場當中。它以時間與空間之矛盾的自我同一之方式，從受造者到能造者。個物作為這種世界中的存在，個物與個物間相互限定地作動，都是具有目的性的。〔在生命的世界當中〕個物與個物並不只是對立的，它們也是具有秩序的。唯有在這裏才可以有作動者。才能夠思想形式與質料。但是，生物的生命世界仍然是空間的與質料的。它並不是絕對矛盾的自我同一的世界。真正"具體的實在界"或"歷史的世界"是作為絕對矛盾的自我同一而在其自身而有、在其自身而動的世界，在這樣的世界當中，時間總是否定空間，而空間總是否定時間的。它〔歷史的世界〕作為空間與時間、一與多，或者更恰當地說，作為有與無的絕對矛盾的自我同一，總是從受造者到能造者的，並且無基底地具有創造性（無基底に創造的）。透過真正地自我表現自身，也就是透過自我否定自身，〔歷史的世界〕以自我肯定的方式自我形成自身。在其自我形成的方向中，它總是時間性的、事實性的。反之，在其有自我否定地、自我表現的方向上，〔歷史的世界〕作為完全以空間的方式而自我形成自身的形式，它具有理型的性質。在後者〔自我否定地自我表現〕的方向上，它又抽象地具有法則的性質。法則只是抽象的形式，只是以多與一的矛盾的自我同一方式來自我限定自身的抽象形式而已。世界具有"否定理型的事實性、否

（XI,384）

10,305

定事實的理型性"。[320]從形式到質料、從質料到形式，它具有形式
與質料之矛盾的自我同一性。在這樣的世界當中，每個相互作動者
在其自身當中皆包含著世界的一個焦點，並且作為自我表現地自我
限定自身的一個世界而相互對立、相互否定地形成一個全體的世
界。換句話說，每個作動者作為世界的一隅，都是透過相互對立與
相互限定而形成一個世界。在其自身而有並且在其自身而動的具體
世界或歷史的世界，在其自身當中包含著世界的自我焦點，並且以
這種動態的焦點為中軸而自我形成自身。在這種中軸線上，也就是 (XI,385)
說，在歷史的世界時間（jp. 歷史的世界時）當中，包含著世界的
一個焦點並且自我限定自身的個物，是相互對立且相互限定的，或
者可以說是相互作動的。因而，我們的自我作為一個小宇宙，它的
作動完全帶有世界時間的性質、是唯一的事實性，並且同時也具有
世界的自我否定的、自我表現的、理型的性質，此外它也具有抽象
的價值性。[321]反之，這種具有世界之自我表現的理型性質的東西，
並且又是具有價值的東西，作為否定的否定，也就是說，它是肯定
的、現實的[322]、自我形成的，至少也是應然的。不存在著不具有應 10,306

---

320 這裏有幾個西田的術語：「具體的世界」是「歷史的世界」，它是「一與多」、「時
　　間與空間」、「有與無」的絕對矛盾的自我同一之世界，這樣的「絕對矛盾的自我同
　　一」，西田也用「即」來表示，形成「一即多」、「多即一」、「時間的限定即空間
　　的限定」、「空間的限定即時間的限定」等等表達。具體世界的有「自我否定面」與
　　「自我否定的否定面」（或「自我肯定面」）。「自我肯定面」是「時間性的」，它
　　是「自我形成的」、「事實性的」與「創造性的」。相對地，具體世界的「自我否定
　　面」則是「空間性的」，它是「自我表現的」、「理型性的」與「法則性的」。

321 「抽象的價值性」對應到歷史世界之自我否定面中的「法則性」。

322 「現實的」對應到歷史世界之自我肯定面中的「事實性」。

然性質的價值。在這樣的世界當中的作動，總是在某種意義下，是
理念的也是事實的，是事實的也是理念的。我們意識的自我的自覺
世界，在自身中包含著世界的一個焦點，它作為自我限定自身的一
個世界，可以說是歷史世界的一個自我表現的側面。它在自身之中
總是包含著對象的自我限定，並且是無限且表現地自我限定自身的
時間面的存在、媒介面的存在。從判斷活動的立場來說，它是徹底
地在自身中包含著主詞的自我限定的"述詞面的有"。相對於亞里斯
多德的徹底地能為主詞而不能為述詞的"主詞的有"，它可以說是徹
底地能為述詞而不能為主詞的"述詞的有"。我認為，康德說"我
思，伴隨著所有的我的表象"這個意義下的「我思」的自我就是這
樣的存在。如我先前在〈論笛卡兒哲學〉[323]中所說，我認為康德哲
學可以從這樣的立場來把握。

(XI,386)　　　人們認為"活動"，單單只是相互對立的物與物之間的相互限
定，不論是物質現象、還是精神現象，都可以無差別地視為一樣，
但是，如果要主張"物作動"的話，那麼就總是必須想到"個物"與
"全體"間的關係（洛徹[324]的形上學最能夠釐清這一點）。我們必須
思考的是，這是在什麼樣的世界、在什麼樣的場所當中〔發生
的〕。如上所說，我們的自我是世界的一個表現點，而我們的意識
活動在自身之中包含著世界的一個自我表現點，而作為一個世界的

---

323 〈論笛卡兒哲學〉發表於《思想》（第 265 號，1944 年 7 月），後收錄於《哲學論文
　　集第六》（NKZ 6, 117-149）。

324 洛徹：請參閱注 76。

自我表現，意識活動完全就只是以自我表現的方式，自我形成自身的個物的自我限定的歷程而已。一切生命皆開始於世界在自身之中包含自我表現並且形成自身。這〔生命〕首先是空間面的、生物性的、本能性的，也就是說，它在自我否定面當中擁有自身。[325]然而，隨著生命也徹底地是時間面的、自我肯定的，也就是說，是絕對矛盾的自我同一的、具體的時候，它將成為歷史的生命。在歷史的生命當中，否定面與肯定面是對立的。前者〔否定面〕是物質的世界，後者〔肯定面〕是意識的世界。從判斷邏輯的角度來說，前者是主詞面，後者則是述詞面。從對象邏輯的角度來說，前者是對象世界，後者是活動世界。[326]心理學者也將意識的世界思想為純粹活動的世界（例如，馮特的《心理學綱要》）。[327]現象學家認為意識的世界是意向性的。就如我在〈生命〉這篇論文當中說過，我們可以將其〔意識的世界〕思想為矛盾的自我同一的世界的時間面的自我限定的世界。世界之自我表現面的限定，在自身之中包含著世界自身的焦點，從空間面來看，它具有本能的性質，但是，從時間面來看，則是具有意識活動的性質。再者，從世界自身焦點的自我

（10,307）

（XI,387）

---

325 「擁有自身」（自己を有つ）：意指「獲得自身的存在」。

326 在這裏是「物質世界」與「意識世界」的對比。「物質世界」是「歷史世界的否定面」，判斷邏輯地來看是「主詞面」、對象邏輯地來看是「對象世界」；「意識世界」則是「歷史世界的肯定面」，判斷邏輯地來看是「述詞面」、對象邏輯地來看則是「活動世界」。西田的「活動」意指「意識活動」。

327 馮特（Wilhelm Maximilian Wundt, 1832-1920）：是德國著名心理學家、生理學家，心理學發展史上的開創性人物，實驗心理學和認知心理學的創建人。馮特的《心理學綱要》指馮特出版於 1896 年的 Grundriß der Psychologie。

限定來看，它具有自覺的性質。在這裏，就產生了"自由的世界"。
以世界自身的焦點為中心並且自我限定自身的時間面的自我限定，
就是"意志"。所謂"理性"不外就是完全地能為述詞而不能為主詞的
時間面上的自我限定。因而我們是有理性的。我們總是在時間面
上、在意識面上、內在地在自身當中包含著主詞者，也就是說，包
含對象並且自我擁有自身的目的。這種理性的自我限定的世界，作
為實踐理性的世界，就是康德的道德世界。在康德的道德世界當
中，主詞性的存在是單純地自我表現自身的東西，作為以記號的方
式而被表現的東西，在形式上它是具有多與一的矛盾的自我同一的
抽象的形式世界，也就是說，它是純粹法則的世界。我們的自我作
為單純表現世界的個物，也就是說，作為單純的思惟性存在，總是
以形式的方式表現世界，並且我們自身在形式上作為一個世界而自
我形成自身，也就是說，我們具有純粹意志的性質。這就是道德意
志。因而，我們的道德意志的目的在敬畏法則，為了法則而遵從法
則，我們的道德意志必須總是義務性的。這對我們自己來說具有定

10,308　言令式的性質。自我作為多與一的純粹矛盾的自我同一的型態的自
我限定，以個物與個物之矛盾的自我同一之方式，承認他人的人
（XI,388）　格，就意味著自我成為人格，反之也是如此。[328]康德主張，不論是
對於自己的人格或者是對於他人的人格當中，皆必須將人作為目的
本身來對待，不能作為手段來使用。道德的世界是「目的王國」。
從純然意識的自我的立場，來思想客觀的行為世界的時候，就只能

---

328 這是說，自我藉由承認他人的人格，而成為具人格性的存在。他人也是一樣。

到這裏而已。這是純粹自我的世界、純粹應然的世界。康德哲學的
精髓就在這裏。當這種純粹自我的世界，在主詞面上沿著空間來思
想的時候，它就是純粹知識的世界。"意識全般"[329]可以視為是這種
世界自身的焦點。康德比康德的末流更重視直觀。並且〔康德〕沿
著直觀面來思考世界。矛盾的自我同一之世界是述詞面的限定，倘
若反過來將其視為主詞面的限定，並且是在其自身的焦點來限定的
話，那麼它將成為"必然的世界"、成為"自然的世界"。這樣的世界
以作為矛盾的自我同一的自身的焦點為中心，以"多"的自我否定的
"一"的方式，而具有時間的性質，以"一"的自我否定的"多"的方式
而具有空間的性質。而以其動態的焦點為中軸，它具有圖式[330]的性
質。這種中軸性的自我限定，意識地來說是想像的活動。在實踐理
性的方向上，圖式具有述詞面的性質，它是"規則"。所謂物自身的
世界，從我的立場來說的話，它是我們自我本身的存在場所，是直
接地關聯著我們自我本身並且自我形成自身的歷史世界。根據上述
所說，我認為我可以將康德哲學包容在我的場所邏輯當中（詳細的
部分他日再說明）。

　歷史的世界是全體的一與個物的多的矛盾的自我同一的世界，

329　「意識全般」（Bewußtseinüberhaupt）：康德的哲學概念，意指作為意識活動之統一
　　的「純粹統覺」或「先驗統覺」。

330　「圖式」：意指康德的 Schema。在康德哲學，圖式是感性的直觀與知性的範疇的媒
　　介。知性的範疇透過圖式而作用於感性的直觀，它屬於超越論的構想力（Transzen-
　　dentale Einbildungskraft）的機能。

(XI,389)　它總是具有自我表現的性質。總是自我否定地、甚至是記號地自我
表現自身。它具有述詞面的性質。在這種記號地自我表現的世界，
也就是判斷地自我限定自身的世界當中，其自我肯定地自我限定自
身的方向是主詞的方向，反之，其自我否定地自我表現自身的方向
則是述詞的方向。從主詞性的存在來說，述詞性的存在是從屬的。

10,309　述詞性的存在並不是在其自身而獨立的東西，它只是對主詞性存在
的言說。述詞性的東西是抽象性的東西，是單純的全般者。但是，
在任何意義下都不會自我表現的物就不會是物。反過來我們也可以
說，主詞性的存在、個物性的存在，可以徹底地視為是全般者的自
我限定。一切以判斷邏輯的方式被思想為"有"（jp. 有）的東西，
作為這兩種方向〔主詞的方向與述詞的方向〕的矛盾的自我同一，
都可以視為是辯證法的全般者或場所的自我限定的"有"（有るも
の）。這是為什麼我所說的與述詞面相對的主詞面，作為場所的自
我限定，可以無基底地說成是表裏或內外的關係的緣故。不論是哪
一個方向上，[331]"一者"都不存在。不過這種自我否定地自我表現自
身，並且自我肯定地自我形成自身的矛盾的自我同一的世界，作為
全體的一的自我否定的多，它具有空間的性質，作為個物的多的自
我否定的一，它具有時間的性質（時間與空間本來就不是獨立的形
式，它們不過是場所的自我限定的兩個方向而已）。"從受造者到
能造者"就是"場所限定場所自身"、"形式形成形式自身"。以自我
表現的方式自我限定自身的世界是自我形成的，並且是以多與一的

---

331 意指不論是「主詞的方向」或「述詞的方向」。

矛盾的自我同一的方式，以時間空間的方式來自我形成的世界自身，它必須具有自我表現的性質。自我形成的世界總是以自我否定的方式自我限定自身或自我表現自身，在這種自我否定的極限當中，也就是說，在記號地自我限定的立場當中，形成活動成為判斷活動。因而，倘若從世界的自我形成的立場來說的話，在以判斷活動的方式而自我限定自身的場所的立場當中，述詞面與主詞面是作為活動面與對象面而對立著。在從受造者到能造者，或者從受限定者到能限定者的立場當中，也就是說，在作為受造者而完全地受到決定或受決定的形式的立場當中，場所擁有對象面的性格，在其相反的立場當中，也就是說，在完全自我限定自身的立場當中，場所完全具有活動面的性格。在對象面上完全被決定的場所當中，一切事物作為個物地受限定者，在判斷活動上屬於主詞面。反之，在活 （XI,390）
動面上完全地自我限定自身的立場當中，一切的事物皆以無基底的方式自我限定自身，也就是說，一切事物作為在自我限定自身當中擁有自身存在的事物，在判斷活動的層面上，作為全般者的自我限定，它們都是述詞面的。將主詞者從述詞性的方向來思想，也就是說，將判斷的活動思想為全般者的自我限定，這意味著從“活動面”來思考。活動作為純然的活動在活動自身當中擁有自身，這意味著 10,310
時間性的存在無基底地作為全般者的自我限定，並且全般者在自我限定本身當中擁有自身。而“全般者無基底地在自我限定本身當中擁有自身”這意味著，在全般者徹底地自我特殊化自身當中，也就是說，在全般者的極端當中、在個物化當中擁有自身，這同時也反過來意味著，全般者完全不能從個物或主詞性存在來限定，它是在否定被限定為個物當中擁有自身，也就是說，全般者是在否定自我限定的自我否定當中擁有自身。因而，活動面的自我限定，作為完全自我限定自身的場所限定，是以個物的多的自我否定方式而為全體的一，並且也可以稱為時間面的自我限定。我們的意識活動，不論它是什麼樣的活動，都可以思想為是這種時間面的自我限定。因而對於表現者與被表現者以矛盾的自我同一之方式為一，並且自我表現地自我形成自身的世界而言，從判斷活動的立場來看，在主詞面上，它是完全被場所所限定的世界，也就是斯賓諾莎的實體世界；但是，在述詞面上，它〔世界〕可以思想為完全自我限定自身的場所的自我限定，也就是康德先驗邏輯的世界。主詞面是述詞面的自我限定，〔因而〕主詞者作為述詞面的全般者之自我限定，總是被思想為對象性的。在這樣的立場當中，世界可以完全理性地被思想為"應然即實在"，並且可以說："汝應當行，因而汝能夠行"。如上所述，在與主詞面的關係當中，自我限定自身的全般者在自我否定當中擁有自身的存在，同樣地，世界作為個物的自我否定即全般者的自我否定，具有綜合統一的或意識全般的特性（在場所的自我限定當中，主詞面與述詞面都是在自我否定當中擁有自身的存在）。在這樣的立場當中，質料與形式可以說是對立的。在主詞面上既予的東西，在個物的層面上，具有質料的性質；在述詞面的方向上，則是以綜合統一的方式具有形相的性質。述詞面的自我限定作為知識結構的形式，可以思想為範疇性的。

（XI,391）

　　從作為記號地自我表現自身的世界的自我限定的判斷活動的立場來看，如上所述，主詞面與述詞面、對象面與活動面是對立的，在這兩個相反的方向當中，我們可以思想"有"，但是，在其自身而有、在其自身而動的真正實在，並不在這兩個方向上。而是在這兩個方向的矛盾的自我同一之中。因而，我們的自我的存在作為"述詞面的有"，並不單單只是以判斷活動的方式存在而已，而是作為"意志活動的有"而存在，[332]它以從被造者到能造者的矛盾的自我同一的方式，並且是自我形成自身的歷史世界之自我形成的方式而存在。 10,311

第二章

　　我先前討論過，我們的自我的存在是什麼、意識的活動是什麼。作為矛盾的自我同一的世界的自我表現面的限定，作為個物的多的一，每個"一"皆在自身之中包含著世界的自我表現點，在自我表現地自我形成自身當中，我們的自我的存在就在這裏。我們的自我是作為以時間與空間的矛盾的自我同一之方式而自我形成自身的世界的時間面的自我限定而產生，它擁有否定空間的性質（空間否定的に），如果從判斷活動的角度來說，〔自我〕作為述詞面的自我限定，擁有以主詞與述詞的矛盾的自我同一之方式而自我表現自身的世界的主詞的方向的否定性質。也就是說，自我是完全地能為述詞且不能為主詞，而且是完全以主詞的方式限定自身的全般者的

332　西田在措詞上以「本能」為「主詞的有」；以「理性」為「述詞的有」；以「自我形成自身的歷史世界的自我形成」為「意志活動的有」。

(XI,392) 自我限定的身分而存在。[333]意識活動不外就是這種全般者的自我限定的歷程而已。作為時間與空間的、述詞方向與主詞方向的,或內在與外在的矛盾的自我同一的世界之時間面的自我限定、述詞面的自我限定,從某一方面來看,這是完全以外在的方式來思考內在,以主詞的方式來思考自我。從這裏來想,也就是從外在到內在,透過在內在中映照外在,我們的自我是無限的欲求,其根柢則是本能的。作為這種全般者的自我限定,我們以假言令式的方式行為。反之,我們的自我本來作為述詞的全般者的自我限定,完全在自身之中將主詞性存在視為自我限定,也就是說,完全是在內在中來看外在。從這裏來想,也就是從內在到外在,我們的自我作為在自身之中映照自我、在自身之中擁有自身的目的性存在,它是意志的、自律的,作為全般者本身的自我限定,它完全是理性的。從這裏來看,我們以定言令式的方式來行為。在前者的立場〔假言令式〕當中,我們的自我完全是私欲性的;在後者的立場〔定言令式〕當中,我們的自我完全是道德性的。在後者當中,我們的自我作為純然時間面的自我限定,具有多的自我否定的一的性質,並且作為在自我否定當中擁有自身存在的全般者的自我限定,它無限地具有應然的性質,並且在絕對價值當中擁有自身的存在。〔絕對價值〕作為我們的自我存在的理由,在這裏我們的自我擁有永恆的生命。以道德為媒介來思想宗教的人,就是從這樣的立場來思想宗教的。康

10,312

---

333 西田將「自我」理解為自我限定自身的活動,它具有時間面的(否定空間面的)性質,是述詞的自我限定(否定主詞的方向),它是全般者並且又自我限定自身為主詞。

德也沒有越出這個立場。但是，我認為從這樣的立場出發，宗教根本不會出現。真正的宗教意識或宗教心，從這裏是沒有辦法出現的。就算可以從這裏來預測宗教心，這也不是真正的宗教心。所謂（XI,393）"宗教心"並不像多數人所思想的，是可以在所謂"有限與無限"或"相對與絕對"的歷程性關係中產生的東西，而是在探問我們自身的存在、在我們自身成為問題的時候，才能夠被意識到。不同於物質的世界是主詞面的自我限定，意識的世界是述詞面的自我限定。我們的自我作為全般者本身的我限定，剛開始的時候總是會被認為是理性的。但是，我們"真正的自我"或"個性的自我"（jp. 個的自己）並不在這裏。這是為什麼從所謂"內在性哲學"沒有辦法來思想"宗教"的原因。從道德的立場出發，所謂自我的存在是無法成為問題的。不論良心是如何地敏銳，都沒有辦法讓自我本身的存在成為問題。這是因為不論我們認為自我是如何地罪孽深重，道德都是基於自我的存在的緣故。否定這一點，不外就是否定道德本身。道德與宗教的立場，儘管可以這麼明白地區別開，但是大多數的人都沒有意識到。

這樣的話，宗教的問題要在什麼樣的情況下，才在我們身上生起呢？所謂的"宗教心"要在什麼樣的情況下才能被意識到呢？宗教的問題並不是價值的問題。當我們在我們自身的根柢當中，意識到深刻的自我矛盾的時候、自覺到我們自身的自我矛盾的存在的時10,313候，我們自身的存在本身才會成為問題。人生的悲哀、人生的自我矛盾，這是老生常談了。但是大多數人都沒有深刻地注視這個事實。當我們徹底地注視這個事實的時候，宗教的問題就一定在我們（XI,394）

身上生起（哲學的問題其實也是從這裏產生的）。我們的欲求具有自我矛盾的性格，這並不需要等到悲觀主義的哲學家來主張。我們的自我就經常為欲求所撥弄。道德這種被稱為"自律"的東西，在其自身果真就是完善的（jp. 十全）嗎？我認為道德的極致就在於道德自身的否定。所謂的"道德意志"在其自身當中就包含著自我矛盾。這是為什麼在但丁的《神曲》當中，就連希臘的哲學家也在林勃城徘徊的原因。[334]但是，我們自身存在的根本的自我矛盾的事實就在於"死的自覺"。一般來說，生物都會死，任何生物都不是永恆的生存者。我也知道我會死。但是，我並不只是在這種〔生物學的〕意義下說我自覺到死而已。在這裏，我將我自己對象化並且將我視為物。這是肉體的生命。人們說，即使在肉體上死亡，但是在精神上生存。精神上的生存意味著理性地、道德地生存，也就是作為我所謂"述詞面的自我限定"。但是，理性者與全般者本來就不是生存者。[335]沒有誕生，就沒有死亡。理性自覺不到死亡。生存者總是在其自身而存在的，它必須總是作為個物而否定全般。即使是所謂的"動物"，只要它是生存的，那麼就必須是這樣的東西，它必須

---

334 「林勃城」（limbo）：出自但丁《神曲》的「地獄篇」。林勃城是由七重高牆環繞的城堡。這是未受洗的幼兒與基督誕生前死亡的善人的靈魂死後所去的地方，它是一個因無法信仰上帝的悲哀之地，位於地獄的邊境。請參閱但丁（Dante Alighieri），《神曲》「地獄篇」第四章。黃國彬譯注（台北：九歌，2003 年），頁 153 以下。黃譯本將林勃城譯為「幽域」。小坂國繼教授譯為「邊獄」。請參閱小坂國繼，《西田哲學を読む 1 —場所の論理と宗教の世界観》（東京都：大東出版社，2008 年），頁 64，注 3。

335 這是因為理性者與全般者屬於永恆的存在，無生存死滅可言。而生存者則屬於歷史的存在。

完全是非合理性者。我們的自我，在這個意義下，可以視為是個物（XI,395）
的自我限定的極限。但是，即使從這種立場出發，"死的自覺"也不
會出現。〔出現的〕只有作為述詞面的自我限定，並且在其〔述詞
面的自我限定的〕極限中在其自身〔而存在〕的自我而已（笛卡兒 10,314
的自覺）。[336]自覺到自我永恆的死（永遠の死），唯有在自我面對
"絕對無限者"或"絕對者"的時候。藉由面對絕對否定，我們才認識
到自我永恆的死。但是如果只有如此的話，我還不能說這是"絕對
矛盾的事實"。因而"認識到自我的永恆的死"這個事情是自我存在
的根本理由。這是因為唯有認識到自我永恆的死，才能真正地認識
到自我的個體。唯有如此才是真正的個體、真正的人格。不死的東
西不是獨一無二的（一度的なもの）。可以反覆的、不是獨一無二
的，就不是個體。藉由面對永恆的否定，我們的自我才得以真正地
認識到自己的獨一無二。因而，當我們知道自己永恆的死的時候，
我們才能真正地"自覺"。自我並不只是透過"反省"來進行自覺。在
〈論笛卡兒哲學〉當中，我就曾經說過，我們已然在自我否定當中
認識了自己（我以此為我的哲學的出發點）。[337]而當自我以這樣的
方式認識到自我永恆的死的時候、認識到自我永恆的無的時候，自
我才是真正地在自覺。在這裏，自我的存在必須是絕對的矛盾。認

---

336 這是說，我們在這裏只能思想到在其自身而存在的自我，例如笛卡兒的「自我」。西
　　田認為只是作為述詞面的自我限定的自我，是理性的與道德的自我，並不是真正的自
　　我。

337 西田在這裏說自身哲學的出發點在於「自我的自我否定的自覺」。參閱西田〈論笛卡
　　兒哲學〉收於 NKZ 10，頁 117 以下。

知到自身的無，並不單單只是判斷自身是無而已。〔因為〕如此的
判斷者必須存在。[338]知道自己永恆的死，必須是超越永恆的死、必
（XI,396） 須是永恆的生。再者，單純地超越了死亡，並不就是生存。生存就
必須死亡。這確實是矛盾。但是，我們的自我的存在就在這裏。我
所謂"宗教心靈的事實"也在這裏。而這並不是基於哲學而來的設
想，它也不是由道德而來的要求，反而由前者〔宗教心靈的事實〕
才能到達後者〔哲學與道德〕，因為這才是我們的自我存在的事
實。

　　"相對者面對絕對者"這意味著"死亡"。當我們的自我面對神的
10,315 時候就是死亡。當以撒亞看到神的時候，他說：「災難將來臨，我
將死去。因為我有不潔的嘴唇，並且居住在不潔的嘴唇的人民當
中，而我的眼睛看到了萬軍之主的國王。」[339]相對者不能與絕對者
相對立。再者，對立於相對的絕對也不是絕對。這種絕對者本身仍
然是相對者。當相對對立於絕對的時候，這裏必須存在著死亡。它
〔相對〕必須成為無。我們的自我唯有藉由死，才能逆對應地接觸
到神，才能與神建立聯繫。對象邏輯學或許會認為，既然已死而且
是無了，在這裏不就連相對者也不存在嗎？不是連"相對"也不能主
張嗎？但是"死"並不是單純的無而已。所謂的"絕對"當然是"斷絕

---

338 這是說，如果知道自己永遠的死，意味「判斷」自己是「無」的話，那麼能判斷者本
　　身仍然是「有」，它並沒有死。

339 出自《聖經》〈以賽亞書〉第六章第五節。和合版聖經的譯文為「那時我說，禍哉，
　　我滅亡了。因為我是嘴唇不潔的人，又住在嘴唇不潔的民中。又因我眼見大君王萬軍
　　之耶和華」。

所對"。但是，單單只是斷絕所對的東西，它什麼東西也不是，不過是單純的無而已。不創造任何東西的神，是無力的神，它並不是神。不用說，不論是在什麼意義下，都以對象方式與某物相對，這 （XI,397）樣的東西是相對，不是絕對。但是，單純地斷絕所對的東西，也不是絕對。在這裏，有著絕對本身的自我矛盾。在什麼意義下，絕對才是真正的絕對呢？"絕對"透過與"無"相對，才是真正的絕對。透過與"絕對的無"相對，才是"絕對的有"。在絕對無自身之外並沒有任何東西以對象的方式與絕對無自身相對，"相對於絕對無"意味著"自身自我矛盾地與自身相對"，它必須是"矛盾的自我同一"。單純的無並不與自身相對。與自身相對的東西，必須是否定自身的。否定自身的東西，必須在某種意義下與自身有著相同的根。全然與自身毫無關係的事物，是連否定自身也不能說的。在形式邏輯的層面上，愈是同一類的事物，相互之間也就愈能夠成為對照的事物或相反的事物。只要在自身之外存在著否定自身的東西、與自身對立的東西，這樣的東西就不是絕對。"絕對"必須在自身之中包含著絕對 10,316 的自我否定。"在自身之中包含著絕對的自我否定"必須意味著"自身成為絕對無"。只有當自身能夠成為絕對的無，才能夠說否定自身者與自身相對而立，才能夠說自身在自身之中包含著絕對的否定。[340]因而"自身自我矛盾地與自身對立"意味著"無對立於無自身"。真正的絕對，在這個意義下，必須擁有絕對矛盾的自我同一 （XI,398）

---

340 西田這個句子是用否定的方式表達，直譯為：「只要自身不是絕對，就不能夠說否定自身者與自身相對而立，不能夠說自身在自身之中包含著絕對的否定。」

的性質。當我們以邏輯的方式來表現"神"的時候，就只能這樣來說。由於神作為絕對的自我否定，逆對應地與自身相對，並且在自身之中包含著絕對的自我否定的緣故，所以神是在其自身的"有"（有るもの），因為是絕對的無，所以是絕對的有。因為是絕對的無而有，所以是無所不能、無所不知，是全智與全能。因而，我認為"有佛才有眾生、有眾生才有佛"，"有作為創造者的神，才有作為創造物的世界"，反之亦然，"有作為創造物的世界，才有神的存在"。〔我〕這麼主張或許是違反（戻る）[341]巴特[342]將神視為"絕對的超越"的想法也說不定。從基督教徒來看，這或許會被認為是泛神論的（jp. 万有神教的）。[343]但是，在這種想法當中也包含著以對象邏輯的方式來思想神的謬誤。就如我經常所說，絕對並不是單純無對立的絕對，而是包含著絕對否定的絕對。因而，對立於"絕對"的"相對"，並不只是絕對的部分，也不是絕對的減少。如果是這樣的話，這樣的絕對還是無對立性的，因而就已經不是絕對了。絕對總是在自我否定當中擁有自身。真正的絕對就存在於徹底地以相對的方式自我翻轉自身的地方。真正全體的一是在真正個物的多

---

341 小坂國繼教授建議這裏的「戻る」應讀為「もとる」，意義相當於「悖る」表示「違背」、「違反」的意思。今從小坂教授的建議。請參閱小坂國繼，《西田哲学を読む1—場所的論理と宗教的世界観》（東京都：大東出版社，2008 年），頁 73，註 3。

342 卡爾・巴特（Karl Barth, 1886-1968）：瑞士新教神學家。提倡辯證法神學。批判以人為中心的神學，主張神的超越性。主要著作《羅馬人書講解》、《教會教義學》、《我信》。

343 泛神論（德文 Pantheismus；英文 pantheism）：將神與世界視為同一的思考方式，主張「神即自然」，認為神內在於自然的一切事物當中。

中擁有自身。神徹底地以自我否定的方式內在於這個世界當中。在這個意義下，神完全是內在的。因此，在這個世界上，神既可以說不存在於任何地方，又可以說無所不在。佛教在《金剛經》中以"即非的邏輯"[344]來表現這種背理（鈴木大拙[345]）。所言一切法者，即非一切法，是故名一切法；[346]佛非佛，所以是佛，眾生非眾生，所以是眾生。在這裏，我也想到大燈國師的話：億劫相別而須臾不離，盡日相對而剎那不對。[347]單單只是超越地自我滿足的神，並不是真正的神。從某方面來說，神必須完全擁有「自我掏空」（ケノシス）的性質。[348]既是完全超越的又是完全內在的，既是完全內在的又是完全超越的神，這才是真正的辯證法的神。這才可以說是真正的絕對。雖說神基於愛而創造了世界，但是神的絕對愛，作為神的絕對的自我否定，必須是屬於神的本質。它並不是 opus ad extra。[349]我所說的東西並不是泛神論的，毋寧也可以說是萬有在神

10,317

344　《金剛般若經》中「佛說般若波羅密，即非般若波羅密」、「所言一切法者，即非一切法，是故名一切法」以「即非」來連結矛盾對立的兩物，鈴木大拙稱為「即非的邏輯」。

345　鈴木大拙（1870-1966）：請參閱注5。

346　出自《金剛般若波羅密經》卷一。（CBETA, T08, no. 235, p. 751, b2-3）。

347　大燈國師：宗峰妙超（1282-1337），臨濟宗大應派的禪僧。大德寺的創建者。這裏的詩文出自《大德寺誌》中「大燈國師上後醍醐天皇法語」。

348　「ケノシス」：希臘文 kenosis 的音譯，表示神具有自我掏空的性質。出自《聖經》〈腓立比書〉第二章第五至七節。和合本譯為：「你們當以基督耶穌的心為心。他本有神的肖像，不以自己與神同等為強奪的。反倒虛己，取了奴僕的形象，成為人的樣式。」

349　「opus ad extra」：拉丁文意指「向外的工作」或「額外的工作」。

論的（Panentheismus）。[350]但是，我完全不是以對象邏輯的方式在思考。我所說的東西，具有絕對矛盾的自我同一的絕對辯證法的性質。即使黑格爾[351]的辯證法，也仍然脫離不了對象邏輯的立場。這是為什麼〔黑格爾的辯證法〕，也被左派[352]以泛神論的方式來解釋的緣故。佛教的般若思想[353]反而可以說是真正地貫徹了絕對辯證法。佛教並不像西方學者所認為的那樣是一種泛神論的宗教。

對於從對象邏輯的立場來思想的人而言，或許會將上述絕對矛盾的自我同一的神的表現，思想為一種神秘神學。但是，具有八不性質[354]的否定神學，並不擁有辯證法的性質。就如同斯賓諾莎的絕對有[355]可以稱為是"殘渣"[356]一樣，純然否定性的無也是沒有任何作

---

350 萬有在神論：表示萬有內在於神。就否定超越的神，認為神是內在的而言，萬有在神論與泛神論一致。泛神論認為一切都是神，萬有在神論認為萬物皆內在於神，為神所包攝。

351 黑格爾：請參閱注 50。

352 「左派」：意指「黑格爾左派的學者」，亦稱青年黑格爾學派，擁有無神論與激進的傾向。

353 「般若思想」：意指佛教般若經系統中的「空」的思想，這裏特別是指《金剛般若經》所展開的邏輯思惟。

354 「八不」：意指龍樹《中論》中的八重否定的邏輯（不生、不滅、不常、不斷、不一、不異、不來、不去），通常也稱為「八不中道」。龍樹透過八重否定，表明世界是無實體性的空。《中論》卷一〈觀因緣品〉：「不生亦不滅。不常亦不斷。不一亦不異。不來亦不去。能說是因緣。善滅諸戲論。我稽首禮佛。諸說中第一。」（CBETA, T30, no. 1564, p. 1, c8-11）

355 「斯賓諾莎的絕對有」：意指斯賓諾莎所理解的「實體」。從西田哲學的立場來說，這樣的實體是絕對有。

356 「カプト・モルトゥム」：拉丁文「caput mortuum」的音譯。意指物質蒸餾後所遺留的「殘渣」、「糟粕」，引伸為「無用的東西」。參閱黑格爾，《哲學百科全書綱要》（*Enzyklopädie der philosophischen Wissenschaften im Grundrisse*）第五十節、第一

用的東西（何物でもない）。完全在自身之中包含著絕對的否定的 (XI,400)
無，透過與無自身相對而是無限地自我限定自身的絕對矛盾的自我
同一的"有"，也就是說，"真正的絕對有"必須無限地擁有創造的性
質，而且必須是完全的歷史的現實。我在以前就曾經詳細地討論過
"創造活動"（自《哲學論文集第五》以後）。"創造活動"並不是
"從無生有"。這不過只是單純的偶然而已。雖說如此，它也不是單
純地來自於"有"。[357]如果是這樣的話，那就只是必然的結果而已。
所謂"創造活動"不外是意指，多與一的矛盾的自我同一的世界，在 10,318
自身之中表現自身，並且以完全無基底的方式從受造作者到造作
者，無限地自我形成自身。以主詞的超越方式而為君主的
（Dominus）的神[358]並不是創造的神。創造的神必須在自身之中包
含著否定。不然的話，這樣的神就只是隨意而行的神（恣意的な
神）而已。在這裏，我想要釐清創造活動與人格間的關係。迄今為
止，人們都只是從具意識性的抽象的個人自我的立場來思想"人格"
而已。人們將自我基於自身而作動思想為自由。但是，要這麼主張
的話，所謂的"自我"就必須在某種意義下以擁有性質的方式存在。
如果沒有任何限定性，就不能說是"基於自身"。"有"必須擁有某種
性質。基於自身的本質而作動、依循自身的本質才能被思想為"自

　　百五十節補遺。黑格爾用它來指康德的「物自身」。

357　在這裏「來自於"有"」（有から）應是「有から有が出る」的省略。對應於「從無生
　　有」而意指「從有生有」。

358　西田原文為「Dominusなる神」，在這裏西田將「Dominus」視為形容動詞，表示「具
　　君主（主宰）性質的神」。

由”。單純地隨意而行並不是自由。這樣的話，我們自身的本質是
什麼？我們自身的本質究竟存在於哪裏？如果我們以自我為主詞性
（XI,401）的有的話，那麼它就是本能性的。在這裏並沒有所謂的“自我”這樣
的東西。因而，如先前所說，我們的自我的存在必須是述詞面的。
述詞面的存在在自身之中包含著主詞性的存在，更具體地來說，時
間面存在在自身之中包含著對象性的存在，而“意識活動”則是以矛
盾的自我同一的方式無限地自我限定自身的東西。在這裏，我們自
我的本質被認為是理性的。為了法則之故而遵守法則，我們的自我
被思想為是自律的。但是，當我們這麼想的時候，我們的自我不是
任何人的自我，但是它也可以是任何人的自我，它不過就是全般者
的自我限定而已。它既不擁有任何的個性，也不擁有任何實在性，
不過就只是“抽象的有”而已。從這樣的“有”是不可能有“作動”的。
從這裏無法產生“事實”。在這裏沒有“實行”。就算“應然”不過就只
是在意識的層面上這樣思想而已。恐怕所謂“決斷”也不能主張。
“決斷”意味著意識的自我的自我否定自身，這已然越出了意識自身
10,319 之外。唯有當我們自我的意識活動成為創造的歷史世界的事件的時
候，我們才能說“實行”。從這種歷史的立場出發，就算我們只是意
識地思想，這也是行為。實踐的自我並不只是理性的。自我存在於
擁有破除法則的可能性的地方。我們的自我的意志存在、人格的自
我，必須完全是自我矛盾性的存在。我們的自我完全是一種述詞面
的自我限定的“有”。它在自身之中限定自身、擁有自覺的性質。它
（XI,402）完全是理性的。但是，如果只是這樣來想的話，自我就不是意志
的，也不是行為的。我們的意志存在於主詞性的存在打破述詞面，

並且反過來以述詞面的方式來自我限定自身的地方。單純地能為主詞而不能為述詞的東西是對象性的個物。如果這種個物被思想為是述詞面地自我限定自身的時候，也就是說，被思想為是以意識的方式而活動的時候，它是本能的與欲求的。但是，就這一點來說，它並不是自由的，也不是意志的。我們的自我作為完全的述詞面的自我限定，它必須內在地包含主詞性的存在。我們人格的自我作為真正地自我限定自身的唯一的個體（jp. 唯一的個），它就存在於"述詞面即主詞面地"自我限定自身的地方，也就是說，存在於以主詞與述詞的矛盾的自我同一的方式而自我限定自身的地方。我們的自我以意識的方式在活動著。但是，我們的自我並不單純地在於意識之內。當然也不單純地在意識之外。人格的自我存在於，以內與外之矛盾的自我同一的方式、徹底地在自身之中表現著世界，並且作為世界的一個焦點而自我限定自身的地方，也就是說，人格的自我存在於具創造性的地方，它是自由的同時也內在地是必然的。唯有在絕對無並且自我限定自身的絕對矛盾的自我同一的世界當中，我們人格的自我才能夠產生。

　　絕對矛盾的自我同一之世界，以自我否定的方式，徹底地在自身之中表現自身，並且以作為「否定的否定」的自我肯定的方式，徹底地在自身之中自我形成自身，換言之，它是創造性的。這種時候我往往會使用"世界"這個語詞。但是，"世界"這個語詞並不像通常人們所想的一樣，它並不意指著與自我對立的世界。我只用它來表示絕對的"場所的有"，因而它也可以說是"絕對者"（在討論數學

10,320
（XI, 403）

的時候，我也曾稱之為"矛盾的自我同一體"[359]）。矛盾的自我同一
的世界在自身之中表現自身，並且藉由自我表現自身而形成自身。
這種絕對者的「自我表現」可以宗教地思想為"神的啟示"，而這種
"自我形成"可以宗教地思想為"神的意志"。作為絕對矛盾的自我同
一的絕對現在的世界，徹底地在自身之中映照自身，在自身之中擁
有自身的焦點。它以這種"動性的焦點"為中軸而徹底地自我形成自
身。在這裏，我們可以看到聖父、聖子與聖靈間三位一體的關係。
我們每一個自我作為這個世界的個物的多，都是自我限定自身的世
界的唯一的個體，皆表現了絕對的一者，並且反之，我們每一個自
我作為絕對的一者的自我表現，皆是一者的自我投影點。我們每一
個自我作為創造世界的創造要素，皆形成創造的世界。以這樣的方
式，我們人格的自我可以說是建立在上述世界的三位一體的關係之
上。因而，我所謂"絕對矛盾的自我同一的世界"作為"場所的有"，
並不是"流出的世界"，也不單單只是生產的、生成的世界。再者，
它也不像是那些誤解我的人所說的是"智的直觀的世界"。它徹底地
是個物的作動世界。從被造作者到造作者，它是人格的自我的世
界。絕對意志的世界。因而，一方面它也是絕對惡的世界。[360]我曾
(XI,404) 說過，真正的絕對者包含著絕對的自我否定。"絕對有"作為"絕對

---

359 參閱西田，〈數學的哲學性基礎〉，收於 NKZ 11，頁 189 以下。

360 西田在這裏將「人格」、「絕對意志」與「絕對惡」並列。這意味著西田所謂的「人
格」、「絕對意志」都不是絕對善，而是包含著「絕對惡」的矛盾的自我同一的存
在。

的否定即肯定"，因而才是真正的絕對。[361]神在自身之中包含著自身的絕對的自我否定，並且與絕對的自我否定相對，這並不單純地意味著，〔神〕面對的是"沒有神的世界"或所謂的"自然的世界"。純然自然的世界是無神論的世界。或者我們也可以從理神論[362]者的角度，從自然的秩序來看神的創造。真正的"神的絕對自我否定的世界"必須是"惡魔的世界"。它必須是徹底地否定主詞的神、否定 10,321 君主的神的世界，也就是說，它必須是徹底的反抗的世界。"自然"是作為主詞的神、主體的神的自我否定的極限的世界。它是作為歷史世界的環境的極限的世界，歷史世界是主體限定環境、環境限定主體的世界。但是，這還不是述詞的神或理性的神的自我否定的極限的世界。雖然這看起來或許極度違背理性，但是真正絕對的神在某個側面上必須具有惡魔的性質。唯有如此，祂才可以說是真正的全智與全能。耶和華是向亞伯拉罕要求犧牲他的一個兒子以撒的神（參閱齊克果的《恐懼與戰慄》）。[363]祂是要求人格自身的否定的神。只是對立於惡並與之戰鬥的神，即使祂完全地克服了惡，也仍然是相對的神。純然超越性的與最高善的神不過是抽象的神而已。

---

361 一般來說，西田哲學的基本概念為「絕對無」。西田在這裏用「絕對有」來稱呼它，但是這並不是對「絕對有」的直接肯定，而是強調唯有建立在自我否定的自我肯定的「絕對有」才是真正的絕對有，絕對有是絕對的否定「即」肯定。

362 「理神論」（Deismus）：承認具超越性與創造性的神，但是否定作為人格神的神。主張要將宗教中的啟示與奇蹟，視為非合理性的要素而加以排除。理神論相對於人格神論又稱為「自然神論」，盛行於西方十七、十八世紀的啟蒙主義者。

363 以撒是亞伯拉罕的獨子。神試探亞伯拉罕的故事出自《聖經》〈創世記〉第二十二章。

(XI, 405)

"絕對的神"必須是在自身之中包含著絕對否定的神，祂必須是能夠墮入極惡的神。能救助惡逆無道的神，才是真正絕對的神。最高的形相必須能將最低的質料形相化。絕對的愛（アガペ）[364]必須及於絕對的惡人。神也以逆對應的方式潛藏於極惡之人的內心當中。只是審判的神並不是絕對的神。這麼主張並不是要將善惡視為無差別。將至高的完滿者思想為神，這並不是來自於我們心靈上的事實。以對象邏輯的方式來思想神，這是透過推論來思想神。或許人們認為"心靈上的事實"不過是主觀性的東西而已。但是，如上所論述，"真正的絕對"在邏輯的層面上也必須是"矛盾的自我同一"。真正的邏輯是絕對者的自我表現的形式。因而必須是辯證法性的。自我證明自身的真正事實，自身就是辯證法性的。我所主張的"神"並不是所謂的"神性"（Gottheit），而是在自身之中包含著絕對否定的絕對矛盾的自我同一，般若的"即非的辯證法"最能表現這一點。以對象邏輯的方式來思想即非辯證法的話，那麼它也會被視為是無

10,322

差別的。對於擁有體驗的人來說，這是自明的事。造成災難的東西是抽象邏輯的思惟。絕對的神作為上述意義下的絕對矛盾的自我同一，作為其投影點的我們的自我，其實是善與惡的矛盾的自我同一的存在。卡拉瑪助夫說，美潛藏於所多瑪之中，美不僅是恐怖的，也是神秘的，如果要說的話，它是惡魔與神的戰鬥，其戰場就是人的內心。[365]我們的內心在根本上就是神與惡魔的戰場。我們自我的

---

364 「アガペ」：希臘文「agape」的音譯，意指神的「愛」。

365 出自杜思妥也夫斯基的《卡拉馬助夫兄弟們》。杜思妥也夫斯基（Feodor M.

實在作為意志的存在、作為人格，其實就存在於這裏。我們的自我 （XI,406）
作為述詞面的自我限定徹底地是理性的，並且也在主詞面地徹底否
定理性〔述詞面〕的地方擁有自身的存在，也就是說，我們的自我
在"根本惡"中擁有自身的存在。康德從道德的立場將這一點稱為
"向惡的傾向"。[366]對此，如我在〈生命〉這篇論文中所討論過的一
樣，這必須是一種"稟賦"。稟賦性的存在是無基底地矛盾的自我同
一的存在。我常常用"無限的球體"來比喻"絕對矛盾的自我同一的
場所"、"絕對現在的世界"以及"歷史的空間"。這個球體沒有周
邊，到處都是中心，[367]它是無基底地、矛盾的自我同一的球體，這
個球體在自身之中映照自身，其無限向心的方向（中心的なる方
向）是超越性的神。在這裏，人們看到歷史世界的絕對主體。相對
於此，其離心的方向（jp. 周辺的方向）則完全否定性地擁有惡魔
的性質。因而，這種世界徹底地為惡魔性所充滿。我們的自我作為
這種世界的個物的多，是惡魔的也是神性的。場所邏輯的神學，既
不是有神論（テースムス），也不是理神論（デースムス）。[368]它

Dostoevskii, 1821-1881）是俄國小說家。著有《卡拉馬助夫兄弟們》與《罪與罰》
等。故事中的所多瑪（Sodom）是靠近死海的古代城市。因居民罪惡重大，連同蛾摩
拉（Gomorrah）一起被上帝降火焚燬。所多瑪與蛾摩拉的故事，出自《聖經》〈創世
記〉第十八至十九章。

366 「向惡的傾向」：德文為「Hang zum Bösen」，參閱康德，〈單在理性限界內之宗
教〉，《康德全集》（柏林：普魯士學院）第六卷，頁32。

367 請參閱注306。

368 「有神論」（Theismus）與「理神論」（Deismus）：兩者皆承認「超越性」與「創
造性」的神存在，有神論認為神是具有人格性的，又稱人格神論。理神論則否定神是
具有人格性的。

既非精神的，亦非自然的，而是歷史的。

　　透過上述所說，我認為這可以釐清，為什麼我們的自我在其根柢必須是宗教性的、宗教心究竟是什麼。宗教的問題並不在於，我們的自我作為作動者應該如何存在？應該如何作動？而是在於我們的自我是什麼樣的存在？究竟存在於哪裏？所謂宗教的關係並不在於完滿者與不完滿者之間的對立。完滿者與不完滿者之間不論存在著多麼無限的距離，它們都是在擁有相同目的而前進的歷程的兩端，是在同一條直線上的東西。在這麼一種立場當中，我們的宗教性意識是無法出現的。人們往往只是從我們犯錯與迷失的自我的不完滿性的立場，來為宗教的要求賦予一個基礎。但是，單單從這樣的立場，所謂的"宗教心"是不會出現的。投機者也會犯錯與迷失，他也會深深地對自身的無力感到悲傷。再者，宗教的迷失並不是對自身目的的迷失，而是對自我的存在之處（自己の在処）的迷失。道德如果只是從自己的無力感出發，而這種無力感是對於對象地所思想的道德的善而產生的無力感的話，那麼不論這種無力感是如何地深刻，只要在其根柢中存在著對道德力量的自信的話，它就不會是宗教心。即使是懺悔，只要它是內在於道德立場當中，它就不會是宗教的懺悔。通常所說的懺悔，不過是對自身罪惡的後悔而已，它仍然殘存著所謂的自力。真正的懺悔就必須包含著羞恥。羞恥是對他者的羞恥。就算道德層面上所說的懺悔也是對客觀的自我感到羞恥，也就是說，是對自我的道德心感到羞恥。在這裏自我必須被丟棄、拋棄。在道德的情況當中，羞恥是對人、對社會的羞恥。在宗教的懺悔或真正的懺悔當中，它必須是對自我的根源、是對作為

0,323（XI,407）

父親的神與作為母親的佛的羞恥。面對自身的根源必須自我丟棄自 　（XI,408）
身、自我拋棄自身、對自我自身的存在感到羞恥。在這裏，才能夠
遭遇到奧圖[369]所說的「聖靈的顯現」（ヌミノーゼ）。[370]在主觀的
層面上深刻地自我反省到自身的根源，才能夠做到佛教徒所說的觀
照人生、觀照自我。佛教中的「觀」（観ずる）並不是說以對象的
方式外在地來觀看佛，而是照見、省察自身的根源。如果主張外在
地觀看到神的話，那不過就只是魔法而已。 　　　　　　　　　　10,324

　　為什麼我們的自我在其根柢是宗教性的？為什麼沿著深刻地反
省自我自身的根柢，也就是說，沿著深刻的自覺，宗教的要求就會
出現並且就一定會為宗教的問題所苦惱？如上所說，這是因為我們
的自我是絕對的自我矛盾的存在的緣故。因為"絕對的自我矛盾"就
是自我的存在理由。一切事物皆是變動的、過渡的（移り行く），
沒有東西是永恆的。生物皆會死，不死的就不是生命。在這裏，也
可以說已經是自我矛盾了。但是，生物並不知道自己的死。不知道
自己的死，就不擁有"自我"。在這裏，還不能說有"自我"。沒有
"自我"的東西，是沒有"死亡"的，生物可以說並沒有死亡。"死亡"
意味著自我進入"永恆的無"。因此，自我是不可反覆的，自我是唯
一的、個物的。然而，知道自身的死亡就是超越了死亡，而單純地

---

369 奧圖（Rudolf Otto, 1869-1937）：德國新教神學家。

370 「ヌミノーゼ」：「Numinose」的音譯。奧圖神學所使用的概念，「Numinose」是由
　　拉丁文「numen」（表示神的意志或超自然的力量）所造的德文字。奧圖用它來表示
　　一種神聖的宗教經驗，參閱 Rudolf Otto, *Das Heilige. Über das Irrationale in der Idee des
　　Göttlichen und sein Verhältnis zum Rationalen,* 1917(Nachdruck: München 1988)。

（XI,409）

超越了死亡，並不就是生存。知道自身的死，意味著"無而有"（無にして有）。絕對的無而有必須是自我矛盾的極致。而且在這裏有著我們真正的自覺的自我。我們超越自己的行為，並且知道自己的行為。通常這被稱為自覺。但是如果單單就這一點來說的話，自我也可以說是"全般者的存在"或"理性的存在"。在這裏沒有不可反覆且唯一的自我，也沒有真正的自覺。因而，在上述我們個人的自我與人格的自我之成立的根柢當中，必須存在著絕對者的自我否定。真正的絕對者並不是單純地斷絕任何與自身相對的東西。真正的絕對者在自身之中徹底地包含著自我否定，並且透過相對於絕對的自我否定，以絕對的肯定即否定的方式來自我限定自身。我們的自我的世界或人類的世界，就產生於這種絕對者的自我否定當中。這種絕對的否定即肯定就是神的創造。因而用佛教的方式來說，我認為

10,325 這是"有佛才有眾生，有眾生才有佛"。相對於絕對的"相對"，如上述所說，並不單單意味著"不完美"，而是必須擁有否定的意義。神與人的關係，如果從人的角度來說，我認為可以用大燈國師的話，來表示兩者間矛盾的自我同一之關係："億劫相別，而須臾不離，盡日相對，而剎那不對，此理人人有之"。否定即肯定的絕對矛盾的自我同一的世界必須徹底地是"逆限定的世界"或"逆對應的世界"。神與人之間的對立徹底地是逆對應的。因而，我們的宗教心並不是從我們的自我所生起，而是〔來自於〕神或佛的呼聲。它是

（XI,410）

神或佛的作動，來自於自我成立的根源。奧古斯丁在《懺悔錄》的開頭就說：「汝為自己而創造了我們，除非在汝之中平息，否則我

們的心將永不能安慰。」[371]學者無視這一點，只是想要從人的世界來思想神、來討論宗教。這些人連宗教問題與道德問題這種明白的區分也沒有自覺到。這就如同蒙著眼睛射箭一樣。無疑地，道德是人類最高的價值。但是宗教並不必然要以道德為媒介、以道德為通路。我們的自我在面對作為自我生命之根源的絕對者的宗教關係當中，不論是智者、愚者、善人、惡人，皆是平等的（jp. 同樣）。甚至可以說：「連善人都能往生了，何況是惡人呢。」[372]在根柢上是自我矛盾的人類世界當中，到處都存在著將我們導向宗教的機緣。宗教是絕對的價值顛倒。在這個意義下，一個自負的道德家要進入宗教，可以說比駱駝穿過針眼還難。[373]

　　具人格性的基督教將宗教的根源，非常嚴肅地置於人類墮落的罪惡當中。我們作為背叛創造者的神的亞當的子孫，繼承了原罪。一出生就是罪人。因而，從人出發並沒有脫離原罪的途徑。唯有藉由神唯一的人子（jp. 神の一人子）的犧牲，才能夠脫離原罪，神唯一的人子是基於神的愛，由神派送到人類世界的。我們透過基督天啟的信仰而得以獲救。一出生就是罪人，從道德上來看，這是極端不合理的。但是將人的根柢思想為墮落的罪惡，我不得不承認這

10,326

371　出自奧古斯丁，《懺悔錄》第一卷第一章。參閱徐玉芹譯本，新潮世界名著 24（台北：志文出版社，1985 年），頁 21。

372　出自親鸞（1173-1262），《嘆異鈔》第三章。收於《親鸞全集》別卷，石田瑞麿譯（東京都：春秋社，2010 年），頁 8。文中「往生」意指「往生淨土」。

373　「駱駝穿過針眼」：典出《聖經》〈馬太福音〉第十九章第二十四節。「我又告訴你們，駱駝穿過鍼的眼，比財主進神的國還容易呢。」

（XI,411）是極為深刻的宗教的人生觀。如我所曾經說過的，這確實必須是對我們人類生命的根本事實的表示。人類是透過神的絕對的自我否定而產生的。在人類的根源當中，擁有注定要被投入永恆的地獄之火的命運。淨土真宗也將人類的根本置於罪惡當中。它主張"罪惡深重、煩惱熾盛的眾生"。[374]唯有藉由相信佛的名號始得以獲救。我認為對佛教來說，一切人類的根本都在"執迷"。執迷是罪惡的根源。而所謂的"執迷"是由於我們將對象化的自我思想為自我而起。執迷的根源來自於對自我的對象邏輯的觀看方式。因而，大乘佛教主張，藉由悟道而獲救。我認為一般人都誤解了這裏的"道"的說法。它並不是以對象的方式來觀看物。如果主張對象地來看佛的話，佛法就是魔法。悟道是徹見自我自身的無的根柢、徹見自身的罪惡的本源。道元說："學習佛道，就是學習自我，學習自我，就是忘卻自我"。道元的這種看法與對象邏輯的看法必須是完全相反的。本來就不應該有自力的宗教。這恰恰是矛盾的概念。佛教徒本身也錯解了這一點。不論是所謂的自力他力，禪宗也好、淨土真宗也好，作為大乘佛教，本來就是站在相同的立場上的。其所達到的境界必須是一致的。如果說到入信的困難，那麼所謂的"易行宗"[375]或許反而是難行的。親鸞聖人也說到"易往無人的淨土信仰"。[376]不

---

374 語出親鸞；《嘆異鈔》第一章。《親鸞全集》別卷，石田瑞麿譯（東京都：春秋社，2010 年），頁 6。

375 「易行宗」：意指淨土宗。相對於自力修證悟道的難行，淨土宗強調藉由佛的本願力而往生淨土的教義與方法。

376 語出親鸞的《教行信證》信卷。意思是說：雖然通向淨土這條路很容易，但是沒有人

論是在哪一種宗教當中，都必定要求自我否定的努力。一旦真正地 (XI,412)
喚醒了宗教的意識，任何人都會像解救自身燃眉之急那樣地〔來行
為〕。只是這樣的努力要在什麼樣的立場當中？要在什麼樣的方向
上呢？將神或佛以對象的方式置於完全無法達到的理想境地，透過 10,327
這種方式，自我以否定即肯定的方式來努力，這是典型的自力。
〔但是，〕這並不是宗教。在這裏完全沒有親鸞聖人所說的"橫
超"。[377]最不具有淨土真宗的性質。

第三章

　我曾討論過：我們的宗教心是從什麼地方生起的？它是建立在
什麼基礎之上？宗教的問題是什麼樣的問題？不用說，這些都不是
對象認識的知識問題，也不是我們意志的自我的應然的道德問題。
〔這些問題所關聯的是：〕我們的自我是什麼？它存在於什麼地
方？這是自我本身的本體的問題（本體の問題）、自我本身存在於
什麼地方的問題（在處の問題）。我們之所以苦惱於、致力於宗教
問題，就是來自於我們的宗教意識。對於單純地超越我們的自我的
東西、外在於我們的自我的東西，我們的自我並不會感到苦惱。唯
有在這種東西關聯著我們自身的存在，也就是說，關聯著我們的生

走這條路。收於《親鸞全集》第一卷，石田瑞麿譯（東京都：春秋社，2010 年），頁
121。

377 「橫超」：「橫」表示依據阿彌陀佛願力，「超」表示不需經過次第階位而快速遠離
執迷。「橫超」屬於他力宗的法門。參閱親鸞的《教行信證》信卷，收於《親鸞全
集》第一卷，石田瑞麿譯（東京都：春秋社，2010 年），頁 171-172。

命的時候，我們才會為其所苦惱。它與生命的關係愈是深刻，我們就愈為其所苦惱。"良心"也是超越我們的自我的東西。但是，良心是從內在來超越我們的自我。正因如此，"良心的譴責"是從生命的底部對我們的自我的搖動。所謂良心的譴責是無所遁逃的。這是對"道德的苦惱"的陳述。但是，說到"良心的苦惱"，仍然總是要說到"自我"。只是良心的苦惱是從自我自身的底層而來的苦惱。只要自我是理性的存在，我們就會為良心所苦惱。在我們的自我當中，理性被認為是自律的。我也認為我們自我的存在是"述詞面的"。我們的意識活動就是作為述詞面的自我限定而產生。但是，我們的自我並不單單只是全般者的存在、不單單只是述詞面的存在。我們的自我徹底地擁有個體的性質，我們的自我是意志性的存在。我們的自我的存在，就存在於個物徹底地否定全般的地方，在我們的自我徹底地擁有破除法則之可能性的地方。單單只是沿著全般者的方向而行，反而意味著對自我的自由的否定，意味著自我自身的喪失，意味著成為所謂歐氏幾何學的。[378]但是，在單純地否定全般的地方、否定理性的地方，也不存在著自我。單純的非理性的存在，不過就只是動物而已。我們的自我，愈是思考它，就愈會發現它是自我矛盾性的存在。杜思妥也夫斯基的小說，可以說是以極為深刻的方式處理了這種問題。什麼東西讓自我真正地成為自我？在我們的自我當中，什麼東西是真正自律性的？我們必須在我們自我的根柢當中來思考這個問題。學問與道德都是從這裏而來的。真正的價值必須

（XI,413）

10,328

---

378 「成為歐氏幾何學的」：意指「成為抽象的全般者」。

以真正的自我存在為基礎。或許有人會認為，沉潛於這樣的問題是 （XI,414）
沒有用處的。作為人，我們只要跟隨著良心而行動就足夠了。將懷
疑的利刃指向道德的根源，人們或許會認為這麼做本身就是罪惡
的。如果真是這樣的話，就沒有所謂宗教的問題了。當然，人並沒
有義務一定要成為宗教性的存在。但是，在這麼說的時候，人們已
經在自我存在的根柢當中，置入了社會性的存在。於是"生死的問
題"也就以社會為基礎來思考，但是，我認為社會也是來自於"人的
存在"。宗教的價值並不是人們所謂的價值。它毋寧與人們所謂的
價值處於相反的方向。"神聖"就存在於超越價值的方向上。它也可
以說是一種否定價值的價值。

　　自我矛盾的東西本來是不能夠存在的。它當然不是"能為主詞
而不能為述詞"這種意義下的存在，但是，它也不能說是單純的"能
為述詞而不能為主詞"的"理性的存在"或"理型的存在"。合理的存
在必須在自身之中完全不能包含任何的矛盾。然而我們的自我卻是
完全自我矛盾性的存在。"自我思想自我自身"意味著自我是主詞性
的也是述詞性的，"自我認識自我"的作動意味自我是時間性的、也 10,329
是空間性的存在。我們的自我就在這種自我矛盾當中擁有自身的存
在。我們的自我愈是自我矛盾的，就愈能自覺到自我自身。這真的
是詭譎（パラドックス）。[379]在這裏有著深奧的問題。我們的自我
可以說是在自我否定當中而擁有自身的。它不是在主詞方向上的存

---

379 「詭譎」：希臘文「paradox」的音譯，表示「找不到出路」。「詭譎」對理論理性來
　　說，是負面的且有待化解的難題。但是西田正面地看待「詭譎」，它表示「絕對矛盾
　　的自我同一」，包含著「深奧的問題」。

(XI,415) 　在，也不是在述詞方向上的存在，可以說是在絕對無當中擁有自我自身的。這種自我矛盾性的存在要能夠成立，在其根柢中必須存在著絕對矛盾的自我同一。必須有徹底地以否定即肯定、肯定即否定的方式，或矛盾的自我同一的方式而存在的創造者。必須存在著絕對的無而限定自身、存在著絕對的無即有的東西（絶対の無にして即有なるもの），因而是"應無所住而生其心"。當說到「在其根柢中」的時候，人們或許會沿著主詞的方向來思考，以基底的方式將其思想為實體性的東西。但是，當我說以矛盾的自我同一之方式「在其根柢中」的時候，這必須完全是不同的意義，它必須是在"絕對的否定的肯定"這種意義下的。如果我們沿著主詞的方向來思考"根源"的話，就會像斯賓諾莎的"實體"[380]一樣，所謂的"自我"必定是消失的。反之，倘若我們沿著述詞的方向來思考〔根源〕的話，那麼它就會像康德哲學的費希特發展方向一樣，成為絕對的理性。在這裏，自我也會失去。不論是在哪一個方向上，都不存在著作為自我矛盾性的存在的自我的成立的根源。作為這種存在的根源，我們的自我必須徹底地是自我否定自身，並且又必須是真正地讓自我成為自我的東西。在這裏，並不是單純地意味著自我被否定掉而已。既不是意味著，我們的自我與神或佛在同一個方向上並且能夠成為神或佛，也不是意味著能趨近於神或佛。在這裏，必須思想所謂的「逆對應」。大燈國師的話最能夠表示這一點。這是為什

---

380 斯賓諾莎以上帝或神為唯一實體，世界內的事物皆是上帝基於自身的必然性而創造。在斯賓諾莎的世界當中，作為個物的自我並沒有積極的意義。請參閱注 122。

麼宗教的世界作為絕對矛盾的自我同一的場所的自我限定，唯有藉由場所邏輯才能夠被思想的緣故。關於神與人之關係的種種誤解，（XI,416）也都是來自於對象邏輯的思考方式。我並不排斥對象邏輯。對象邏 10,330 輯作為具體的邏輯的自我限定的契機，必須被包含於具體的邏輯當中。若非如此的話，即使說是具體的，這也不是邏輯。錯誤的地方只在於我們將對象邏輯地所設想出來的東西，反過來視為是自我限定自身的實體的緣故，也就是說，錯誤的地方只在於所謂的"概念的實體化"。康德反而是釐清了這一點。[381]

如上所說，我們的真正的自我並不在主詞的方向上，也不在述詞的方向上。而是在以主詞的方向與述詞的方向之矛盾地自我同一的方式自我述說自身的地方。在我們的自我深處，有著徹底地自我表現自身的東西。純然不作動的東西是不存在的。我們的自我完全是作動者。但是，我們的自我並不像物質一樣，只存在於空間地作動的地方，也不單單只是存在於非空間地或時間地、或者說所謂精神地、意識活動地作動的地方。我們的自我徹底地以時間空間的矛盾的自我同一之方式，作為絕對現在的自我限定，存在於在創造地作動的地方。〔我們的自我〕超越時間與空間，藉由在自身之中映照世界而作動，也就是說，〔我們的自我〕存在於認知而作動（知って働く）的地方。在我們自我的深處，存在著徹底地以歷史的方式自我形成自身的東西。我們的自我可以說就是從這裏誕生、從這

---

381 這是指康德對純粹理性的限制，實體範疇只能運用於現象世界。將實體範疇越出現象界而運用於物自身，則是純粹理性的幻象的來源。

（XI,417）

10,331

裏作動，也是在這裏死去。在我們自我的深處，存在著徹底地超越我們的意識性自我的東西。而且這個超越我們意識性自我的東西，並不在我們的自我之外，而所謂"意識性自我"就是從這裏產生的，從這裏而被思想的。它並不是單純無意識的或本能性的東西。這樣來思想是對象邏輯的錯誤。"認知"意指"自我越出自我"、"自我走出自我之外"。並且這反過來意味著"物成為自我"、"物限定我們的自我"。認知的活動產生於認知者與被認知者的矛盾的自我同一當中。即使無意識或本能，也已然是這樣的活動。我所說的"行為的直觀"不外就是如此。在我們的自我的自覺的深處，存在著完全越出自我的東西。我們的自我愈是自覺地深入自身，就愈可以這樣主張。我們真正的自我，就是以內在即超越、超越即內在的方式，也就是說，以矛盾的自我同一之方式，從這裏來作動。在這裏必須存在著所謂的"直觀"。行為的直觀就意味著這種以否定為媒介的辯證法的歷程。在這裏存在著"絕對否定的辯證法"，它超越了所謂的判斷的辯證法。要不然的話，就算它是辯證法，這也不過是內在於抽象的意識性自我的意識內部的事情而已。如果人們像"智性直觀"那樣來理解我的"行為的直觀"的話，那麼這只能是基於康德哲學的立場而來的曲解。所謂"藝術的直觀"是將自身予以對象化地來觀看的觀看方式。我所說的"行為的直觀"是與此相反的觀看方式。我的"行為的直觀"意味著完全從超越意識性自我的自我的立場來觀看物。在我們的自我的根柢當中，存在著完全超越意識性自我的東

（XI,418）

西。這是我們自我的自覺的事實。自我自覺自身的事實，只要是深刻反省的人，都一定會注意到這個事實的。鈴木大拙稱此為"靈性"

（日本的靈性[382]）。精神的意志力是以靈性為根據而超越自我。靈性的事實是宗教性的，並不是神秘的。人們將宗教思想為神秘的，這個事情本來就是錯誤的。科學的知識也是建立在這種立場之上的。科學的知識並不單單是從抽象的意識性自我而產生。如我先前所論述，科學的知識產生於身體的自我的自覺的立場（參照〈物理的世界〉[383]）。宗教的意識作為我們生命的根本事實，也必須是學問與道德的基礎。宗教心並不為特殊的個人所專有，而必須是潛藏於任何人心之底部的東西。沒有注意到這一點的人，也沒有辦法成為哲學家。

　　在任何人心的底部，皆存在著"宗教心"。但是，大多數的人都 10,332
沒有注意到它。即使注意到的人，也很少是入信之人。"入信"說的是什麼呢？"宗教的信仰"又是什麼？人們往往將宗教的信仰與主觀的信念相混同。更離譜的地方是認為宗教的信仰是建立在意志力之上的東西。但是，宗教的信仰必須是"客觀的事實"、必須是對我們自我而言的"絕對的事實"，它是鈴木大拙所謂的"靈性的事實"。在我們的自我的底部，存在著完全超越了自我的東西，而且這樣的東西對我們的自我來說，並不是單純的他者，它不是在自我之外的東西。在這裏，存在著我們的自我的自我矛盾。在這裏，我們迷失了 （XI,419）

---

382 指鈴木大拙的書《日本的靈性》（1944），在這裏，鈴木以「精神」為分別，以「靈性」為超越分別意識的「無分別智」。它是超越精神與物質的二元對立，並將兩者包含的「無分別的分別」。參閱《鈴木大拙全集》第八卷（東京都：岩波書店，1968年），頁 21-22。

383 〈物理的世界〉：西田的論文，完成於 1943 年，現收於《哲學論文集第六》，NKZ 10，頁 5-47。

自我的存在之處（自己の在処）。然而，就在我們的自我完全以矛盾的自我同一之方式，在真正的自我發現自身的地方，所謂的宗教的信仰才能夠產生。因而，主觀地來說這是安心，客觀地來說則是救贖。我們通常不是將自我的本源外在地沿著主詞的方向來思考，就是內在地沿著述詞的方向來思考。當外在地沿著主詞來思考的時候，我們的自我是欲求的，而當內在地沿著述詞來思考的時候，我們的自我是理性的。但是，就如我所曾經說過，我們的自我的根源並不在這兩個方向上。從心理學的角度來說，我們的自我的根源不單純是感官性的，也不單純是意志性的。它存在於〔這〕兩個方向的絕對矛盾的自我同一當中。因而，我們的自我要進入宗教的信仰，我們的自我的立場就必須有"絕對的轉換"。這稱為"回心"。因而所謂的"回心"，並不像人們通常所想的那樣，是由相反的兩個方向的一方往另一方而去，它並不是歷程性的。我們的自我既不是動物性的，也不是天使性的。因而，我們是迷失的（迷へる）的自我。只要一回轉，就可以在其矛盾的自我同一當中，找到安身之地（安住の地）。這並不是在直線的對立當中，單純地由一個方向往其相反的方向而去，而必須是親鸞聖人所謂的"橫超"、必須是圓環的。在這裏我們也可以說，以對象邏輯的方式是不能夠思想宗教的。因而，不論是宗教的回心或解脫，它不能夠脫離這個一方面是欲求的，一方面是理性的意識的自我，它甚至也不可以說是無意識的。在這裏，〔我們的自我〕必須具有更清晰的意識性，或者寧可說必須是"睿智的"。它絲毫沒有脫離我們的"判斷的意識性自我"或

"分別的自我"。鈴木大拙稱此為"無分別的分別"。[384]"靈性"就是"無分別的分別"。有些人將其單純地思想為"無意識"，是因為他們根本不理解宗教意識，只是從對象邏輯的立場來推論宗教的意識而已。我曾在前一章中[385]主張，我們的自我是作為神的絕對的自我否定的肯定而產生的，並且說這是真正的"創造"。真正的絕對者並不是單純地斷絕與自身相對的東西而已。如果這樣的話，它就只是單純的絕對的否定者，反過來說，仍然免不了是相對者。真正的絕對者必須在其自身之中，面對絕對的自我否定、必須在其自身之中包含著絕對的否定。它必須以絕對矛盾的自我同一之方式自我媒介自身，也就是必須以般若即非的邏輯的方式，透過絕對的否定而自我媒介自身。我們的自我就是透過神的絕對否定的自我媒介而產生的。就如我一向所主張，我們的自我可以說是作為絕對的一者的個物的多的自我否定的極限而產生。在這裏，我們的自我是神的肖像，它是絕對的一者的自我投射點，也是絕對意志性的存在。我們的自我在絕對的自我否定當中擁有自身的存在，在自我認知自身之死亡的地方成為自我，它是為了永恆的死而生。人們常說，死是為了更大生命的生，死才得以生。但是，死亡是進入永恆的無。曾經死過，就不會是永恆的生。個體沒有辦法再來一次，人格不會有兩個。如果這樣是可以的話，那麼它從一開始就不會是生存者。它是　（XI,421）

---

384 鈴木大拙關於「無分別的分別」的說法，請參閱《禪的思想》（1943），收於《鈴木大拙全集》第十三卷。對西田來說，無分別的分別表示超越一切分別，又將一切分別包攝在內的高層次的智慧。

385 指本文第二章。

以外在的方式所思想的生命，是生物性的生命。若非如此，自我自
身的人格生命就會只是理性的。道德家大都就是這樣來思想的。理
性是沒有生死的東西。就算在這裏，所謂生命也是以外在的方式來
思想的。再者，單純地生死的存在，是永恆地輪迴的存在。這是永
恆的死。永恆的生命在於"生死即涅槃"當中。我們的自我與神或絕
對者的關係，如我多次所提到的，我認為大燈國師的話最能表達這
一點。這是完全地逆對應、絕對地逆對應。在這裏可以說"生死即
涅槃"。我們永恆的生命，必須在這裏來思考。這並不是說，我們
的自我脫離生命並且進入了不生不滅的世界。我們的自我從一開始
就是不生不滅。即當下即永恆的（jp. 即今即永遠）。因而，"慧玄
會裏無生死"。[386]只要我們對象邏輯地將我們的自我視為對象的存
在，那麼我們就完全是生死的存在，無限輪迴的存在。在這裏有著
永恆的執迷（迷い）。我並不是主張對象邏輯是執迷的邏輯。當說
到場所以矛盾的自我同一的方式，在自身當中限定自身的時候，這
就必須是對象邏輯的。唯有當我們將對象邏輯地所限定之物、所思
想之物，執著為實在的時候，這才是執迷。這不僅是在宗教當中，
在科學的真理當中，也可以這麼來主張。我們知道自我永恆的死。
自我就存在於這裏。但是，在這個時候，我們已然在永恆的生當中
了。自我這種以矛盾的自我同一的方式，徹入自我的根源，就是宗
教的入信、回心。而基於對象邏輯的方式所思想的對象性的自我的

10,334

（XI,422）

---

386 慧玄（1277-1360）：日本京都妙心寺的開山祖師。「慧玄會裏無生死」是說慧玄領悟
到自身之中並無生死。這是說，自我永恆的生並不是自我藉由超越生命，過渡到另
一個沒有生與死的生命，而是從一開始，就是無生亦無死。

立場，入信與回心是不可能的，因而我們不得不主張作為絕對者自身的自我限定的神力。信仰是恩寵。在我們的自我的根源處，存在著這種神的呼聲。這是為什麼我認為，在我們自我的深層底部，有著完全超越自我並且是自我之所從出的東西。基於此才有"生即不生、生死即永恆"。

　　在我的生命論當中，我主張我們的生命的世界，作為絕對現在的自我限定，是在自身之中表現自身、以時間空間的方式從受造者到造作者，在徹底地自我形成自身的地方產生。我們的生命是作為絕對現在的自我限定而產生的。就空間面的自我限定來看，我們的生命完全是生物性的，反之，就徹底地時間面的自我限定來看、就 10,335 表現地自我形成來看，它是意識的、精神的。在我們的生命的極限當中，作為絕對現在本身的自我限定，我們的生命總是以生命的"開始即終結"的方式，具有"即當下即絕對現在"的性質。因而，我們的自我總是超越時空的，它是透過在自身之中表現絕對現在的世界或永恆的過去與未來，來自我限定自身。在這裏，我們擁有永恆的生命。擁有在念念間生死，卻又無生無死的生命。包含著絕對的自我否定、是絕對的無而又自我限定自身的"絕對者的世界"，徹底地以矛盾的自我同一之方式，在自身之中表現自身，也就是說，它必須是在自身之中包含著與自身對立事物的"絕對現在的世界"。這 (XI,423) 是為什麼說"應無所住而生其心"的原因。在中世紀的哲學當中，將神比喻為無限球體的人，曾主張因為無周邊而到處都是中心。[387]這

---

[387] 出自古撒奴斯（Nicolaus Cusanus, 1401-1464）的《論知的無知》（*De Docta*

正就是我所謂的"絕對現在的自我限定"。如果我們不在我們的自我的靈性上的事實來把握這一點，而只是以抽象邏輯的方式來理解的話，那麼這些語詞不過只是無意義的矛盾概念而已。然而，真正的絕對者並不是斷絕所對的東西。絕對者的世界徹底地帶有矛盾的自我同一的性質、帶有多與一的逆限定的性質，所有的一切都必須屬於逆對應的世界。從般若即非的邏輯來看，因為是絕對的無，所以是絕對的有；因為是絕對的動，所以是絕對的靜。我們的自我與"絕對的一者"也就是與"神"，完全是逆限定地處於逆對應的關係之中。在我們的生命當中，一直都是"即當下即絕對現在"（jp. 即今即絶対現在）的，這樣的說法並不只是意味著抽象地超越時間而已。無片刻停留的瞬間與永恆的現在逆限定地處於逆對應的關係當中。因而"生死即涅槃"。自我超越自身意味著徹底地返回自我、成為真正的自我。這是為什麼主張"諸心皆為非心，是名為心"[388]的緣故。"心即是佛、佛即是心"的意義，也必須在這裏把握。對象邏輯地來看，我們的心與佛並不能說是同一的。"般若真空的邏輯"[389]不能以西洋邏輯的方式來把握。迄今連佛教的學者都沒有釐清這種

10,336

Ignorantia），1440 年。古撒奴斯是德國的神秘主義哲學家。「知的無知」表示人類不能透過理性的知識來把握神性的無限。對西田的影響主要在「知的無知」、「對立的統一」（coincidentia oppositorum）以及「隱匿的神」（deo abscondito）這三個概念。

388 出自《金剛般若波羅蜜經》卷一：「如來說諸心，皆為非心，是名為心。所以者何？須菩提！過去心不可得，現在心不可得，未來心不可得。」（CBETA, T08, no. 235, p. 751, b26-28）

389 對西田來說，「般若真空的邏輯」與「般若即非的邏輯」是同義的。

"即非的邏輯"。我們的自我徹入自我自身的根柢並且回歸絕對者，這並不意味著離開這個現實〔世界〕，反而是徹入歷史現實的底部。我們的自我作為絕對現在的自我限定，完全是歷史的個體。因 (XI,424) 而有"透得法身無一物，元是真壁平四郎"[390]。南泉說："平常心是道"[391]、臨濟[392]說："佛法無用功處，祇是平常無事，屙屎送尿，著衣喫飯，困來即臥"。[393] 如果我們也將這些理解為"灑脫無關心"的話，這是極大的謬誤。這必須是在全體活動的層面上（jp. 全体作用的に），所顯示出來的一步步血滴滴的歷程。斷絕分別智，並不就是無分別的。〔而是〕如道元禪師所說，自我成為真正的無。"學習佛道就是學習自我，學習自我就是忘卻自我，忘卻自我始能讓萬法來證。"[394] 貫徹〔徹する〕科學的真理，也不外就是如此。我稱此為"成為物而觀看、成為物而聽聞"（物となって見、物となって聞く）。應該要否定的是"以抽象的方式所思想的自我"的這個

---

390 「真壁平四郎」是日本松島圓福寺（現為瑞巖寺）的開山祖師法心性才（1150?-1250?）的俗名，鎌倉時代的禪僧，約為中國宋朝時人。出家前為真壁的郡守。「透得法身無一物，元是真壁平四郎」的意思是說，「當穿透入法身的時候，除了我本來的自己（真壁平四郎）之外，沒有任何其他的東西。」

391 南泉：唐代禪僧南泉普願（748-834）。名普願，於南泉山建禪寺，世稱南泉普願。「平常心是道」表示道在日常的行住坐臥當中。

392 臨濟：唐代禪僧臨濟義玄（?-867）。名義玄，因居臨濟院，世稱臨濟義玄。

393 《鎮州臨濟慧照禪師語錄》卷一：「佛法無用功處。祇是平常無事。屙屎送尿。著衣喫飯。困來即臥。愚人笑我。智乃知焉。古人云。向外作工夫。總是癡頑漢。爾且隨處作主。立處皆真。」（CBETA, T47, no. 1985, p. 498, a16-19）

394 出自道元，《正法眼藏》中〈現成公案〉篇。何燕生本譯為：「所謂學佛道者，即學自己也。學自己者，即忘自己也。忘自己者，為萬法所證也。」何燕生譯，《正法眼藏》（北京：宗教文化出版社，2003年），頁21。

獨斷；應該要斷絕的是"以對象的方式所思想的自我"的這個執著。我們的自我愈是宗教性的，就必須愈是忘我、愈能夠達到盡理與盡情。如果囚禁於任何形式的話，這是宗教的墮落。教條不過是斬斷我們命根的利刃而已。路德也在〈羅馬人書〉的序言中說："信仰是神在我們的內在工作的成果，就如〈約翰福音〉的第一章所說：〔信仰〕讓我們更新並重新從神誕生，殺死古老的亞當，將〔屬於我們的〕心靈、精神、思想以及一切的力量、將我們完全地變成另外一個人，並讓聖靈也伴隨而來〔進入我們之中〕。"[395]禪宗說到"見性成佛"，這句話必定不能被誤解。所說的"見"，並不是外在對象地看到什麼東西，也不是內在內省地自我觀看自我本身。自我不

(XI,425)　能觀看自我本身，就如同眼睛不能觀看到眼睛自身一樣。就算這麼說，也不是主張要用超越的方式來看佛。如果可以看到這樣的東西的話，那麼它應該是妖怪。"觀看"意味"自我轉換"，它與"入信"是

10,337　一樣的。在任何宗教當中，都必須存在著"自我的轉換"，也就是說，都必須存在著"回心"。如果沒有這些的話，就不是宗教。因此，在哲學當中，宗教只能透過場所邏輯來把握。如上所述，我們的自我以矛盾的自我同一之方式回歸自我自身的根源，也就是回歸絕對者，〔我們的自我〕作為絕對現在的自我限定，以即當下即絕對現在的方式，可以說徹底地是平常的與合理的，這意味著我們的

395　西田所引述的路德文字，請參閱 Martin Luther, *Vorrede auf die Epistel S. Pauli an die Römer,* in "Neues Testament und Psalter. In der Sprache Martin Luthers für Leser von heute" (Hamburg, 1982), S. 285f。西田在這裏要表示的是「人若不重生，就不能見神的國」（《聖經》〈約翰福音〉第三章第四節）。

自我作為徹底的歷史的個體，在某個側面上必須是終末論的。[396]"即當下即絕對現在"意味著我們的自我的自由，是超越時間與空間世界的因果的自由，〔我們的〕思惟也是從這裏出發。我們的自我的抽象思惟，其實也是以此為基礎。而反過來，這也意味著，我們的自我以絕對現在的瞬間的自我限定的方式，一直必須都是逆對應地與絕對者相對。就如同在田立克的小論文當中的"瞬間"〔カイロス〕與"邏各斯"〔ロゴス〕的關係一樣，都必須從這裏來思想（Paul Tillich, Kairos und Logos）。[397]不論學問或道德都是以此為基礎的。

第四章

　　帕斯卡曾說過："人不過是自然界中最為脆弱的蘆葦，但是，（XI,426）他是會思想的蘆葦；一滴毒藥就足以殺死他，但是，即使全宇宙都要壓殺他，由於他知道死亡，所以他比殺死他的東西更為高貴。"[398]就這樣地，人類之所以如此高貴的理由，也就是人類之所

396　「終末論」：聖經中關於生死、審判等萬事萬物的「末世」或「終結」的教義。它也是關於神的「再次降臨」的教義。

397　田立克（Paul Tillich, 1886-1965）：美國新教神學家。著有《系統神學》三卷、《新存在》等。西田所提到的論文〈瞬間與邏各斯〉（Kairos und Logos）出版於 1926年，這是關於「歷史的時間」與「永恆的邏各斯」的討論。參閱 P. Tillich, "Kairos und Logos. Eine Untersuchung zur Metaphsik des Erkennens," in *Kairos: Zur Geistesslage und Geistewendung*, hrsg. v. Paul Tillich (Darmstadt 1926)。

398　帕斯卡（Blaise Pascal, 1623-1662）：法國數學家、物理學家與哲學家，主要的哲學著作為《沉思錄》（Pensées），這是一本關於警語與語錄的彙編，屬未完成的著作。西

以悲哀的理由。人世的悲慘確實就在這裏。我們人類也是產生自以
時間與空間之矛盾的自我同一之方式，從受造者到造作者的世界。
我們的自我，從身體的角度來看，也是物質的、生物的。我們的自
我也是以歷史的與自然的方式而誕生。生命的世界開始於世界以多
與一之矛盾的同一之方式在自身之中表現自身，並且以自我表現的
方式自我形成自身。時間與空間，不過就是其自我形成的兩個相反
的方向而已。即使是"生物"，既然作為世界的個物的多，也是透過
在自身之中表現絕對現在的世界來自我形成自身，它以歷史世界的
自我形成的方式而擁有其生命。動物也是目的性的與本能性的。至
於其中的高等動物，就已然是欲求性的。喜樂與悲傷是在欲求的世
界當中出現的。個體在自身之中表現全體的地方是欲求性的。動物
也擁有靈魂。個體總是欲求著全體。但是，當個體成為全體的時
候，個體就不是個體，個體自身就消失了。個體藉由相對於個體才
能是個體。個體是完全自我矛盾性的。個體一直都面對著絕對的否
定。個體是為了被否定而生。欲求總是不能獲得滿足的，能獲得滿
足就不是欲求。欲求生出欲求。我們的自我可以說就如同鐘擺般
地，來回於欲求與滿足之間。如古代的諺語所說，人間世是苦惱的
世界。肉體的快樂與苦惱也是來自於我們的自我以有機的方式[399]在
人世間的表現。然而，動物還不是真正的個體，就空間來說，它是
全般性的、物質性的存在。至於人類，則是以時間空間的矛盾的自

10,338

（XI,427）

田的文字就是出自帕斯卡的《沉思錄》。

399 「有機的方式」：在此意指「生物的方式」。

我同一的方式，作為絕對現在本身的自我限定，因而人類超越了時間空間的因果世界，也就是說，人類作為自我表現自身的世界的自我表現的個體，以自我表現的方式自我形成自身。因而，我們的自我是思惟的、意志的、概念的。〔我們的自我〕知道自身的行動，具有意識活動的性質。這是為什麼我們會認為我們自身的存在，是述詞性的並且是理性的原因。人類的世界並不單單是苦樂的世界，它也是喜憂的世界、苦惱的世界、煩悶的世界。我們的自我之所以尊貴的原因，也是我們的自我之所以悲慘的原因。我們的自我作為絕對者的自我否定的個體，當它愈是徹底地以表現的方式自我形成的時候，也就是說，當它愈是意志性的、愈是人格性的時候，我們的自我就愈是以矛盾的自我同一的方式而面對著絕對的否定、面對著絕對的一者，也就是說，就愈是逆對應地接觸到神。因此之故，我們的自我在其生命的根源當中，不論什麼時候都與"絕對的一者"也就是與"神"處於對決當中，不論什麼時候都是站立在要決定永恆的死或永恆的生的立場當中。在這裏，有著永恆的死或生的問題。　10,339

巴特說："信仰是一種決斷。但是它並不是人類的決斷。信仰是客 (XI,428) 觀的。它是對神的呼聲的回應。啟示是神對人的恩賜。人藉由其決斷而跟從神的決斷，這就是信仰。"（巴特，《信仰》）[400]就如保羅說："不是我在生存，而是基督在我當中生存"[401]一樣，一轉念入

---

400 巴特（Karl Barth, 1886-1968）：瑞士籍新教神學家，「基督中心論」的代表，以基督信仰為中心。著有《教會教義學》（*Kirchliche Dogmatik*）等。西田所參考的文字，可參閱 Karl Barth, *Credo* (München 1935), S. 6.

401 和合版《聖經》的譯文為：「現在活著的，不再是我，乃是基督在我裏面活著。」出

信，就得到永恆的生命，不然的話，就被投入永恆的地獄之火。在
這裏，必須徹底地存在著神的意志與人的意志間的對立。因而，完
全的意志性存在、唯一的個體才可以說是宗教的。要討論宗教的
話，就必須要達到這種深層的思想。不論是在什麼宗教當中，只要
它是真正的宗教的話，信仰的獲得（jp. 入信）就必須來自於研磨
清澈的意志的尖端。宗教不單單來自於情感。唯有斬斷自我，始得
以獲得信仰（信に入る）。就如淨土真宗中"二河白道"[402]的比喻，
不論是哪一條路，我們都必須要在兩者之中選擇一條來走。不可能
有所謂"藝術性的宗教"。[403]或許由於"直觀"這個語詞，有些人會將
兩者〔藝術與宗教〕混同，但是，藝術與宗教是在相反的方向上。
再者，如果將大乘佛教視為泛神論，這也是很大的誤解。人們認為
希臘的宗教是藝術性的宗教。但是，其實希臘的宗教還沒達到真正
宗教的地步。雖同屬於亞利安文化，[404]但是希臘人並沒有走向宗
教，而是走向哲學。反之，印度人則是往宗教的方向發展。在希
臘，並沒有真正的個人的自覺。在柏拉圖的哲學當中並沒有個體。

自〈加拉太書〉第二章第二十節。

402 「二河白道」的比喻出自善導大師的《觀無量壽經疏》。故事大致如下：「二河」是
　　兩條河，南邊是火河，北邊是水河。「白道」是夾在水火二河中約四、五吋寬的狹長
　　道路，橫越東西兩岸，水火交替漫過白道，前行不得。行者想走回頭路之時，又有羣
　　賊惡獸來逼，往前、往後反正死路一條，正打算順白道過河的時候，東岸傳來催促的
　　聲音（比喻釋迦牟尼佛的教法），西岸亦傳來召喚之聲（比喻阿彌陀佛的本願）。此
　　外，另有羣賊的勸阻之聲，表示絕無傷害之意。行者雖聞呼喚，仍一心向前，須臾即
　　到達西岸（淨土世界）。

403 「藝術性的宗教」：指「基於美感的宗教」。

404 這是說希臘文化與印度文化同屬於亞利安文化。

亞里斯多德的個體也不是意志性的存在。不用說，在印度，更少談到個人的自覺。印度哲學或許可以說是〔比希臘哲學〕更忽視個體的。然而，我認為在印度哲學當中，存在著真正的對個體的否定。　(XI,429)
個體是為了被否定而被自覺的，這或許是違背理性的。在印度的宗教當中，意志是要絕對地予以否定的。在這個與以色列宗教完全相 10,340
反的立場當中，存在著宗教性的事物。印度文化與近代歐洲文化是完全相反的文化。然而，正因如此，我認為它反而能夠對今日的世界有所貢獻。

我們的世界作為時間與空間的矛盾的自我同一，以絕對現在的自我限定之方式，由受造者到造作者，是無限因果的世界。但是，由於我們的自我是這種無限因果世界中的個體，並且如巴斯卡所說，由於我們超越這一點並且認識這一點的緣故，所以我們比壓殺我們的全宇宙更為尊貴。我們之所以能夠這麼主張的理由在於，我們的自我是以絕對矛盾的自我同一之方式，作為自我表現地自我限定自身的絕對者的自我否定，也就是作為絕對的一者的個物的多而產生的緣故。因此，我們總是自我否定地、逆對應地，接觸到絕對的一者。於是可以說是以"生即死"、"死即生"的方式而進入永恆的生命，我們是宗教性的存在。我認為宗教的問題，完全是我們意志的自我的問題，是個體的問題。但是，這麼主張的時候，我並不是如通常人們所想的那樣，認為宗教是個人的安心的問題。欲求性的自我的安心問題，不是宗教的問題。這與宗教的問題處於相反的立場上。若是如此的話，它甚至還不至於是道德的問題。[405]害怕痛苦、期望快樂的欲求的自我，並不是真正的個人，而是生物性的存在。站在這種立場當中，要將宗教說成麻醉劑，這我也沒有辦法。我們的自我作為絕對的一者的自我否定，完全是以逆對應的方式接觸到（接する）絕對的一者，個體愈是個體，它就愈是與絕對的一者相對，可以說是與神相對。我們的自我與神相對，這意味我們的自我作為個體的極限。我們的自我總是以矛盾的自我同一之方式，在歷史世界的個物的自我限定的極限當中，與"全體的一"的極限相對。因而，我們每個自我作為從永恆的過去跨越到永恆的未來的人類的代表者而與神相對。我們每個自我作為絕對現在的瞬間的限定，與絕對現在本身相對。在這裏，我們的自我也可以思想為是無周邊的、並且到處都是中心的無限球體的無數的中心。當說到作為多與一的絕對矛盾的自我同一的絕對者自我限定自身的時候，這意味著世界以無基底的方式作為絕對無的自我限定是意志性的。〔世界〕在"全體的一"的層面上是絕對意志，同時在"個體的多"的層面上，有無數的個人意志與之對立。人類的世界就以這樣的方式，從般若即非的世界而來。在這裏有著"應無所住而生其心"。[406]馬祖道一門下的盤山寶積禪師說：如在虛空中舞劍，問題並不在劍

（XI,430）

10,341

---

405 這是說，欲求的自我的安心問題甚至還不夠資格是道德問題。換言之，道德問題的根本並非欲求的安心。

406 《金剛般若波羅蜜經》卷一：「是故須菩提，諸菩薩摩訶薩應如是生清淨心，不應住色生心，不應住聲、香、味、觸、法生心，應無所住而生其心。」（CBETA, T08, no. 235, p. 749, c20-23）

往何處去、達到什麼，在空中迴旋的劍，並無留下任何痕跡，刀刃也沒有損耗，如果心如是的話，那麼心心無知即無念無想，全心即佛，全佛即人，人佛無異，始為道矣。[407]如空中舞劍，於空中不留痕跡，劍亦保其全，以自我與世界、個體與全體的矛盾的自我同一之方式，全心即佛、全佛即人。我認為這樣的話語，對象邏輯地來看，也可以視為是泛神論的。但是，禪師的話語，並不能這樣來解釋。它必須徹底地擁有"即非"的性質、擁有矛盾的自我同一的性質。全佛與個人以即非的方式為一。真正的個人是作為絕對現在的瞬間的自我限定而產生。"應無所住而生其心"也必須要這樣來理解。作為無的自我限定而顯現的東西是"意志"。我們的個人的自我或意志的自我，既不是主詞性的有，也不是述詞性的有。它以主詞的方向與述詞的方向的矛盾的自我同一的方式，作為場所的自我限定而生起的有。因而，就如同瞬間是永恆一樣，我們的自我作為徹底唯一的個體，一步步地以逆限定的方式接觸到絕對。臨濟說：赤肉團上有一無位真人，常從汝等諸人面門出入[408]。「徹底地成為個人」必須是意味作為人的極限、作為人類的代表者。親鸞說：「當我一而再地思索彌陀五劫思惟的本願之時，我了解到它完全是為了

(XI,431)

---

407 盤山寶積（720-814）：唐代臨濟宗的禪僧，馬祖道一的法嗣，住幽州（河北省）的盤山，謚號「凝寂大師」。西田所引文字出自《景德傳燈錄》卷七：「譬如擲劍揮空。莫論及之不及。斯乃空輪無跡劍刃無虧。若能如是心心無知。全心即佛全佛即人。人佛無異始為道矣。」（CBETA, T51, no. 2076, p. 253, b17-20）

408 引文出自《鎮州臨濟慧照禪師語錄》卷一：「赤肉團上有一無位真人。常從汝等諸人面門出入。」（CBETA, T47, no. 1985, p. 496, c10-11）

我親鸞一個人而說的。」[409]這些話也必須要在這樣的意義上來理解。〔這裏所說的"個人"〕並不是通常所說的個人。因而，道德是全般性的，而宗教則是個人性的。就如齊克果所說，道德的騎士與信仰的騎士，在這個意義下是站在相反的立場上。[410]阿伽門農犧牲伊菲革尼亞[411]與亞伯拉罕犧牲以撒，這兩件事擁有完全相反的意義。齊克果的《恐懼與戰慄》最能夠顯示這一點。當亞伯拉罕在清晨將以撒帶到摩利亞這個地方的時候，他以唯一的個體的身分，也就是作為人的極限而面對神。神呼叫亞伯拉罕，他回答：看啊，我在這裏！而亞伯拉罕是以人類的代表者的身分而站立著。神說：我將恩賜你，大大地增加你的子孫，從你的子孫，天下萬民皆能得到福祉，因為你遵從我的話語。[412]在宗教當中，自我脫換（脫する）自我並歸向神，並不是為了個人的安心。人類脫換人類。這意味著接觸到神的創造的事實。在這裏，神自我示現了自身，而同時我們

10,342

(XI,432)

---

409 出自親鸞，《嘆異鈔》。收於《親鸞全集》別卷，石田瑞麿譯（東京都：春秋社，2010 年），頁 35。「彌陀的五劫思惟」是說「阿彌陀佛」的前身「法藏菩薩」在修行之時，立四十八願之前，有一段非常長時間的思考。

410 指齊克果於《恐懼與戰慄》一書中，透過亞伯拉罕獻以撒的故事，來呈現進入信仰階段之前所要經歷的恐懼與戰慄。「信仰的騎士」在這裏必須捨棄理性思考與倫理道德的規範，以信仰為優先。中譯本請參閱齊克果著，孟祥森譯，《恐懼與戰慄》（台北：敦煌出版社，1968 年）。

411 伊菲革尼亞（Iphigenia）：古希臘悲劇的一個人物。阿伽門農的長女。阿伽門農在出征特洛伊的前夕，惹惱女神，為求艦隊順利出發，從神諭得知，唯有獻祭長女伊菲革尼亞，始得以平息女神的憤怒。阿伽門農的妻子因怨恨阿伽門農如此狠心捨棄自己女兒的性命，特洛伊戰爭結束後，亦聯合他人刺殺阿伽門農。

412 「亞伯拉罕獻以撒」的故事，請參閱《聖經》〈創世記〉第二十二章第一至二十二節。

接觸到啟示。因而，宗教信仰的獲得，意味著人類透過人類的決斷而聽從神的決斷。信仰並不是主觀的信念，而是觸及到歷史世界的成立的真理。背離神而吃下知識之樹的果實的亞當，他的墮於原罪所要表示的不外是作為神的自我否定的人類的產生。用佛教的方式來說，這是"忽然念起"。[413]人類在其產生的根源當中是自我矛盾的。只要愈是知性的、愈是意志性的，就愈是可以這麼說。人類是原罪的。從道德上來看，父親的罪遺傳給子女是不合理的。但是，人類本身的存在就在這裏。脫離原罪，就意味著脫離人類。這一點，就人類本身來說是不可能的。唯有相信基督的事實，相信基督是神的愛的啟示，才能夠得救。在這裏，我們回歸我們自我的根源，在亞當中死去，在基督中生存。[414]就淨土真宗來看，這個世界完全是業的世界，是無明生死的世界。我們唯有透過佛的悲願，相信名號的不可思議性才能夠得救。這不外是對絕對者之呼聲的回應。在這種立場的徹底化當中，"生死即不生"（盤珪禪師）。[415]以 10,343矛盾的自我同一之方式，"全佛即人、人佛無異"。[416]就如同空中舞 （XI,433）劍。亦如"急水上打毬子，念念不停流"（趙州）。[417]

413　語出《大乘起信論》卷一：「忽然念起名為無明」（CBETA, T32, no. 1666, p. 577, c6-7）。意思是說「忽然生起分別心，這是佛教所說的無明」。

414　出自《聖經》〈哥林多前書〉第十五章第二十二節。和合本譯為「在亞當裏眾人都死了。照樣，在基督裏眾人也都要復活」。

415　盤珪禪師：盤珪永琢（1622-1693），日本江戶前期的禪師。「生死即不生」，其中「生死」指煩惱世界，「不生」則是菩提世界。

416　盤山寶積：請參閱注407。

417　趙州從諗（778－897）：唐代禪師，南泉普願門下。重視在日常生活中的修行。《禪如前所述，宗教的關係完全超越了我們的自我，並且是讓我們的自我得以產生的關係，也就是說，它內存於徹底超越的並且也是我們的自我的根源，以及反過來也是徹底唯一的、個體的與意志性的自我的矛盾的自我同一當中。宗教的關係就在完全的"超越"與完全的"內在"的矛盾的自我同一當中。這樣的關係既不能單單外在客觀地來思考，也不能單單內在主觀地來思考。而是必須從作為絕對現在的自我限定的歷史世界這樣的立場來思想。任何歷史的世界，在其產生的根柢當中，皆存在著宗教性的成素。歷史的世界是以時間空間的矛盾的自我同一的方式，從受造者到能造者，它是自我表現地自我形成的世界。我們的自我作為這種世界的個物的多，是徹底的受造者並且同時也是徹底的能造者，是世界的自我表現的形成要素。在這樣的世界當中，我們的自我對絕對者的態度可以說有兩個方向。一個方向是作為絕對現在的空間面的自我限定而與絕對者相對，另一個方向則是作為絕對現在的時間面的自我限定而與絕對者相對。通常人們所說的歷史世界只是空間的自我限定的世界。但是，單純只是空間的自我限定的世界，不過是自然世界而已。它不能說是歷史的世界。歷史的世界必須是包含人類的世界。用我先前的話來說，歷史的世界必須是主觀客觀的相互限定、必須是主觀客觀的矛盾的自我同一的世界。因而，歷史的世界作為徹底的生命世界，是在自身之中表現自身並且自我表現地自我形成自身的世界。

(XI,434)

林類聚》卷十四：「急水上打毬子意旨如何。子云念念不停流。」（CBETA, X67, no. 1299, p. 88, c7-8; Z 2:22, p. 88, b7-8; R117, p. 175, b7-8）

在這樣的世界當中，我們的自我外在地以空間的方式，也就是沿著所謂客觀的方向，接觸到徹底地超越我們的自我並且自我表現自身的存在，也就是說，接觸到絕對者的自我表現。基督教可以說是徹底化這個方向的宗教。雅威[418]本來是以色列民族的神，但是透過以色列民族的發展，尤其是透過其歷史的苦難而得到純化，最終發展為絕對者的世界宗教。所謂的先知是說出神的意志的人，它是「神的口」。以色列人在失去國王，成為巴比倫的俘虜的時代，〔雅威的信仰〕透過耶利米[419]與以西結[420]內在地深化、超越地提升。反之，佛教則是徹底地沿著其時間面的自我限定的方向，也就是說，沿著所謂主觀的方向，來超越我們的自我，並且接觸超越的絕對者。佛教的特色就在其內在超越的方向上。我們的自覺的自我作為單純的主詞性的有，也就是說，作為單純的空間面的自我限定，並不是本能的存在。再者，它作為單純的述詞性的有，也就是說，作為單純的時間面的自我限定，也不是理性的存在。它是在主詞性─述詞性、述詞性─主詞性的層面上、在個物的限定即全般的限定、全般的限定即個物的限定的層面上，在時間空間之矛盾的自我同一的層面上，在從受造者到造作者的歷史的形成的層面上的意志性存

10,344

---

418 「雅威」：《聖經》「舊約」中色列人唯一真神的稱呼，基督教「和合本」的譯名為「耶和華」，天主教「思高譯本」則譯為「雅威」。今根據西田採用的音譯「ヤーヴェ」譯為「雅威」。

419 「耶利米」：猶太王國滅國前的先知，約活躍於紀元前 629 年到紀元前 558 年間。《聖經》中有〈耶利米書〉與〈耶利米哀歌〉篇。

420 「以西結」：猶太王國滅國前的先知，活躍於紀元前六世紀。《聖經》中有〈以西結書〉。

（XI,435）　在。我們的自我完全以唯一的個物的方式作為意志的自我，並且逆
對應地、以外在的方式面對著完全超越我們的自我並且與我們的自
我相對的絕對者，再者，同時也以內在的方式、逆對應地面對著完
全超越我們的自我並且與我們的自我相對的絕對者。[421]在前者的方
向上〔外在超越的方向上〕，我們的自我作為絕對者的自我表現，
接觸到絕對的命令，我們只能完全自我否定自身並且服從絕對的命
令。服從者得以生存，違背者則被投入永恆之火。不同於前者，在
後者的方向上〔內在超越的方向上〕，絕對者完全地包含我們的自
我，即使我們完全背離我們的自我、逃離我們的自我，它也總是追
求、包含我們的自我，換句話說，它是無限的慈悲。在這裏〔在無
限的慈悲當中〕，我們的自我也是以唯一的個體的方式，作為意志
的自我而與絕對者相對。這是因為"愛"也必須完全是相對的人格與
人格間的矛盾的自我同一的關係。完全地將與自身背反的東西包含
進來才是絕對的愛。意志的自我作為完全的自我矛盾的存在，在自
身成立的根柢當中，遭遇到以矛盾的自我同一之方式讓自身得以產
生的東西。在這裏，我們的自我必須接觸到包含我們自身的絕對的
愛。從單純意志間的對立，無法產生人格的自我。因而不論是在什
麼宗教當中，在某種意義下，神都是愛。在前面我曾說過，絕對者
並不是斷絕所對，與相對者相對的東西並不是真正的絕對。真正的
絕對者甚至必須自我否定自身而為惡魔，在這裏，有著宗教上"方

10,345

421　這是說自我以兩種方式面對著絕對者，以外在的方式面對著絕對者形成基督教，以內
在的方式面對絕對者形成佛教。

便"的意義。而這必須也意味著，絕對者也必須在惡魔當中自我觀（XI,436）
看自身。在這裏，有著如淨土真宗般的"惡人正因"[422]的宗教，有著
絕對愛的宗教的產生。所謂"為了親鸞一個人"，[423]在唯一個體的層
面上，愈是意志性的存在，就必須愈是如此。絕對者藉由完全地自
我否定自身，可以真正地讓人成為人、可以真正地拯救人類。我認
為宗教家的方便或奇蹟，都要從這種絕對者的絕對的自我否定的立
場來理解。佛甚至自己墮入魔道來拯救人類。我認為在基督教裏
面，我們也可以在所謂"道成肉身"當中，發現到這種神的自我否定
的意義。用佛教的方式來說，這個世界可以說是佛的悲願的世界或
方便的世界。佛可以在種種不同的形式中顯現，並且解救人類。

　　如上所說，我認為我們可以在我們的自我與絕對者的關係之
中，認識到兩種相反的方向。在這裏，產生了基督教與佛教這兩種
宗教。但是，如果抽象地單單站在任何一方的立場，那就不是真正
的宗教。單單只是超越的神，並不是真正的神。神必須是愛的神。
即使是在基督教當中，也認為神是基於愛而創造了世界，這必須是
絕對者的自我否定，也就是說，必須是神的愛。反之，從我們的自 10,346
我為絕對愛所包含來說，所謂的"應然"是真正地從我們內心的底部
所出現的。人們並不真的理解"愛"。愛並不是本能性的。本能性的（XI,437）
東西不是愛，而是私欲。真正的愛，必須是人格與人格之間的、必

422　「惡人正因」：亦稱「惡人正機」。日本淨土真宗親鸞的核心思想之一。《嘆異抄》
　　　第三章中有「連善人都能往生了，何況是惡人呢」的說法。參閱《親鸞全集》別卷，
　　　石田瑞麿譯（東京都：春秋社，2010 年），頁 8。

423　意指彌陀本願「是為了親鸞一個人」，為了親鸞這個個體而說。請參閱注 409。

須是我與汝之間的矛盾的自我同一之關係。在絕對的應然的背面，
必須存在著絕對的愛。若非如此，應然就不過只是法律而已。齊克
果也說基督教的愛是一種應然。[424]康德的目的王國，在其基礎當
中，必須有著純然的愛。因此，從這裏才有所謂"人格"的產生。說
到"愛"的時候，如果我們馬上把它思想為是本能性的與非人格性的
東西的話，那麼這是因為我們以對象邏輯的方式，將人的實存單純
地思想為一種主詞性存在的緣故。相對於此，從佛教的觀點來看，
我們的自我的真正的應然是來自於佛的悲願的世界。絕對愛的世界
並不是相互審判的世界。而是相互敬愛、自他為一的創造世界。在
這種立場當中，一切的價值都是從創造的立場而來的。創造始終必
須完全基於愛。沒有愛就沒有創造可言。這是為什麼：念佛行者是
非行非善的，因為它完全是他力而無自力的緣故。[425]"自然法爾"[426]
必須是創造性的。我們的自我作為創造的世界的創造性要素，必須
是作為絕對現在的自我限定而作動。用基督教的方式來說，在神的

---

424 參閱齊克果，《愛之工》（丹麥語：*Kjerlighedens Gjerninger*，英語：*Works of Love*，
日語《愛のわざ》），這是齊克果在 1847 年所完成的基督教倫理學作品，主題是愛
的命令的實踐。英譯本請參閱 *Works of Love: Kierkegaard's Writings*, Vol 16. Trans. & ed.
by Howard V. Hong, Edna H. Hong (Princeton: Princeton University Press, 1998)。

425 親鸞的主張，認為念佛對行者來說，既非行、亦非善。念佛完全是他力，沒有任何自
我的思慮攙雜其中。參閱親鸞，《嘆異抄》第八章。《親鸞全集》別卷，石田瑞麿譯
（東京都：春秋社，2010 年），頁 12。

426 「自然法爾」：親鸞的基本主張之一。「自」是「自行」，不攙雜人的思想；「然」
是「使然」，意指為如來誓願所使然。這樣的「使然」親鸞稱為「法爾」，「法爾」
不來自於人的計謀，而是如來的誓願。「自然法爾」意指捨去人的一切思慮智識，完
全託付給佛。出自親鸞，《末燈鈔》第五章。收於《親鸞全集》第四卷，石田瑞麿譯
（東京都：春秋社，2010 年），頁 330。

決斷即人的決斷的層次上，這是終末論的。無難禪師說：當生之
時，要如死人般地，隨心所欲而行。[427]在這種立場當中，我們的自
我作為絕對現在的自我限定，是真正歷史性的且世界創造的。發源
於印度的佛教，作為宗教的真理，它是深遠的宗教，但是仍然脫離 (XI,438)
不了出離的性質。即使大乘佛教也沒有真正地達到現實性。我認為
在日本的佛教當中，親鸞聖人的"使不義為義"（義なきを義とす）
或"自然法爾"，才是具有日本精神的"現實即絕對"、絕對的"否定
即肯定"，但是，這些從來就沒有被積極地把握。它只是單純地被 10,347
理解為"絕對的受動"，或者只是單純地被理解為一種非合理性的無
分別而已。反之，我認為真正絕對的能動必須來自於真正絕對的受
動。再者，"無分別的分別"是超越抽象意識的判斷、將其內在地包
含，並決定其正確與否的東西，也就是"判斷的判斷"（判斷の判
斷）或我所謂的"行為的直觀"，我認為它也是科學得以成立的根本
條件。在科學知識的根柢當中，必須存在著我們成為物而觀看，成
為物而聽聞，這必須是"萬法進而修證自我"（万法すゝみて自己を
修証する）[428]的立場。在這裏，我們的自我作為絕對現在的自我限
定，也必須藉由自身的決斷來遵從神的決斷。"無分別的分別"並不
是說自我單純只是主詞地服從外在而已。而是意味著服從徹底地以

---

427 出自至道無難的《即心記》、《至難無道禪師集》，公田連太郎編著（春秋社，1989
　　年），頁 31。至道無難（1603-1676），日本江戶時代初期的臨濟宗禪師。

428 「萬法進而修證自我」：出自道元《正法眼　》第一「現成公案」。何燕生譯注本譯為
　　「萬法前進修證自己」（北京：宗教文化出版社，2003 年），頁 20。這裏的「進」
　　表示主動「來」的意思。這是道元對「悟道」的立場的說明。意思是說，問題不在
　　「我」修萬法，而是要「忘卻自我」　入萬法之中，讓萬法來證我。

主詞與述詞的矛盾的自我同一之方式，也就是以意志的方式，超越
我們的自我並且讓自我得以產生的東西。所以，它〔無分別的分
別〕才具有行為的直觀的性質、真正無私的行為必須具有行為直觀
的性質。道德的行為也是建立於此。因而道德的行為在其根柢上也
是宗教性的。只是囿禁於康德哲學的人並不能夠理解這一點。真正
的他力宗只能以場所邏輯的方式才能夠把握到。因而透過場所邏
輯，悲願的他力宗也可以與今日科學的文化結合。再者，今日的時
代精神難道不是更需要絕對悲願的宗教，而不是萬軍之主的宗教
嗎？我認為這需要佛教徒的反省。世界戰爭必須是為了否定世界戰
爭、為了永恆的和平的世界戰爭。

（XI,439）

　　神與人之間的關係，當然不是權力的關係，它也不是如通常所
以為的是目的的關係。絕對相反者的相互關係必須是表現性的。絕
對者並沒有斷絕所對，而是必須在絕對的自我否定當中擁有自身、
必須在絕對的自我否定當中觀看自身。在這裏，作為絕對者的自我
否定而與〔絕對者〕自身相對的東西，必須是絕對者自身的表現。
神與人的關係必須在這樣的關係當中來理解，也就是說，必須在完
全自我否定地自我表現自身者以及被表現且自我表現地與之相對者
的關係中來理解。這種關係並不是機械性的、也不是目的性的。
"完全自我表現地自我形成自身者"或"完全的創造者"與"被創造的
創造者"或"被造作的造作者"之間，必須是絕對矛盾的自我同一的
關係。在表現者與被表現的表現者的關係當中，也就是在獨立者與
獨立者間的矛盾的自我同一關係當中，造作與被造作（作る作られ
る）必須被包含進來。我們理解他者，這是一種作動。但是這種作

10,348

動並不是由外在所推動，也不是由內在所推動。而是自我表現地造
作自身。自我表現地推動他者也是一樣的。既不是自我成為他者，　（XI,440）
亦非他者成為自我，而是他者自我表現地造作他者自身（他の自
己）。人與人的相互理解，就是在這種關係中產生的。自我表現的
世界必須是自我形成的世界，自我形成的世界必須是自我表現的世
界。[429]在多與一的絕對矛盾的自我同一的世界當中，在其自我否定
的方向上，在徹底的個物與個物的相對的立場當中，〔世界〕是表
現性的；在自我肯定的方向上，在完全一體（jp. 全一）的立場當
中，則是形成性的。在任何意義下都不具有自我形成的世界，不會
是自我表現的世界；在任何意義下都不具有自我表現的世界，不會
是自我形成的世界。在歷史的形成的世界當中，表現是一種"力"，
這是"形成活動的可能性"。這並不是如現象學者與詮釋學者所說
的，單單只是「意義」而已。這些學者都抽離了表現的形成方向來
思考表現。所謂的"意義"，不過是站在自我表現地自我形成自身的
世界的自我否定的立場的極限中，徹底地以非形成的方式所思想到
的世界內容而已。在歷史的形成世界當中，既沒有單純的"事實"與
"活動"，也沒有單純的"意義"。"具體的有"都是自我表現地自我形　10,349
成自身者。我們的意志，在根源的意義上（勝義に於て），就擁有
這樣的性質。迄今所謂的"意志"都被抽象地思想為單純的意識活動
而已，但是，如果不在自身之中表現世界，就不能說是意志活動。

---

429 西田在措詞上稱「自我表現的世界」是歷史現實世界的「所思」或「對象的方向」；
　　其相對詞「自我形成的世界」則意指著歷史的現實世界之「能思」或「活動的方
　　向」。反過來說，歷史的世界則是這兩個方向的矛盾的自我同一的世界。

意志不外是一種作動，它不外是我們的自我作為世界的自我形成

(XI,441) 點，透過在自身之中表現世界，在世界的自我表現當中來形成世界
的作動。即使"象徵"，在歷史的世界當中也並不是沒有實在性的。
象徵作為世界的自我表現，必須擁有形成歷史世界的力量。宗教家
所謂「神的語言」必須從這樣的立場來把握。人類的世界或歷史的
世界，就產生於從絕對者徹底地以自我否定的方式在自身之中觀看
自身的立場當中。因而，才有所謂神基於愛而創造世界的說法。
"自我表現自身者"與"被表現的表現者"之間的關係，必須完全在表
現的關係中來把握，也就是說，必須在語言當中來把握。"語言"是
神與人之間的媒介。神與人的關係，它不是機械性的，也不是目的
性的，更恰當地說，也不是理性的。神以絕對矛盾的自我同一的方
式，作為絕對的意志而臨在於我們的自我之中，並且作為創造的語
言（jp. 形成的言葉）來自我表現自身。這就是啟示。猶太教中的
先知，代替神對以色列人說出神的意志。先知說：萬軍之主的耶和
華（ヱホバ），是以色列人的神。先知也被稱為「神之口」。我曾
說過，歷史的世界總是有〔其〕任務的，在這裏世界擁有其自身的
自我同一性。真正的歷史的任務，在各自的時代當中，都必須擁有
所謂"神的語言"這樣的性質。對古時候的猶太人來說，就像期待耶
和華的話是對我說一樣，這〔神的語言〕是帶有超越性的。然而在
今日，我認為它〔神的語言〕必須徹底地是內在的，必須徹底地是

(XI,442) 從自我形成的歷史世界的底部而來的自我表現。但是，它不單單是

10,350 內在的。歷史的世界作為絕對現在的自我限定，總是"內在即超
越"、"超越即內在"的。真正哲學家的任務，就是要潛心於這樣的

世界、把握其歷史的職責。

在佛教當中，例如淨土真宗，佛也是透過名號[430]來表現的。藉由相信名號的不可思議性而得救。絕對者或佛與人之間的"非連續的連續"或"矛盾的自我同一"的媒介，不外是透過"表現"、透過"語言"。對佛的絕對悲願的表達，不外就是名號。在《歎異鈔》當中，〔阿彌陀佛〕透過誓願的不可思議性，賜予簡單好記、容易被呼叫的名號，並且做了這樣的約定，「我將接引呼叫此一名號的人」，首先只要相信「藉由彌陀的大悲大願的不可思議性的幫助，就能夠出離生死」，並且認為「念佛也是出於如來的設計」的話，由於完全沒有攙雜自我的思量，所以能與〔彌陀〕本願相應，往生真實報土，這也就是說，只要能夠在心中相信〔彌陀〕誓願的不可思議性，那麼名號的不可思議性也就具足，"誓願"與"名號"不可思議地為一而非異。[431]絕對者與人類之間的徹底的逆對應的關係，只能透過名號的表現。當然，這既不屬於感覺，也不屬於理性。理性徹底地是內在性的、是人類的立場。這不是與絕對者交涉的途徑。如我們先前所說，我們的自我在個人意志的尖端面對著絕對者。神也是以絕對意志的方式臨在我們之前（因而，這完全是逆對應 (XI,443)的）。這種意志與意志間的媒介，只能透過語言（作為絕對矛盾的自我同一之關係）。語言作為邏各斯也是理性的，但它也是超理性

---

430 「名號」：指「阿彌陀佛」的名號。

431 關於親鸞論「名號的不思議性」，請參閱《歎異鈔》第十一章。收於《親鸞全集》別卷，石田瑞麿譯（東京都：春秋社，2010 年），頁 15 以下。

的，或者更恰當地說，非理性的東西也只能透過語言來表現。意志是連理性也超越的，更恰當地說，意志是突破理性的。完全地超越我們的自我，並且完全地臨在我們的自我之前的東西，必須是完全客觀地自我表現自我的事物。藝術雖然也是一種客觀的表現，但是它是感覺性的，而不是意志性的。宗教的表現必須是絕對意志性的。宗教必須面對我們人格的自我本身。佛完全超越我們的自我，並且也同時包含著我們的自我。「念佛也是如來的設計」[432]是對此最極致的表達。這裏有著親鸞"橫超"的意義。橫超必須建立在名號的不可思議性之上。不論是哪一種宗教，只要它是真正的宗教，那麼在說到入信或救濟的時候，在絕對者與人類之間，就會說到絕對矛盾的自我同一這種背理之理（背理の理）。這種理不是感覺性的，也不是理性的。它必須是作為絕對者之自我表現的語言。它是創造性的語言。基督教說"太初有言"。而關於基督則說道：「道成了肉身，住在我們中間。」[433]在佛教中，也有"名號即佛"的說法。在上述意義下的創造且救濟的啟示的語言，也應可以說是背理之理，它並不單單是超理性的或非合理性的。作為絕對者的自我表現，它讓我們的自我成為真正的自我，讓理性成為真正的理性。親鸞說："在念佛當中，無意義也成為有意義"（念仏には無義をもて義とす）。在這裏，我們的自我並非是無意識的，而是"無分別的

10,351

（XI,444）

432　出自親鸞，《嘆異鈔》第十一章，同上注，頁15。

433　出自《聖經》〈約翰福音〉第一章第十四節。此句直接從日文的翻譯為：「道成肉身並寓居於我等之中。」

分別"在作動。創造者作為知與行的矛盾的自我同一、以絕對現在的自我限定之方式而作動著。這在基督教的神的語言當中，是作為超越的人格神的啟示，以絕對意志的方式，包含著審判的意義。所謂我們通過信仰而成為義人。[434]反之，在作為佛的大慈大悲的表現的名號當中，我們的自我是透過名號而得救，擁有為名號所包含的意義。而其極致也可以說是"自然法爾"。這句話不能像人們所想的那樣，用所謂的"自然"這樣的意義來解釋。宗教的體驗不能用對象邏輯的方式來思想。它必須完全為絕對的悲願所包含。這並不單單只是在"情"這個層面上的無差別而已。大智本來就是來自於大慈大悲。沒有大慈大悲，它不過就只是利己的與獨斷的，不然的話，就只是邏輯的遊戲而已。真理就在於我們成為物來思想、成為物來觀看的地方。而慈悲就意味著我們的自我徹底地站立在這種立場上。10,352
作為絕對者的自我否定的肯定而作動。要真正地認識人，就必須從真正的無念無想的立場來進行。科學的真理也是我們的自我，以自我表現自身的世界的自我表現的方式，作為絕對現在的自我限定而認識到的真理。在這裏，也可以說擁有"自然法爾"的性質。慈悲並不是對意志的否定。真正的意志是從慈悲而來。我們的自我既不是（XI,445）
主詞性的有，也不是述詞性的有。我們的自我是主詞—述詞性的、述詞—主詞性的"場所的有"。因而，我們的自我在其根柢是慈悲的。慈悲意指完全相反的事物以矛盾的自我同一的方式為一。意志

434　《聖經》中有「因信稱義」的說法，出自〈羅馬人書〉第五章第一節。「我們既因信稱義，就藉著我們的主耶穌基督，得與神相和。」

就是作為這種場所的有的自我限定而產生。意志主詞地來看是本能的，述詞地來看是理性的，但是，作為場所的自我限定，它是歷史的形成的。我將"誠"思考為純然場所的自我限定，沒有任何自我的餘地。而"至誠"則必須以大慈大悲為基礎。我認為實踐理性的根柢應置於此。康德的道德是市民的道德。歷史的形成的道德必須是悲願的。在西洋文化的根柢中並沒有悲願（鈴木大拙）[435]。我認為，在這裏東洋文化與西洋文化的根柢是不一樣的。

雖然禪深深地影響了我國的文化，但是我想將關於的禪的事情讓給行禪道之人。我只是想要針對世人對禪的誤解說一句話而已。禪並不像大多數人所想的那樣是一種神秘主義。"見性"意味深深地徹入我們的自我的根柢。我們的自我是作為絕對者的自我否定而產生的。我們以絕對一者的自我否定的方式，也就是作為個物的多而產生。因而，我們的自我在根柢當中是自我矛盾的存在。自我認識自我自身的自覺是自我矛盾的。因而，我們的自我總是在自身的底部，在超越自身當中擁有自身、在自我否定當中自我肯定自身。"見性"就意味徹入這種矛盾的自我同一的根柢。在這裏，我們必須把握到深刻的"背理之理"。禪宗的公案不外就是讓我們領會這種背理之理的手段。首山禪師[436]，某日舉起一根竹篦說："如果你們說這是竹篦的時候是不對的，如果說這不是竹篦的話也是錯的，這樣

---

435 參閱鈴木大拙，《淨土系思想論》（1942）。收於《鈴木大拙全集》第六卷，頁7-69，特別是頁50。

436 首山省念禪師（926-993）：宋代臨濟宗禪僧，開法於汝州（河南省臨汝）首山。

你們要稱這個東西是什麼呢？"[437]背理之理並不是非合理的，而是親鸞所說的"使不義為義"（義なきを義とする）。它是理與事、知與行的矛盾的自我同一。科學的知識其實也是從這裏產生的。我所謂的"從受造者到造作者"也是在這樣的立場當中才可以主張。這是歷史世界的自我限定的立場。而這也是作為絕對現在的自我限定的極端"平常底"的立場。臨濟說："佛法無用功處，祇是平常無事，屙屎送尿，著衣喫飯，困來即臥，愚人笑我，智乃知焉。"[438]但是，我們不要誤解這些話。終末論就是平常底。"心即是佛、佛即是心"[439]這句話也並不是將世界以主觀的方式來思想。"諸心皆為非心，是為心。"[440]這必須以般若即非的邏輯的方式，以心與佛（個體與全體）的矛盾的自我同一的意義來理解。關於禪的誤解都是基於對象邏輯的思惟所致。在西洋哲學當中，自普羅丁[441]以來，被稱為"神秘主義"的思想，雖然相當接近於東洋的禪，但是，我認為在西洋的神秘主義的根柢當中，仍然沒有脫離對象論的立場。更恰當地說，普羅丁的"一者"與東洋的"無"，站立在正相反對的極限當

437　這則公案名為「首山竹篦」。參閱《無門關》卷一：「首山和尚。拈竹篦示眾云。汝等諸人若喚作竹篦則觸。不喚作竹篦則背。汝諸人且道。喚作甚麼。」（CBETA, T48, no. 2005, p. 298, b15-17）這裏的「觸」、「背」都是違反的意思。

438　出自《鎮州臨濟慧照禪師語錄》卷一（CBETA, T47, no. 1985, p. 498, a16-18）。

439　出自《金剛經注解》卷一（CBETA, X25, no. 503, p. 743, c4; Z 1:40, p. 114, c1; R40, p. 228, a1）。

440　《金剛般若波羅蜜經》卷一：「如來說諸心，皆為非心，是名為心。」（CBETA, T08, no. 235, p. 751, b26）

441　普羅丁：參閱注 105。

(XI,447)　中。因此之故，它〔普羅丁的思想〕並沒有達到平常底的立場。不是先有我們的心才有世界，我們也不單單只是從自我來看世界。我們的自我毋寧是在這個歷史的世界當中所思想出來的存在。就如我在〈生命〉這篇論文所討論過的，我們的意識的自我的世界是作為歷史世界的時間面的自我限定而產生的。任何來自於抽象的意識的自我的主觀主義的立場，皆是對我們眼睛的遮蔽。

10,354　第五章

　　不論是在哪一種立場當中，擁有宗教體驗並且真正入信的人都是很稀少的。但是，宗教並不是某種特殊人的特殊心理狀態。就我們是從歷史世界而生，在歷史世界中作動，在歷史世界中死去的歷史的實在而言，我們必須是宗教的實在。在我們的自我的成立的根柢當中，是可以這樣來主張的。在其自身而有，在其自身而動的絕對者，並不是斷絕所對者。斷絕所對者並不是絕對。這個歷史世界是作為在自身之中包含絕對的否定的真正的絕對者的自我否定即肯定而產生，也就是說，它是以徹底地多與一的矛盾的自我同一之方式，作為絕對現在的自我限定而產生。我們的自我作為這個世界〔歷史世界〕的個物的多，每個自我皆各自表現了這個世界，並且(XI,448)　作為這個世界的自我表現點而形成這個世界。我們的自我的存在就於這裏。也就是說，我們的自我是作為絕對一者的自我否定的肯定而產生。因而，我們的自我在自我否定當中擁有自身。我們徹底地是宗教性的。再者，正因為如此，我們的各個行動都是歷史性的，作為絕對現在的自我限定，也可以說是終末論的（eschatologisch）。[442]在這裏，我們可以說是透過自身的決斷而遵從神的決斷。真理是啟示。真理作為絕對現在的自我限定，是以剎那的方式而被認識（カイロス的に知られる）。因此，真理作為絕對現在的自我限定的內容，以超越特殊時間與空間的全般性方式具有永恆的性質。瞬間即是永恆。在這裏，剎那即邏各斯，邏各斯即剎那。永恆的真理與事實的真理之間的種種難題，都是基於對時間的抽象理解。時間必須作為絕對現在的自我限定來理解。

　　我們各個個別的行動作為絕對現在的自我限定都是終末論的，　10,355
這意味著我們各個個別的行動都具有臨濟所謂的"全體作用"（jp.
全体作用）的性質，或者反過來說，這意味著佛法無用功處、道是平常底。因而，我所說的終末論與基督教的終末論是不同的。因為它〔我的終末論〕並不是在對象的超越方向上所思想出來的，而是作為絕對現在的自我限定，在內在超越的方向上所思想出來的。在我們的自我自身的底部，什麼東西都沒有，[443]完全地成為無，才能逆對應地回應（応ずる）絕對的一者。我們的自我徹底地在自我自身的底層當中，在個體的尖端當中，才能自我超越自身而回應絕對的一者，這意味著在這裏我們的自我超越了一切，超越了作為絕對　（XI,449）
現在的自我限定的這個歷史的世界、超越了過去與未來。在這裏，

---

442 「終末論」：請參閱注 396。西田的「終末論」指的是永恆的過去與未來，皆內存於現在這一瞬間當中。

443 西田的意思應是指「根本無一物」。

我們的自我是絕對的自由。這裏就是盤山寶積所說的"如擲劍揮空"。杜思妥也夫斯基所追求的自由的立場，也必須是這樣的立場。在自我的底部，並沒有任何限定自我的東西。既沒有主詞性的本能，也沒有述詞性的理性。完全是無基底的。因而說"祇是平常無事"或平常底。"隨處作主，立處皆真"。[444]在這裏，我們可以將完全內在於西方思想之極限的康德的人格的自由，與內在於東方思想之深奧處的臨濟宗的絕對自由，對照地來看。自我無論在什麼地方都是絕對者的自我表現。我們並不是尼采所謂的"超人"（jp. 人神），而是"神的人"（神の人），完全是"主的僕人"。對於以對象邏輯的方式來思考的人而言，或許會將上述那些話，思想為自我單純地成為無，也就是說，成為無差別的。但是，自我在自我的底部超越自我，這並不意味著自我單純地成為無。〔毋寧是說〕自我成為世界的自我表現點。成為真正的個體、真正的自我。真正的知識與道德都是出自於這樣的立場。從這裏，產生了作為絕對者的自我否定之極限的人類世界，我們的自我是作為絕對一者的自我否定的

10,355　多而產生。因而我們的自我才能逆對應於一者，「完全都是為了親鸞一個人」，愈是能夠成為個體，就愈能夠這樣來主張。因而，我

(XI,450)　們可以說，我們的自我逆對應地在一者當中擁有自我。內在於絕對的否定即肯定的這種逆對應的立場，"平常底"的立場必須以完全無

---

444 臨濟義玄禪師的話。《鎮州臨濟慧照禪師語錄》卷一：「師示眾云。道流。佛法無用功處。祇是平常無事。屙屎送尿著衣喫飯。困來即臥。愚人笑我。智乃知焉。古人云。向外作工夫。總是癡頑漢。爾且隨處作主。立處皆真。」（CBETA, T47, no. 1985, p. 498, a16-19）

基底的方式存在於我們的自我當中。而這樣的立場作為絕對現在本身的自我限定的立場，可以說是絕對自由的立場。在這裏，每一個點都是阿基米德點，[445]可以說是"立處皆真"。我們的自我愈是個體的，就必須愈是絕對自由地站立於這種平常底的立場之上。就我們的自我本能地受外在所支配而言，它並不是自由的，就我們的自我理性地由內在〔來支配〕而言，我們也不是真正的自由。我在這裏所說的"自由"與西洋近代文化當中的"自由"概念處於正相反對的立場。在阿基米德〔幾何學〕的地方，[446]並不存在著人類的自由。個體產生自絕對的否定，就這一點來說，我的場所邏輯與神秘哲學是處於相反的立場。認為我的哲學是神秘哲學的人，是因為他們從對象邏輯的立場來思考的緣故。在我的場所邏輯的立場當中，絕對的否定即平常底。雖然這一點還沒有被邏輯化，但是我認為，在日本的精神當中就有這兩種極端的結合。在"萬葉精神"與親鸞的絕對他力宗當中，就可以看到日本的精神（務台理作）。[447]就如同兩個絕對相反的東西，然而在"自然法爾"中為一。我認為，這也與源氏[448]神秘的美感，以及芭蕉[449]所說的"枯淡"相通。但是，至今的日本精

---

445 阿基米德（Archimedes, ca. 287 B.C.- 212 B.C.）：古希臘的數學家與物理學家。「阿基米德點」意指阿基米德的名言，「給我一個支點，我就可以舉起整個地球。」

446 西田用「阿氏幾何學」表示「抽象的全般性」，亦請參閱注 445。

447 參閱務台理作，《場所的邏輯學》中所收論文〈萬葉的表現〉。收於《務台理作著作集》（東京都：こぶし書房，2001 年）。

448 「源氏」：指《源氏物語》，作者紫氏部（??- 1016?），日本平安朝女作家，本姓藤原，名不詳。

449 松尾芭蕉（1644-1694）：日本江戶時代前期的一位俳句詩人，以《奧之細道》著名。

(XI,451)

神都島國性地偏向於膚淺的平常底，這不過是徒然的自負而已。在今日，對於作為站立於世界史的立場的日本精神而言，它必須徹底地終末論地且深刻地將杜思妥也夫斯基的精神包含進來。從這裏，也可以成為新的世界文化的出發點。據說杜思妥也夫斯基是在人類的消失點（vanishing point）上來觀看人類的。但是，杜思妥也夫斯基的精神並沒有與平常底結合。在這裏，俄羅斯的精神與日本精神是不同的。而除非它能夠與平常底結合，否則就不會是現實的。除此之外，它也仍然會囚禁於主詞性的事物當中。

10,357

我在這裏所說的"平常底"，不能與"常識"混同。常識不過只是被歷史地造作出來的社會性的知識體系而已。在材質上，它是被形成的習慣。我所說的"平常底"則是意指著在我們的自我當中的一個本質性的立場。它對我們人格的自我來說具有必然的性質，是讓人格的自我成為人格的自我的立場。也就是真正的自由意志的立場（如我先前也曾說過，這與康德的自由意志是對反的）。這是作為絕對的一者的自我否定的個物的多而成立的我們的自我，以自我否定即肯定的方式，所進行的自我轉換的自在的立場。我們的自我在這一個點當中接觸到世界的開始，並且也總是接觸到〔世界的〕終結。反之，這一點可以說是我們的自我的開始並且同時也是終結。簡單地來說，我們的自我的絕對現在的意識就在這裏。因而，如果我們要用"深的"來稱呼它的話，那麼它是最深的，在這裏，可以說是徹入了世界的底部之底部。如果我們用"淺的"來稱呼它的話，那麼它無基底地就是最淺的，表面上它脫離了一切，或者也可以說，它包含了一切。因而，我以終末論的方式來談"平常底"。我們的歷

(XI,452)

史意識，一直都是在這樣的立場當中產生的。它是絕對現在的意識。因而，我們在這樣的立場當中，可以無限地思想過去的過去、無限地思想未來的未來。從單純抽象的意識性自我的立場是沒有辦法思想歷史的。從單純的意識性的自我所能思想到的東西，不過就只是"自傳"而已。由於在平常底的立場當中，任何時候都是終末論的，所以我們才可以在時間即空間、空間即時間、內是外、外是內、內外的矛盾的自我同一的層面上來主張"從受造者到能造者"。在抽象邏輯性的西洋哲學當中，雖然有抽象的"意志自由"的立場，但是這並不是我所說的意義下的"平常底"的立場。如上所說，通常所說的"常識"，雖然應該與"平常底"嚴格地區別開，但是〔兩者〕本身也不是沒有任何相通的地方。我認為，由於在我們的自我當中 10,358 有"平常底"的立場，所以"常識"才得以被形成。在這個意義下，我感興趣於法國的"良識"[450]（參閱蒙田[451]在〈論面相〉（»De la physiognomie«, Essais III. 12）中對蘇格拉底態度的討論）。在我們的自我當中最具體的立場，它既是最深的也是最淺的、既是最大的也是最小的立場，這就是我所說的"平常底"的立場。帕斯卡的"能思想的蘆葦"[452]的立場，不外就是在這裏。那些站立於康德哲學立場中的人，認為我們的知識是直覺的所與，透過抽象邏輯的媒介所形成的，科學開始於常識的否定。但是，我認為單純地否定所與、　（XI,453）

450　ボン・サンス：法文「bon sens」的音譯。

451　蒙田（Michel de Montaigne, 1533-1592）：文藝復興時期法國作家。

452　ロゾー・パンサン：法文「roseau pensant」的音譯。帕斯卡的名言，出自《沉思錄》。

抽象邏輯地離開知識的直觀性，並不是通向真理的道路。要產生客觀性的知識，不論是什麼時候，開始與終結都必須結合在一起。不同於康德末流，康德自己更重視與直接性的結合。最遠的然而又是最近的，才是最真實的。真理產生於這樣的立場：即不論前進多遠，總不會失去其出發點，反而總是返回其出發點。我的"行為的直觀"所意指的不外就是這個。"常識"是一種"意見"（ドクサ），而意見總是應該被否定的。但是，在常識當中同時也包含著平常底的立場。因而人們認為，不論是知識與道德，都是來自於常識，並且又返回於常識（當然，常識所意指的東西是極為混亂的（極めて不純））。非常識性的東西，既不是真，也不是善。因而，應被否定的東西是意見，而不是直觀。就連偉大的牛頓，這個為物理學之發展奠立基礎的人，如果將他的物理學從能造且受造的人類的平常底的立場來看的話，那麼就如同今日的相對論與量子力學所顯示的一樣，也可以說是一種"意見"。時間與空間的絕對性也可以這樣來想。它們就測量活動而言是相對的。郎芝萬就指出，量子物理學並不是否定決定論，反而是將決定論以更人性化的、更具體的方式予以精密化了。[453]不過，宗教的立場是結合上述歷史世界的永恆的過去與未來，也就是結合人類的開始與終結的立場，它是最深而最淺的、最遠而最近的、最大而最小的立場，換句話說，它是我所謂的

10,359

453　郎芝萬（Paul Langevin, 1872-1946）：法國物理學家。以對物質的磁性研究而著名。郎芝萬的這個觀點請參閱其發表於 1938 年的講稿："The Positivistic and Realistic Trends in the Philosophy of Physics"。收於 *New Theories in Physics* (Paris: International Institute of Intellectual Cooperation, 1939).

"平常底"的立場的徹底化。宗教心並不意味著人類完全地失去人類　(XI,454)
之所以為人類的立場。宗教的立場本身並不給出任何固定的內容。
因為它是「立場的立場」（立場の立場）的緣故。如果擁有固定的
內容的話，那就是迷信。因而，宗教的教義必須完全是象徵性的。
而且它是我們的歷史的生命的直接的自我表現。就這一點來說，象
徵擁有宗教性的意義。真正的宗教的目的，在於完全以無基底的方
式來把握永恆的生命本身。因而，在徹底的平常底當中，才能說
"原是真壁平四郎"。在這裏，所有的立場都被否定，並且同時所有
的立場皆從中產生，它是"無立場的立場"（立場なき立場）。而從
這裏，無限的大智大行會出現。所謂曹源一滴水，受用不盡。[454]真
善美的立場也是從這裏出現的。

　　人們往往認為宗教是神秘的。但是，宗教性對我們來說，並不
是特別的意識。可以說"正法無不思議處"（正法に不思議な
し）。[455]神秘的事物對我們的實踐生活並沒有任何的用處。如果有
人主張宗教是某種特殊人類的特殊性意識的話，那麼它不過就只是
閒暇人等的悠閒事業而已。所謂"道也者不可須臾離也，可離非道
也"、[456]"造次必於是，顛沛必於是"。[457]宗教不離平常心。南泉所

454　「曹源」意指「曹溪」，曹溪是六祖慧能的發跡處。「曹源一滴水，受用不盡」是說
　　從曹溪慧能的法源所流出來的正法，即使是一點點，也是受用無窮的。

455　「正法無不思議處」：這是說「在真正的佛法當中，並沒有不可思議或神秘的地
　　方」。

456　語出《中庸》。

457　語出《論語》〈里仁篇〉。

謂"平常心是道"。這不過意味著徹底地徹入此一平常心的底部。在
這裏，我們的自我作為絕對現在的自我限定，不論在什麼時候，都
（XI,455）逆對應地接觸到絕對的一者。我們的自我一步一步地都終末論地與
世界的開始與終結聯繫在一起。因而南泉說："當朝向道之時，就
乖離於道"。當被問到不朝向"道"的時候，那我們如何知"道"呢，
〔南泉說〕"道不屬知或不知".[458]宗教就在這裏。因而，宗教並不
是個人意識層面上的事。它不外是歷史的生命的自覺。因而，不論
10,360 任何宗教，都是歷史地、社會地開始於民族的信仰。教祖[459]不外就
是徹底地表現這種民族信仰的人。就像以色列的先知一樣，他應該
可以被稱為"神之口"。如果沒有自我形成自身的歷史世界的自我表
現的話，歷史的社會就不會產生。因而，任何歷史的社會，都是以
宗教的方式開始的。歷史社會的開始，都有著"神聖"（涂爾
幹）。[460]但是，民族的信仰與其民族一起興盛與衰亡。國民的宗教
與其國民一起滅絕，就如同希臘與羅馬的國民宗教一樣。但是，真
正的宗教本來就不是為某個特殊的國家而存在的，反而在作為歷史
的生命的自我表現的宗教當中，才存在著國家之為國家理由（国家

---

458 《古尊宿語錄》卷十三：「師問南泉。如何是道。泉云。平常心是道。師云。還可趣
　　向不。泉云。擬即乖。師云。不擬。爭知是道。泉云。道不屬知不知。」（CBETA,
　　X68, no. 1315, p. 77, a12-14; Z 2:23, p. 153, c16-18; R118, p. 306, a16-18）

459 「教祖」：意指「宗教的建立者」。

460 サクレ：法文「le sacré」的音譯。涂爾幹的用語。涂爾幹（Émile Durkheim, 1858-
　　1917）：法國的人類學家與社會學家。關於涂爾幹對神聖與世俗的區分，請參閱 1912
　　年出版的《宗教生活的原初型態》（Les Formes élémentaires de la vie religieuse）。中
　　譯本有涂爾幹，《宗教生活的基本形式》，渠東、汲喆譯（上海：上海人民出版社，
　　1999 年）。

の国家たる所以のもの）。民族在自身之中就保有世界的原理，真正的國家就存在於歷史世界地自我形成的地方。雅威的宗教本來也是以色列人的民族宗教，以色列人超越了單純的民族信仰，將其民族信仰深化並提升到世界宗教的地步。即使在他們作為巴比倫的俘虜而失去國土的時候，他們也不曾失去他們的宗教。他們完全沒有失去他們的精神的自信。作為選民，他們的自信並不在於武力與榮華。透過像耶利米、以西結以及第二以賽亞[461]這些先知，他們的宗教反而受到深化與提升。耶利米曾經是一位徹底的愛國主義者。而 (XI,456) 且他曾告誡國民，尼布甲尼撒是雅威的僕人。[462]歷史的世界作為絕對者的自我限定，是以絕對現在的方式而產生的。因而，歷史的世界以表現者與被表現者是一的方式，作為自我表現自身的絕對者的自我表現，徹底地在自我自身之中包含自我表現，以自我表現的方式自我形成自身。在這裏，歷史的世界在其根柢上是宗教性的並且也是形上學的。不論是哪一個民族，它作為歷史世界的存在，都是在這樣的形式當中產生的。在這裏，存在著"作為單純生物的物種

461　「第二以賽亞」：猶太先知，《聖經》中有〈以賽亞書〉。學界認為〈以賽亞書〉應是由三位作者所完成。分別為「第一以賽亞」、「第二以賽亞」、「第三以賽亞」來稱呼之。西田在這裏指的「第二以賽亞」，約活躍於西元前 586 至 539 年，晚於第一以賽亞兩百年左右。第二以賽亞所傳達的訊息，一般認為是〈以賽亞書〉第四十至五十五章。

462　尼布甲尼撒（ca. B.C. 630-562）是巴比倫的一位國王，紀元前 586 年攻佔耶路撒冷，俘虜猶太人強制移住巴比倫。對於猶太人來說，他是惡人。但是，耶利米向猶太人說，尼布甲尼撒也是神的僕人，代表神的旨意，這是猶太人的命運。參閱《聖經》〈耶利米書〉。「尼布甲尼撒是雅威的僕人」的說法，請參閱〈耶利米書〉第二十七章第六節：「現在我將這些地，都交給我僕人巴比倫王尼布甲尼撒的手，我也將田野的走獸給他使用。」

的民族"與"作為歷史的種族的民族"的區別。民族並不是單純的物種而已。任何生命的世界，即使是生物的世界，在其根柢當中，也包含著世界的自我表現，當民族的血液到達自我表現地自我形成的時候，就會成為作為歷史的種族的民族（參照我的論文〈生命〉）。然而，如蘭克[463]所主張，不存在著單一的民族。單一的民族只是抽象地被設想出來的東西而已。但是，世界最初是空間性的，即使有種種不同的民族，也是並列的民族，還沒有受到時間干預的絕對現在的世界，在其自身當中還不是自我形成的，世界還不具有世界史的性質。然而隨著世界以受造者到能造者的方式而成為自我形成的世界，世界本身就成為具體的並且擁有世界本身的中心，世界就從平面的變為立體的。在這裏世界才能被自覺，才有世界自覺世界自身。而歷史世界的這種絕對現在的自我形成之內容就是文化，在其根柢之中，一直都有宗教性的東西在作動著。"世界的世界"超越了單純的民族性，並且在世界的宗教當中，擁有其自身的同一。基督教從以色列民族的信仰而發展為世界宗教，在中世紀的歐洲就扮演了這麼一種角色。東方世界還沒有形成類似西方世界意義下的"世界的世界"。但是，佛教〔擁有世界宗教的性質〕是無庸置疑的，中國的儒教也可以說擁有世界宗教的性質。據說在中國的春秋時代，[464]中國與夷狄就是根據禮而有所區別的。

10,361

（XI,457）

---

463 蘭克（Leopold von Ranke, 1795-1886）：十九世紀德國的歷史學家，強調嚴格史料批判的歷史客觀事實，為近代歷史學派的代表。中國的史學家傅斯年、陳寅恪等亦受其影響。

464 「春秋時代」：約為 770-476 B.C.。中國東周的一個時期的名稱，春秋時期的得名是當我們說"作為絕對現在的自我限定的歷史世界超越了民族性，而形成世界的世界"的時候，人們或許會認為這意味著世界失去了種種不同的傳統，而成為非個性的、抽象全般性的、反宗教的與科學的。這曾經是近代歐洲發展的方向。作為絕對者的自我否定即肯定，在"世界的世界"的自我形成的方向上，必須在根本上包含著這種否定的側面。在歷史的世界當中也必須包含著對人類否定的一面。但是，"絕對"並不是"斷絕所對"。真正的絕對必須徹底地包含自我否定。因而，相對並不單純只是絕對的抽象形式，它必須包 10,362 含著絕對的否定意義，"相對"是對於"一"的"多"。因而，在歷史世界的自我形成的發展的這一個側面當中，世界必須包含著失去世界自身這個方向。徹底地包含這種自我否定，這反而是意味著世界能被思想為在其自身而有，在其自身而動的"絕對實在"的原因。當 （XI,458）然，單單只有自我否定，還不是在其自身而有的實在。物質世界就是抽象地被思想出來的世界。所謂"科學的世界"作為歷史世界的自我否定的一個側面，也是基於人性來思考的。因而，科學也是一種文化。人類在自我否定當中擁有自身，在這樣的立場當中，人類也是科學性的。宗教地來說，這意味著神在自我否定當中觀看自身。在這個意義之下，科學的世界也可以說是宗教性的。克卜勒[465]的天文學也曾被認為擁有宗教的性質。神在自我否定當中擁有自身。用黑格爾的話來說，這也可以說是"自我異化的精神的世界"。在這

因孔子修訂《春秋》而來。

465　克卜勒（Johannnes Kepler, 1571-1630）：德國的天文學者，以克卜勒定律而著名。

裏，我想要從我的立場，來闡明宗教與文化的關係。宗教與文化在
某個側面上可以視為是對反的立場。現今的辯證法神學反動地強調
了這一點。但是，我認為不能完全進入自我否定當中的神，不包含
真正的自我否定的神，就不是真正的絕對者。祂是審判的神，不是
絕對救濟的神。祂是超越的君主的神，不是徹底地內在的絕對愛的
神。真正的文化是作為絕對者的自我否定即肯定的內容而產生。從
我們人類的立場來說，我們的自我以自我否定的方式，在自我之中
超越自我的事實當中擁有自我，在作為歷史世界的自我形成活動而
作動的這個地方，觀看到真正客觀的與永恆的文化內容。作為絕對
（XI,459）現在的自我限定而自我形成自身的形式的內容就是文化。因而，對
反於辯證法的神學家們，我主張真正的文化是以宗教的方式產生
10,363 的，而且真正的宗教必須是文化的。單純地否定文化的宗教，並不
是真正的宗教。它必須被稱為是單純地否定人類的、單純超越性
的、無內容的宗教。君主的神的宗教，往往很容易陷入這種傾向。
現今的這種神學〔辯證法神學〕，對反於迄今單純內在的、理性的
宗教觀，而主張宗教的超越性，對此，我完全表示贊同，但是，我
也不得不承認它在某個側面上是帶有反動性的。我在這裏所說的
「真正的宗教必須具有文化的性質」，並不是說要將宗教以文化的
方式來思考。我並不是主張要單純理性地、內在地來思想宗教，在
單純的內在性當中，是沒有宗教的。宗教必須完全內在地具有超越
性，反之也必須超越地具有內在性。在內在即超越、超越即內在的
絕對矛盾的自我同一的立場當中，才有所謂的宗教。宗教對於迄今
為止的主詞邏輯或對象邏輯來說，都是沒有辦法被把握的東西。這

也是為什麼從這樣的立場來思想宗教的人，都會將宗教視為具神秘性的東西的原因。對宗教的誤解或者理解得不完善，全都是基於從抽象邏輯的立場來思想宗教的緣故。宗教的邏輯作為歷史世界的形成的邏輯必須是絕對辯證法性的。即使是黑格爾的邏輯，也還沒有達到這種地步。從內在的人類世界出發，以理性的方式來思考宗教，這不外是對宗教的否定。否定宗教意味著世界失去世界自身，反之也意味著人類失去人類自身，人類否定真正的自我。這是因為 （XI,460）人類根本上是自我矛盾性存在的緣故。因而，我主張真正的文化必須是宗教性的，而真正的宗教必須是文化性的。在真正文化的背後，我們可以看到"隱匿的神"。但是，如果人類完全以非宗教的方式來貫徹人類的立場，並且沿著文化的方向而前進的話，這意味著世界否定世界自身，人類喪失人類自身。這曾是文藝復興以來歐洲文化的方向，也是導致人們高唱西洋文化沒落的原因。當世界喪失世界自身，人類遺忘神祇的時候，人類就完全成為個人的與私欲 10,364的。其結果，世界將成為遊戲或鬥爭，一切將成為亂世。文化的方向，在其極限當中，所到來的是真正文化的喪失。直至晚近，憂心歐洲文化前途的人，往往提倡回歸中世紀（例如：道爾生）。[466]雖然人們認為歷史大體上是反覆的，但是其實歷史不會是反覆的，歷史的每一個步伐都是新的創造。近世文化是透過歷史的必然性從中世紀的文化發展而來。不僅回歸中世紀文化的立場是不可能的，回

---

466 道爾生（Christopher Dawson, 1889-1970）：英國的文化哲學家。其觀點請參閱 *Progress and Religion: An Historical Inquiry* (Catholic University of America Press, 2001)。

歸中世紀文化也不是解救近世文化的理由。現在我們必須尋求新的
文化方向，新的人類必須誕生。基督教作為中世紀世界的自覺的中
心，它是對象層次上的超越性宗教。它是君主的神的宗教。而它曾
與世俗的權力結合在一起。彼得的後繼者也成為凱撒的後繼者。[467]

（XI,461） 對於這樣的宗教來說，宗教本身就必須否定宗教。凱撒的事必須完
全地歸還給凱撒。[468]宗教並不在於凱撒的刀劍的背後。這樣的世界
作為從受造者到能造者，必須是以歷史的必然性方式而推移。田立
克說：新教徒視自然為決斷的場所。[469]我們必須徹底地沿著這個方
向前進，也就是說，必須沿著在自我否定中觀看神的這個方向前
進。但是，單純地往內在的方向前進，世界將喪失世界自身，人類
將否定人類自身。我們必須徹底地往內在來超越。"內在的超越"是
邁向新文化的道路。在這個意義下，我相當感興趣於卡拉馬助夫戲
劇的詩。「神啊！向我們顯現容貌。」基督同情地被哀求的人類所
感動，祂再次降臨於人類的世界。場所是西班牙的塞維爾，時間是
十五世紀，人們每天為了榮耀上帝而焚殺人類，這是令人恐怖的宗
教審判時代。作為大審判官的主教，看到基督再次顯現奇蹟的時
10,365 候，馬上變了臉，命令護衛逮捕基督並推入牢房。之後他斥責基督
說：你為什麼要出現？你早就應該無話可說了。人民的自由，對你

---

467 彼得是耶穌十二使徒之一，羅馬教廷認為他是第一任教宗。彼得在此表示宗教的權
威，反之凱撒則表示世俗的權威。

468 《聖經》〈馬太福音〉第二十二章第二十一節。「耶穌說，這樣，該撒的物當歸給該
撒。神的物當歸給神。」這裏的該撒就是凱撒。

469 田立克：請參閱注397。

來說，一千五百年以來，都是最重要的事。你先前不是說過「我要讓你們自由」嗎？現在你看到了他們自由的樣子。我們是依你之名而完成這份工作的。人民相信他們現在是比任何時候更自由的。但是，他們繼續將他們的自由奉獻給我們，忠實地將其置於我們的腳下。完成這個事情的正是我們。至於你所希望的，應該不是這樣的事情，也不是這樣的自由吧。總而言之，審判官們征服了自由並給予人民幸福。對人類來說，沒有任何比自由更困難的東西了。當基督說：人活著不是單靠麵包的時候，他拒絕了人類能夠幸福的唯一方法。但是很幸運地，當基督離開這個世界的時候，祂將這個工作移交給了羅馬教皇。直至今日，我們都不能取消其權利。「為什麼今天你要來打擾我們，明天我就要把你焚燒了。」對此，基督始終如影子般地不發一語。當他隔天被釋放之時，他同樣不發一語地突然靠近老審判官並且輕吻他。這位老人嚇了一跳。[470]始終如影子般沉默的基督，或許就是我所說的內在的超越的基督。當然，我想基督教徒，甚至連杜思妥也夫斯基本身也不會這樣主張。這是我獨特的解釋。但是，一個嶄新的基督教的世界，或許可以透過內在超越的基督來開啟。回歸中世紀的這個想法犯了時代的錯誤。透過自然法爾的方式，我們才能在沒有神的地方看到真正的神。從今日的世界史的立場來看，佛教對嶄新的時代難道不能給予任何的貢獻嗎？像過去那樣因襲〔傳統〕的佛教，不過只是過去的遺物而已。即使

---

470 以上的故事內容，從「神啊！向我們顯現容貌」開始一直到這裏，是西田整理自《卡拉馬助夫兄弟們》第一部第五篇的「大宗教裁判官」部分。中文譯本部分請參閱耿濟之譯本（台北：新潮文庫，1985 年），頁 289 以下。

是普遍的宗教，只要它是歷史地被形成的既成的宗教，那麼透過形成這種普遍宗教的民族的時間與場所，普遍的宗教也必須擁有各自的特殊性。任何宗教都具有作為宗教的本質，但是它也一定擁有〔宗教的〕優點與缺點。不過，我認為未來的宗教將是在"內在的超越"的方向上，而不在"超越的內在"的方向上。

（XI,463）
10,366

　　基於此，我對貝德耶夫[471]的《歷史的意義》[472]這本書中大體的傾向表示贊同，但是，他的哲學並沒有越出波姆[473]的神秘主義。新的時代首先必須是科學的時代。雖然田立克的《時間與邏各斯》與我的認識論是相通的，但是，田立克的邏輯是不清楚的。這些新的方向，現在必須徹底地在邏輯的層面上賦予基礎。

　　關於國家與宗教的關係，我自《哲學論文集第四》以來，便屢屢觸及到這個問題。國家是一個各自在自身之中包含著絕對者的自我表現的世界。因而，我認為當民族的社會在自身之中包含著世界的自我表現的時候，也就是說，當它成為理性的時候才能成為國家。唯有如此，它才是國家。在這個意義下，國家是具宗教性的。它的成立的基礎是宗教性的，歷史世界的自我形成的方式則是國家的。歷史的世界以國家的方式而自我實現自身。但是，當我這麼說的時候，並不意味著國家本身就是絕對者。國家是道德的根源，但

---

471 貝德耶夫（Nikolai A. Berdyaev, 1874-1948）：俄國的政治哲學家、神秘主義者。從東方神秘主義的立場來建構自身的文化哲學與歷史哲學。

472 貝德耶夫的《歷史的意義》這本書初刊於 1923 年。英譯本請參閱 *The Meaning of History* (Transaction Publishers; 3rd edition, 2006)。

473 波姆：請參閱注 180。

不能說是宗教的根源。就國家是絕對者的自我形成的方式而言，我們的道德行為必須帶有國家的性質，但是國家並不是我們心靈的解救者。真正的國家在其根柢當中，自身就必須是宗教性的。而對真正的宗教回心的人來說，在他的實踐當中，作為歷史的形成，自身就具有國民的性質。但是，兩者的立場必須完全地予以區別開。如果沒有區別開的話，就會像中世紀一樣，反而妨礙了兩者之純粹的發展。這是為什麼近代國家允許信仰自由的原因。君主的神的基督教與國家的結合，很容易就可以被想到，但是佛教從來就被認為是非國家性的。但是，鈴木大拙引《大無量壽經》第四十一章的文字："此會四眾，一時悉見，彼見此土，亦復如是"，並且將其解釋為"就如同在此土中，以釋尊為中心的會眾能觀見淨土一樣，彼土的會眾也能觀見此土。娑婆映照淨土，淨土映照娑婆，明鏡相照，這表示了淨土與娑婆的連貫性或一如性"（鈴木大拙，《淨土系思想論》，第 104 頁）。[474]我認為，從這裏，我們可以以淨土真宗的方式來思考所謂的國家。國家必須是在此土中映照淨土。

（XI,464）

10,367

---

474 引文出自鈴木大拙於《淨土系思想論》所收的論文〈極樂與娑婆〉。原文出自《佛說無量壽經》卷二：「此會四眾一時悉見。彼見此土亦復如是。」（CBETA, T12, no. 360, p. 278, a9-10）鈴木大拙的解釋請參閱《鈴木大拙全集》第六卷（1968 年）頁 74-75。

西田幾多郎年譜

年譜主要參考資料：

・《西田幾多郎全集》第 24 卷（東京都：岩波書局，2009 年）

・小坂國繼，《西田幾多郎の思想》（東京都：講談社，2002 年）

1870 年 （明治三年）	5月19日生於石川縣河北郡的宇氣市，父親西田得登，母親寅三。
1882 年 （明治十五年）12歲	新化小學（宇氣小學的前身）畢業。
1883 年 （明治十六年）13歲	石川縣師範學校入學，不久即與二姊一同罹患傷寒。二姊西田尚病死。母親寅三遷居金澤市。
1884 年 （明治十七年）14歲	因傷寒病自石川縣師範學校退學。

1886 年 （明治十九年）16歲	入石川縣專門學校，認識一生的摯友：金田（山本）良吉、鈴木貞太郎（大拙）、藤岡作太郎。
1887 年 （明治二十年）17歲	石川縣專門學校改稱公立第四高等中學校。
1888 年 （明治二十一年）18歲	7月　第四高等中學校預科畢業。 9月　入四高第一部（文法科）。
1889 年 （明治二十二年）19歲	5月　與同學組織「我尊會」，西田使用「有翼」筆名。 7月　轉入第二部「理科」。
1890 年 （明治二十三年）20歲	春　西田自四高退學。 9月　組織「不成文會」。患眼疾。
1891 年 （明治二十四年）21歲	9月　入東京帝國大學文科大學哲學科選科。就學於井上哲次郎、布澀（Ludwig Busse）與柯伯（Raphael von Koeber）。

1894 年 （明治二十七年）24 歲	7月　東京帝國大學文科大學哲學科 　　　選科畢業。
1895 年 （明治二十八年）25 歲	4月　任教於石川縣能登尋常中學校 　　　七尾分校。 5月　與得田壽美結婚。
1896 年 （明治二十九年）26 歲	3月　長女西田彌生出生。 4月　任第四高等學校講師。
1897 年 （明治三十年）27 歲	2月　摯友鈴木大拙受釋宗演推薦赴 　　　美推廣禪與佛教文化。 6月　辭第四高等學校講師。 7月　接受山口高等學校教務。
1898 年 （明治三十一年）28 歲	6月　長男西田謙出生。 9月　父親西田得登去世。
1899 年 （明治三十二年）29 歲	3月　任山口高等學校教授。 7月　任第四高等學校教授。

1901 年 （明治三十四年）31歲	2月　次男西田外彥出生。 3月　自金澤洗心庵雪門禪師處取得 　　　「寸心」居士的名號。
1902 年 （明治三十五年）32歲	12月 次女西田幽子出生。
1903 年 （明治三十六年）33歲	8月　自京都大德寺廣州禪師處參透 　　　「無」字公案。
1904 年 （明治三十七年）34歲	2月　日俄戰爭爆發。 8月　弟弟西田憑次郎於旅順總攻擊 　　　戰死。
1905 年 （明治三十八年）35歲	8月　日俄戰爭結束。 10月 三女西田靜子出生。
1907 年 （明治四十年）37 歲	1月　次女西田幽子因支氣管炎去 　　　世。 5月　雙胞胎姊妹四女西田友子、五 　　　女西田愛子誕生。 6月　五女西田愛子去世；西田罹患 　　　肋膜炎。

1908 年
（明治四十一年）38 歲

肋膜炎復發。

1909 年
（明治四十二年）39 歲

3月　六女西田梅子誕生。
3月　鈴木大拙回國。
7月　出任東京學習院教授。
9月　出任學習院德語主任教授。

1910 年
（明治四十三年）40 歲

2月　摯友藤岡作太郎因心臟麻痺去
　　　世。
8月　出任京都帝國大學文科大學助
　　　理教授。
11月　妻子壽美入院，流產。

1911 年
（明治四十四年）41 歲

2月　《善的研究》由弘道館出版。

1913 年
（大正二年）43 歲

8月　任京都帝國大學文科大學教授
　　　（擔任宗教學講座）。
12月　獲頒文學博士學位。

1914 年
（大正三年）44 歲

第一次世界大戰爆發。

1915 年 （大正四年）45 歲	3月　《思索與體驗》由千章館出版。
1917 年 （大正六年）47 歲	5月　《現代中的理想主義哲學》由弘道館出版。 10月　《自覺中的直觀與反省》由岩波書店出版。
1918 年 （大正七年）48 歲	9月　母親寅三去世。
1919 年 （大正八年）49 歲	6月　長女彌生與上田操結婚。 8月　田邊元轉任京都帝國大學文學部助理教授。 9月　妻壽美腦溢血。
1920 年 （大正九年）50 歲	1月　《意識的問題》由岩波書店出版。 4月　長男西田謙因腹膜炎住院。 6月　長男西田謙去世。
1921 年 （大正十年）51 歲	3月　鈴木大拙出任真宗大谷大學教授。 5月　三女靜子肺結核住院，同月出院。

1922 年 （大正十一年）52 歲	5月　四女友子、六女梅子因傷寒入院，友子很快就痊癒了。 9月　梅子出院。
1923 年 （大正十二年）53 歲	7月　《藝術與道德》由岩波書店出版。
1925 年 （大正 14 年）55 歲	1月　妻壽美去世。 5月　日本政府實施「治安維持法」。
1926 年 （大正十五年）56 歲	6月　〈場所〉發表於《哲學研究》第 123 號。
1927 年 （昭和二年）57 歲	6月　帝國學士院會員。 10月　《從作動者到觀看者》由岩波書店出版。
1928 年 （昭和三年）58 歲	8月　自京都帝國大學退休。 10月　〈睿智的世界〉發表於《哲學研究》第 151 號。

1929 年 （昭和四年）59 歲	12月 中譯本《善之研究》（魏肇基譯）由上海開明書局出版。
1930 年 （昭和五年）60 歲	1月　《全般者的自覺體系》由岩波書店出版。 10月 四女友子與畫家小林全鼎結婚。
1931 年 （昭和六年）61 歲	6月　六女梅子因肋膜炎入院。 8月　友子離婚。 12月 梅子出院、西田與山田琴結婚。
1932 年 （昭和七年）62 歲	7月　〈我與汝（上）〉發表於「岩波講座：哲學」第八回。 9月　〈我與汝（下）〉發表於「岩波講座：哲學」第十回。 12月 《無的自覺限定》由岩波書店出版。
1933 年 （昭和八年）63 歲	10月 鎌倉的住所增修完成，以後每年夏冬皆居住於鎌倉。 12月 《哲學的根本問題——行為的世界》由岩波書店出版。
1934 年 （昭和九年）64 歲	7-9月 〈作為辯證法的全般者的世界〉發表於《哲學研究》。 10月 《哲學的根本問題續編——辯證法的世界》由岩波書店出版。

1935 年 （昭和十年）65 歲	12月 《哲學論文集第一——邁向哲 　　　學體系的企圖》由岩波書店出 　　　版。
1936 年 （昭和十一年）66 歲	2月　二二六事件。 7-9月 〈邏輯與生命〉於《思想》 　　　　第 170、171、172 號發表。
1937 年 （昭和十二年）67 歲	5月　《續思索與體驗》由岩波書店 　　　出版。 7月　蘆溝橋事件爆發。 11月 《哲學論文集第二》由岩波書 　　　店出版。
1938 年 （昭和十三年）68 歲	3月　「國家總動員法」頒布實施 　　　（5 月起台灣一體適用）。 7月　蓑田胸喜發表〈論西田哲學的 　　　方法〉於《原理日本》7 月 　　　號。
1939 年 （昭和十四年）69 歲	3月　〈絕對矛盾的自我同一〉於 　　　《思想》第 202 號發表。 11月 《哲學論文集第三》由岩波書 　　　店出版。
1940 年 （昭和十五年）70 歲	3月　《日本文化的問題》由岩波書 　　　店出版。 9月　日德義三國同盟。 11月 受頒日本文化勳章。

1941 年 （昭和十六年）71 歲	1月　向天皇講授〈論歷史哲學〉。 4月　四女西田友子去世。 7月　次子西田外彥再次受徵召入伍 10月　患風濕症，約臥病十個月。 11月　《哲學論文集第四》由岩波書 　　　店出版。
1942 年 （昭和十七年）72 歲	7月　山本良吉去世，西田風濕症逐 　　　漸康復。
1943 年 （昭和十八年）73 歲	5月　應「國策研究會」的要求撰寫 　　　〈世界新秩序的原理〉。 5月底　次子西田外彥退伍。
1944 年 （昭和十九年）74 歲	9月　《哲學論文集第五》由岩波書 　　　店出版。
1945 年 （昭和二十年）75 歲	2月　長女西田彌生因膽囊炎去世。 4月　〈場所邏輯與宗教的世界觀〉 　　　脫稿。 6月7日早上四點，去世。 8月　日本無條件投降。 12月　《哲學論文集第六》由岩波書 　　　店出版。
1946 年 （昭和二十一年）	2月　《哲學論文集第七》由岩波書 　　　店出版。

譯注者後記

我是為了了解西田哲學而學日文的。這中間大概經過了十年左右的時間才稍稍有閱讀的把握。記得在一次偶然的機會當中，聽到政大宗教所的蔡彥仁老師說，學一個外語要到會讀的程度，至少要十年的時間，我剛好就是一個實例。但西田的翻譯工作，其實很早就開始了，我是邊做邊學的。在德國讀書的最後一年準備論文口試的時候，與日本同學位高剛一起練習海德格，其餘的時間則討論西田的《善的研究》，為了思考只能譯成中文，西田的翻譯是從那個時候開始的。在這條路上，獲得很多日本友人的幫助。從我還是留學生時代的同學位高剛、語言交換的佐佐木惠、回國後前後幾任的國科會助理中村麻理、青木崇、吉野正史、二鄉美帆。尤其是二鄉，幫忙檢查過全部的中譯，也從文法的角度提出一些不同的看法。但翻譯的錯誤還是由譯者個人來承擔。在長時間地與幾位日本友人與助理的交往當中，我對日本人的敬業態度，留下極為深刻的印象。

翻譯這條路上，我還在摸索。詞義、選詞、轉義、詞性轉換、長句、被動、使役、正反表達等等。語言是交流的工具呢？還是我們是語言內存在呢？從哲學的角度來看，到底無法將語言單純地視為工具而已。因而很多的表達，在不影響理解的情況下，譯者選擇保留日文的風格，讀起來或許有些不順暢，然而畢竟哲學的學習也包含著語言的學習，理解西田必須了解西田的語詞風格，無法完全以「達」或「雅」來決定。但是無可否認的，語言除了邏輯的意義之外，還帶有一定的情感與暗示，帶有「喚起」（Ruf）一個世界的能力。無奈譯者的中日文能力都很淺薄，找不到適當的中文，也是譯者無能為力的地方。無論如何，翻譯終究無法取代原文，譯筆的好壞與譯者的理解程度有很大的關係，譯完了才自覺到自己的固執是那麼深。但回過頭來想一想，如果本譯注能為想了解西田哲學的人拉近一點距離、縮短一點摸索的時間的話，那麼它的目的也就達到了。這大概也是譯者所能夠完成的事。

　　本譯著的完成，要感謝所有參與過「西田讀書會」的老師與同好：交大社文所的劉紀蕙老師、林淑芬老師，清華社會所的林宗德老師，以及之華、岳璋、冠伶、一平、家瑜、子翔、倩如等等。雖說讀書會是講課的性質，但我從每個人身上都學到很多，收穫最多的還是自己。最後，還要特別感謝我的父母與家人，特別是婷琪與久晏，沒有他們的犧牲，這個工作是不可能完成的。